HEYNE BÜCHER

PLATOON

Ein Roman von Dale A. Dye
nach einem Drehbuch von Oliver Stone

Deutsche Erstausgabe

WILHELM HEYNE VERLAG
MÜNCHEN

HEYNE ALLGEMEINE REIHE
Nr. 01/6929

Titel der amerikanischen Originalausgabe
PLATOON
Deutsche Übersetzung von Joachim Honnef

Printed in Germany 1987
Umschlagfoto: Twentieth Century Fox, Frankfurt
Innenfotos: Twentieth Century Fox,Frankfurt
Umschlaggestaltung: Atelier Ingrid Schütz, München
Gesamtherstellung: Ebner Ulm

ISBN 3-453-00536-8

1

Die gespaltene Zunge der Schlange schnellte hervor und schien die feuchte Luft um sein Opfer zu kosten. Der schuppige Kopf verharrte einen Augenblick lang, wie um die Spannung und Furcht zu genießen, die vom Gesicht des jungen Mannes ausströmten. Der Tod war sehr nahe, und das Opfer war ihm hilflos ausgeliefert.

Die Schlange stieß schnell und jäh zu. Der junge Mann hörte das lang anhaltende Zischen und zuckte schmerzerfüllt zusammen, als die Schlange die Giftzähne in seine Wange grub. Sein Körper erbebte heftig, und er tastete hilfesuchend um sich, um dem Tod zu entrinnen.

»Verdammt, Taylor! Reiß dich am Riemen, Junge.« Der Obergefreite Lemuel Gardner sprengte den Griff des jungen Mannes, der sich an sein Knie klammerte. »Wenn du schon bei einem kleinen Flug in den Krieg ausflippst, wie zur Hölle wirst du dann im Kampf zurechtkommen?« Gardners mächtiger Bauch ruckte auf und ab, als er in Gelächter ausbrach, doch beim Röhren der C-130 Turbo-Prop-Maschine war das Lachen kaum zu hören.

Der Obergefreite Chris Taylor wischte sich Schweiß aus dem Gesicht und erwiderte Gardners Grinsen. Er brauchte das kehlige Lachen des Farmerjungen aus Georgia nicht zu hören. Er hatte es von Hunderten anderer Augenblicke in Erinnerung, bei der Grundausbildung in Fort Jackson und beim Dienst im Versorgungsdepot in der Nähe von Cam Ranh Bay. Es war völlig natürlich, daß Gardner auch bei der Ankunft in Cu Chi lachte, dem Sitz der Infanterie-Division, der beide Männer für die nächsten 365 Tage zugeteilt worden waren.

»Jesus«, bemerkte Chris Taylor, als die große Maschine auf der Landebahn aufsetzte. »Ich träumte von Schlangen.« Diesmal hörte er Gardners Lachen.

»Schlangen? Junge, das solltest du vergessen. Wir müssen hier im Krieg kämpfen.«

Chris Taylor sammelte die wenigen Dinge zusammen, die er mit der Erlaubnis der Army aus Cam Ranh hatte mitnehmen dürfen. Er war während der kurzen Zeit in der Army ungewollt Gardners bester Kumpel geworden. Das war nichts, was viel Freude brachte.

Chris Taylor hatte einen Augenblick lang Zeit, um über die Situation nachzudenken, während die Maschine röhrend auf den Passagier-Terminal zurollte. Er und Gardner sollten sich eigentlich abstoßen wie zwei gleiche Pole eines Magneten. Chris Taylor hatte Collegebildung, stammte aus einer angesehenen New Yorker Familie und betrachtete Leute wie Gardner als Clowns; Karikaturen, die man in schlechten Romanen findet. Unter anderen Umständen hätte man Chris als weltgewandt und intellektuell bezeichnet. In der Army galt er als der Typ des Einzelgängers, als Snob oder Scheißkerl – je nach der Situation und dem Terrain.

Gardner hatte im Grunde keine andere Bildung als praktische Kenntnisse, die in seiner Farmerfamilie seit Generationen weitergegeben worden waren. Er war unter Leuten aufgewachsen, die ein kleines Baumwollfeld auf einer großen Farm in Georgia gepachtet hatten, und für ihn war ein einziger Ausflug nach Atlanta schon eine Weltreise gewesen.

Während Taylor aus einer Laune heraus zur Army gegangen war und tiefe und bedeutungsvolle Erkenntnisse während des Dienstes zu gewinnen erwartete, war Gardner in die Armee eingetreten, weil er ganz einfach taugliches Fleisch für den unersättlichen Fleischwolf in Südostasien war.

Die großen Unterschiede zwischen ihnen waren Gardner gleichgültig. Er hatte sich wie eine Klette an Chris gehängt, seit sie an einem unglücklichen Tag in Cam Ranh Bay beide den Befehl erhalten hatten, die Toiletten zu schrubben, weil nichts Produktives zu tun gewesen war. Aus keinem ersichtlichen Grund hatte Gardner in der Arbeit innegehalten, durch den Gestank der Desinfektionsmittel gegrinst und erklärt, daß er einen Freund bei der Army gefunden hätte. Weil Chris nichts Vernünftiges auf diese Eröffnung hin eingefallen war, hatte er zugelassen, dieser Freund zu werden. Die Beziehung machte ihn nervös. Es hatte fast den Anschein, als wäre er dazu gezwungen worden, ein geistig zurückgebliebenes Kind zu adoptieren.

Als die C-130 anhielt, schaute Chris zu Gardner. Der Mann grinste in die Runde der vierzig anderen Soldaten, die mit der Maschine nach Cu Chi geflogen worden waren.

Und er tat, was er stets in Streßzeiten tat: Er grinste, schwitzte stark und betrachtete das abgegriffene Foto, das seine Freundin Lucy Jean zeigte.

Die riesige Heckklappe der C-130 der Air Force senkte sich auf den Boden. Es zischte schreckenerregend bei der Druckverminderung. Obwohl alle begierig darauf waren, den neuen Standort zu sehen, wichen die Soldaten erst zurück vor dem Schwall heißer Luft, der in die Maschine drang und roten Staub hereintrieb. Ein gelangweilter Mann der Crew winkte sie heraus, und Chris nahm sein Gepäck und schob sich zum Heck der Maschine. Die Luft war so feucht und staubig, daß Chris das Gefühl hatte, eher in den Krieg zu waten als zu gehen.

Auf dem heißen Asphalt des Rollfelds holten Gardner und einige der anderen neuen Soldaten Pocketkameras hervor, die sie im PX von Cam Ranh gekauft hatten, und drehten sich wie Ballerinas, während sie lachend alles knipsten, was sie sehen konnten.

Es war nicht viel.

Man hatte ihnen befohlen, nahe bei der Maschine und ihrem Gepäck zu bleiben, bis jemand von der Division kommen und sie abholen würde. Chris schlenderte unter dem Heck der Maschine hervor, um einen Blick auf das erste Kampfgebiet nach Cam Ranh zu werfen, nach der Welt der blankpolierten Stiefel, der gestärkten und gebügelten Uniformen und militärischen Bürokraten.

Es war bestimmt nicht das, was er erwartet hatte. Heldentum und einen heroischen Kampf gegen einen Sturmtrupp des Feinds konnte man sich hier schwer vorstellen. Wo war die Bergspitze, die sich Chris in seinen patriotischen Fantasien ausgemalt hatte? Wie konnte man sich auf einem kahlen Streifen Asphalt einem dramatischen letzten Gefecht stellen? Die Vorstellungen mußten schnell korrigiert werden. Sein Vater – mit der selbstgefälligen Allwissenheit des Offiziers eines zurückgezogenen Stabs – hatte ihn davor gewarnt, daß es der Infanterie an Glorie mangelte, doch Chris hatte gegen diesen Rat rebelliert. Und er hatte den klugen Rat abgewiesen, eine Offizierslaufbahn einzuschlagen, wie es ihm in der Grundausbildung angeboten worden war. Sein Vater verstand ihn ebensowenig wie die Stabsoffiziere, die ihm die Zukunft ausreden wollten, die er sich erträumte.

Wenn man seine Pflicht für das Vaterland tun und mit den *wahren* Männern kämpfen wollte, dann meldete man sich freiwillig für die Infanterie und kam nach Vietnam. Das war das Größte. Chris hatte es von Anfang an gewußt, tief im Innern, wo Patriotismus und Stolz unbeeindruckt vom Verhalten und der Einstellung seiner Klassenkameraden blieben. Die anderen mochten sagen, daß sie zu gut für diese Sache waren, und sie konnten Patriotismus für etwas Veraltetes, Überholtes halten, doch es gab immer noch Leute wie Chris Taylor auf der Welt, die ihre Pflicht kannten und denen klar war, daß diese erfüllt werden mußte.

Dies schien jedoch nicht der richtige Platz dafür zu sein. Alles hatte eine rötliche Tönung. Die Gebäude, die Fahrzeuge und die Männer, die langsam in verschiedenen Stadien der Entkleidung herumgingen, trugen allesamt eine Patina von rostfarbenem Staub. Wo zur Hölle ist der Dschungel? fragte sich Chris. Wurden wir nicht für einen Dschungelkrieg ausgebildet?

Ein Irrtum war offenbar ausgeschlossen. Das Schild über dem Terminal wies darauf hin, daß dies der Standort der 25. Infanterie-Division (›Tropic Lightning‹) war, und das stimmte mit dem Ziel in seinem Marschbefehl überein. Vielleicht waren diese grünen Hügel, die in der Ferne schimmerten, der Dschungel. Hier war er jedenfalls nicht, wie er sich das vorgestellt hatte. Warum zur Hölle konnten sie nicht so rücksichtsvoll sein und einen Freiwilligen dorthin schicken, wo er hin wollte?

Chris kratzte sich an der juckenden linken Schulter und spürte den Umriß seines neuen Divisions-Abzeichens. Eine Art verdammtes tropisches Blatt mit einem Blitzstrahl. Warum prangte dort nicht das stolze Abzeichen der Ersten Kavallerie-Division? Damit konnte man Aufsehen erregen. Auf ein solches Symbol konnte man stolz sein, und wenn dann die Zeit des Heldentums kam, konnte man in der Geschichte auf eine großartige Einheit zurückblicken, die einer ebenso großartigen Nation begeistert gedient hatte.

Chris erwog die Möglichkeit, sich versetzen zu lassen, als er von einem leisen, summenden Geräusch abgelenkt wurde. Er lauschte. Das aufgeregte Plappern der Soldaten, die gemurmelten Flüche der Crew-Mitglieder, die Gepäck ausluden. Das Klicken von Kameras. Und das Summen. Es klang wie das Summen von Hochspannungsleitungen, aber Chris fand doch es irgendwie unheilvoll.

Chris ging zur anderen Seite der Maschine und fand die Ursache des Summens.

»Ist das wirklich das, was ich denke?« fragte Gardner, der sich zu Chris gesellt hatte. Gardner lachte jetzt nicht. Er atmete schnaufend. Sie starrten auf eine lange Reihe schwarzer Plastiksäcke, auf denen es von unzähligen blauschwarzen Fliegen wimmelte. Die Insekten schwirrten in die Luft, als ein hemdloser Arbeiter sie verscheuchte und sich neben eine der Plastiktaschen kniete.

Ärgerlich zerrte der Mann an einem lederfarbenen Anhänger, der am Reißverschluß der Tasche befestigt war. Er überprüfte irgendeine Aufschrift und notierte etwas auf Papiere auf dem Klemmbrett, das er bei sich hatte. Als er zum nächsten Plastiksack ging, ließen sich die Fliegen gierig auf dem ersten Sack nieder und vertilgten irgend etwas, das der Leiche darin entströmt war.

Chris hatte alles gelesen, was er über Vietnam hatte finden können, bevor er sich entschlossen hatte, zur Army zu gehen. Er erinnerte sich an die Ehrungen der heldenhaften Toten und der ernsten, jedoch entschlossen wirkenden Überlebenden. Warum war davon nichts zu sehen? Waren das dort tatsächlich tote amerikanische Soldaten? Oder war das eine Art makabrer Ritus zur Aufnahme in die militärische Bruderschaft?

Chris hatte keine Gelegenheit mehr, darüber nachzudenken.

»Ihr solltet verdammt wieder in den Vogel steigen, Neues Fleisch – *bevor* man *euch* in einen der Säcke legt.«

Chris und Gardner blickten auf und sahen eine abgerissene Gruppe, die auf die jetzt leere C-130 zuging. Es war leicht zu erraten, daß es Männer waren, die von der Front kamen und heimkehrten. Schwieriger war zu sagen, ob es überhaupt Soldaten waren. Im Vergleich zu den Neuankömmlingen mit ihrem frischen militärischen Haarschnitt und den neu ausgelieferten, dunkelgrünen Dschungel-Kampfanzügen wirkten die Männer, die höhnische Bemerkungen machten, wie... nun, sie sahen wie pöbelhafte Guerillas aus. Chris dachte sogar einen Augenblick lang, es könnte ein neuer Feind sein. Die Veteranen ähnelten dem, was er sich unter ausgedienten Vietcong-Dschungelkämpfern vorgestellt hatte. Doch ihre Sprache war unverkennbar Angelsächsisch.

»Na, ihr Witzfiguren? 365 Tage und 'ne Totenwache? Mann, ihr werdet den Nam verdammt ins Herz schließen...«

Chris starrte verwirrt auf das fast weiße Leder der Dschungelstiefel der Männer. Einige Stiefel wurden nur noch von Pflaster zusammengehalten. Die Uniformen waren von Sonne und Schweiß verblichen, abgeändert, zerrissen, geflickt und anders als alles, was Chris je in den Dienstvorschriften über Uniformen gelesen hatte. Ein paar der Männer trugen metallene Koppeln mit einem eingeprägten Stern, und ein Individuum war mit einer verbeulten Yamaha-Gitarre und einer Waffe bepackt, die Chris als einen SKS-Karabiner der Volksrepublik China erkannte.

Das Haar der Männer war weitaus länger, als es die Dienstvorschriften erlaubten, und Chris strich unbewußt mit schweißnasser Hand über die Stoppeln an seinem Nacken, die das Ergebnis des letzten Haarschnitts in Cam Ranh waren. Die Veteranen stiegen lärmend in die C-130 und Chris wurde wieder vom Summen der Fliegen abgelenkt.

Soldaten luden jetzt die Leichensäcke auf Holzpaletten, damit sie in den Frachtraum der Maschine verladen werden konnten.

Chris spürte die Hitze des Asphalts durch die Sohlen seiner nagelneuen Dschungelstiefel und hoffte, daß ein Beobachter die Röte seines Gesichts auf die schwüle Hitze zurückführte und nicht auf Zorn. Er sagte sich, daß der erste Tag im Kampfgebiet nicht der richtige Zeitpunkt war, um Zorn oder Enttäuschung zu zeigen. Wenn er irgend etwas in seiner kurzen Militärzeit gelernt hatte, dann war das, mit Enttäuschungen zu rechnen.

Sein Unbehagen hatte nichts mit dem peinlichen Verhalten seiner Kameraden zu tun. Während der Ausbildung und anderer Erfahrungen in der Army hatte er gelernt, Verständnis für sie zu haben. Die meisten der Männer waren jünger und unerfahrener als er. Sie benahmen sich wie Kinder vor dem Beginn eines relativ großen Abenteuers. Chris gab zu, daß er solch eine prickelnde Erwartung teilte. Hemingway hat geschrieben, daß der Krieg das größte Abenteuer des Mannes ist. Doch hier am Rand des Kriegs hatten die Worte einen bedrohlichen Unterton.

War er der einzige, der das erkannte?

Vielleicht hatten die halb ernsten, halb höhnischen Bemerkungen der heimkehrenden Veteranen seine großen Erwartungen gedämpft. Es war ein Element der menschlichen Natur, das Chris aus seinen Erfahrungen in dem quasi militärischen Milieu eines nur von männlichen Schülern besuchten Lehrgangs kannte. Jeder, der eine Woche oder zwei länger in einer fremden Umgebung war als der Nachfolger, nahm sich automatisch das Recht, sich aufzuspielen und Warnungen zu geben. Er hatte das von den Veteranen erwartet, die er in Vietnahm treffen würde, aber er hatte sie sich als stolze Überlebende des größten Abenteuers vorgestellt, die in tadelloser Uniform heimkehrten, ihren Nachfolgern kluge Ratschläge erteilten und Medaillen als Beweis ihrer begangenen Heldentaten trugen.

Vielleicht war Chris Taylor enttäuscht, als er jetzt auf dem heißen Rollfeld in Cu Chi stand, weil das genaue Gegenteil seiner Vorstellungen eingetroffen war. Vielleicht lag es auch an dem grausigen Omen der Leichensäcke und ihrer gleichgültigen Nichtbeachtung – fast feindseliger Abneigung –, die jeder ihnen entgegenzubringen schien. Wenn er hier einige andere Freunde als Gardner finden würde – und Chris wünschte sich das verzweifelt – würden sie ihn hassen, wenn er als blutiger Inhalt eines Leichensacks enden würde?!

Gewiß nicht, sagte er sich. Gewiß nicht. Kriegstote sollten für ihren Dienst und Heldentod geehrt werden. Das hatten ihn sein Vater und Großvater gelehrt. Sie hatten widerwillig Geschichten von ihren eigenen Erlebnissen im Ersten und Zweiten Weltkrieg erzählt. Als gebildete Männer hatten sie solche Erzählungen immer mit dem Hinweis darauf eingeleitet, daß der Krieg eine schreckliche, grausame, unnötige Sache ist... doch da war etwas Sonderbares in ihren Augen und am Klang ihrer Stimme gewesen, wenn sie sich dieser Zeiten erinnert hatten. Das hatte so widersprüchlich gewirkt, bis Chris zu einer eigenen Ansicht über Soldaten gelangt war: Sie waren so lebendig wie nie, wenn sie den Tod riskierten.

Es war eine Schlußfolgerung, die erkundet werden mußte, und Vietnam war Chris Taylors einziges erreichbares Forschungsgebiet.

Gardner boxte ihm schmerzhaft in die Rippen und wies auf eine Gestalt, die zielbewußt über das Rollfeld nahte. Der stolzierende Gang, die deutlich sichtbaren Rangabzeichen und das hochmütig vorgereckte Kinn des Mannes verrieten den Berufssoldaten, den ›Lebenslänglichen‹.

Die 25. Infanterie-Division war eingetroffen, um Körper, Geist und militärische Personalakte der angekommenen Neuen in Besitz zu nehmen.

»Jetzt sperrt ihr die Ohren auf und antwortet, wenn euer Name aufgerufen wird.« Der Staff Sergeant kratzte sich am Bauch und musterte die Reihe der Neuankömmlinge, als wäre sie eine besonders üble Art Ungeziefer, das eigens geschickt worden war, um seine Army zu versauen. Er rief Namen in der traditionellen militärischen Art auf: Nachnamen, Vornamen, Initialen.

Als die Namensliste verlesen war, ließ er die Einheit strammstehen und in lockerer Ordnung und ohne Marschtritt zum Terminal gehen.

Im Abfertigungsgebäude fielen die Neuankömmlinge über ihre Kleidersäcke her, die in einer langen Reihe ausgelegt waren wie die Leichensäcke draußen auf dem Zement. Andere Unteroffiziere versammelten sich um den Lebenslänglichen, der sich mit ein paar Schnellheftern, die Akten und Befehle enthielten, zu ihnen gesellte. Sie riefen Namen auf und suchten nach deren Besitzern. Die Szene erinnerte Chris an eine Rinderversteigerung. Er und Gardner antworteten: »Hier, Sergeant«, als ihre Namen in dem Lärm ertönten, und beobachteten, wie ein grinsendes Individuum mit hohen Wangenknochen und lustig und leicht verstört blickenden Augen auf sie zueilte.

»Wer ist Gardner, und wer ist Taylor?« Als der Mann mit dem Finger auf sie wies, dachte Chris einen Augenblick lang voller Panik, er wäre für den Dienst in irgendeiner Spezialeinheit eingeteilt worden. Der Unteroffizier, der sie angrinste, sah nicht aus, wie Chris sich den durchschnittlichen Vorgesetzten vorgestellt hatte. Die Kampfanzughose des Mannes spannte sich eng um muskulöse Beine. Seine Feldbluse war abgeändert und hatte statt der Taschenklappen Reißverschlüsse. Er trug sowohl das Abzeichen der Infanterie wie das des Fallschirmspringers. Langes, seidiges Haar flutete unter einem verbeulten Feldhut hervor.

»Ich bin Elias«, sagte er mit rauher Stimme. »Sergeant vom zweiten Zug der Bravo-Kompanie. Ihr Dandys seid meinem Haufen zugeteilt. Willkommen in Nam.«

Die Begrüßung klang ehrlich, doch da war etwas am Ausdruck der grünen Augen, das zu sagen schien, daß sie hier nicht unbedingt willkommen waren... überhaupt nicht willkommen!

Gardner war anscheinend begierig darauf, einen weiteren Freund zu finden. »Das hier sieht nicht so schlecht aus, Sarge. Bekommen wir Ausgang, um nach Cu Chi zu gehen?«

Elias beendete die Musterung von Chris' verschwitztem Gesicht und starrte Gardner an. Seine Stimme nahm einen scharfen Klang an. »Hör zu, du Träumer, du wirst Glück haben, wenn du Cu Chi noch mal wiedersiehst, bevor du zurückfliegst... *wenn* du zurückfliegst. Dieser Ort ist für Durchreisende und AVRS. Die Musik spielt dort draußen im Busch, Mann! Dorthin kommt ihr, und da bleibt ihr. Und jetzt nehmt euren Scheißkram und bewegt eure Ärsche nach draußen. Wir müssen mit einem Wagen zur Einheit.«

Gardner und Chris nahmen ihr Gepäck auf die Schulter und folgten Sergeant Elias hinaus in den glühenden Sonnenschein.

Elias reichte ihnen die Sachen, als sie auf den Lastwagen geklettert waren.

Die Hitze machte ihm anscheinend nicht das geringste aus, während Gardner und Chris in ihren Uniformen schwitzten.

Als der Lastwagen in einer dichten Staubwolke davonrumpelte, machte Gardner einen letzten Annäherungsversuch.

»Verzeihen Sie, Sergeant Elias. Ich hab' nicht ganz kapiert, was Sie vorhin sagten. Was ist ein AWAS?«

Elias schüttelte den Kopf und schielte unter der Hutkrempe hervor zu Gardner. »Nicht AWAS, Gardner, sondern A-V-R-S, und das steht für Arschlöcher vom rückwärtigen Stab... und das seit ihr von jetzt an nicht mehr.«

2

Der Obergefreite Chris Taylor versuchte den brennenden Schmerz seiner Handflächen zu ignorieren und spähte angespannt nach vorn. Vielleicht vergaß er die blutigen Blasen, die er sich in weniger als einer Viertelstunde zugezogen hatte, nachdem ihn Sergeant Elias mit der Machete zur Spitze des Trupps geschickt hatte, wenn er sich auf jede Dschungelpflanze wie auf ein separates Ziel konzentrierte.

Er hatte einfach noch nicht den Dreh heraus, sich locker durch so dichtes Terrain zu bewegen. Sein Packen war mit Riemen auf dem Rücken befestigt, und die Kampfausrüstung stach in seine schmerzenden Schultern und den Rücken. Sein Helm rutschte schmerzhaft gegen den Nasenrücken, während Chris die gummiartigen Lianen mit der Machete wegdrosch. Das Handtuch um seinen Nakken scheuerte mehr als daß es den Schweiß aufsaugte, der von seinem Gesicht strömte.

Cu Chi und das Hauptquartier der Brigade in Dau Tieng waren eines gewesen, aber das hier war der Busch. Hier war er Chris Taylor, an seinem ersten Tag im Dschungel an der Spitze des Trupps. Es kam ihm wie der Wahnsinn vor. Er hatte schon Mühe genug gehabt, einfach nur mitten in der Kolonne Schritt zu halten, und dann schickte man ihn noch allen anderen voraus! Keine besonderen Befehle, keine Worte der Ermunterung, weder ein Gruß, noch ein Wiedersehen... nicht mal ein »Leck mich am Arsch, Taylor, oder wie immer du heißt.« Einfach nur: Sofort nach vorne!

Nur eines schien sicher zu sein: Er würde sehr bald an blutenden Blasen, Erschöpfung und einem Hitzschlag sterben. Doch Chris Taylor war entschlossen, durchzuhalten und ein nützliches Mitglied dieses gesichtslosen

Mobs zu werden, der im Krieg kämpfte. Er wollte nicht zu einer Belastung für die exzentrischen Busch-Veteranen des zweiten Zugs werden, die er blindlings durch den Dschungel führte. Um sich von den Schmerzen abzulenken, dachte er über seine Lage nach.

Irgendwann auf dem Marsch bis hierhin war er ein Jahr älter geworden. Sein 21. Geburtstag war mit der Schallgeschwindigkeit eines Düsenjägers gekommen, der vom 14. September bis zum 16. September via Internationale Datumsgrenze rast. Er fand es unfair, solch ein bedeutsames Ereignis zu versäumen, genauso wie er es für unfair hielt, daß man ihn an seinem ersten Tag im Dschungel an die Spitze schickte. Er wollte sich den Pastelltönen der gewöhnlichen Leute in dieser Einheit anpassen, doch er war wieder einmal mit dieser leuchtenden Farbe bespritzt, die ihn hervorhob und zu etwas anderem und besonderem machte. Er würde hart daran arbeiten müssen, um diese grelle Farbe abzuschwächen; um den leuchtenden Glanz eines neuen Jungen in Nam auszulöschen.

Chris sah voraus einen Bambuszaun und fragte sich, ob der Zaun vielleicht die kambodschanische Grenze markierte. Er war irgendwo in den von dichtem Dschungel überzogenen Hügeln in der Nähe von Kambodscha. Second Lieutenant Wolfe, sein schneidiger Zugführer, hatte das irgendwann unterwegs im Gespräch mit einem Unteroffizier erwähnt.

Nach den spärlichen Informationen, die Taylor herausgefunden hatte, durchkämmte die Bravo-Kompanie den Dschungel nach Spuren einer nordvietnamesischen Armee-Einheit, die dieses Gebiet als Zufluchtsstätte benutzen sollte. Der häßliche, narbengesichtige Sergeant Barnes von Chris' Zug hatte das erwähnt, bevor der peinigende Aufstieg in diese Hügel begonnen hatte.

Der Zug marschierte hart durch das schwierige Terrain, jedoch nicht hart genug. Während der letzten Rast hatte Chris mitbekommen, wie Captain Harris, der Führer der Bravo-Kompanie, Lieutenant Wolfe deswegen ›den Arsch aufreißen‹ wollte. Chris gewöhnte sich allmählich soweit an die Sprache der militärischen Kommunikation, um den Wortwechsel zu verstehen.

»Bravo Two, Six.« Der Kompanieführer rief seinen zweiten Zug. »Was hat diese Verzögerung zu bedeuten? Wir brauchen Zusammenschluß mit Phase Line Whiskey *one-eight-zero-zero, over.* Die Bravo-Kompanie sollte sich mit einer anderen Einheit an irgendeinem Punkt auf der Landkarte um sechs Uhr abends vereinigen. Ende des Gesprächs.«

Chris spürte, wie seine Knie nachgaben, und er taumelte vorwärts, als er mit der Machete nur Luft schnitt. Er stand am Rande einer Lichtung. Chris keuchte, griff nach der Feldflasche und lehnte sich gegen einen knorrigen Teakbaum, um nicht unter dem Gewicht seines Gewehrs, der Munition und der anderen Ausrüstung zu Boden zu stürzen. Er trank eine Feldflasche leer und griff nach einer anderen, und er fragte sich, wieviel Gewicht er von den etwa neunzig Pfund wegtrinken konnte, die mit Riemen auf seinem Rücken und am Körper festgebunden waren.

Ein schrecklicher Geruch ließ ihn würgen. Vielleicht befand er sich an einer Stelle, die sich jemand ausgesucht hatte, um etwas besonders Übles auszuscheißen, das seinen Darm vergiftete. Er hatte noch niemals so etwas Ekelhaftes gerochen, und es wurde ihm übel von dem Gestank. Er würgte, rang nach Luft und richtete sich auf, um vor dem Gestank zurückzuweichen. Dann sah er es... oder das, was davon übriggeblieben war.

Jemand – nach dem Aussehen seiner verkohlten Ausrüstung zu schließen, ein nordvietnamesischer Soldat – war in dem Wurzelgewirr des Baums von Napalm oder sonst etwas getroffen worden, das aus ihm eine Festmahlzeit für die Würmer und Maden gemacht hatte, von denen es jetzt in jedem Hohlraum dessen wimmelte, was einmal zu dem Gesicht und Körper gehört hatte.

Chris entledigte sich einer C-Ration aus Schinken und Eiern und stützte sich auf sein Gewehr, um nicht in sein eigenes Erbrochenes zu fallen. Sonderbarerweise mußte er an die Toten denken, die er in Kriegsfilmen aus Hollywood gesehen hatte. Diese Toten starben sauber und wurden schön von irgend jemand bedeckt, damit das Publikum nicht die Würmer bei der Arbeit sah. Warum hatte das nicht jemand für dieses... Ding getan, das verwest und verfault auf der Marschroute lag?

Chris hatte keine Zeit, um über die Antwort nachzudenken. Eine kräftige Hand klatschte ihm auf den Rükken, und jemand riß ihn an den Riemen seines Packens auf die Füße.

»Worauf, zur Hölle, warten Sie, Taylor?«

Chris wollte zu den scharfen, blauen Augen von Sergeant Barnes aufsehen, doch sein Blick blieb auf der langen, gezackten Narbe hängen, die von einer Kugelwunde an der Stirn bis über die rechte Gesichtshälfte hinab verlief. Die Narbe verzerrte das Gesicht des Unteroffiziers, als hätte jemand einen Schraubenzieher in die Gesichtsmuskeln gesteckt und gedreht.

Chris löste den Blick von der Narbe und gelangte zu dem Schluß, daß ein Teil der verzerrten Miene als ein Grinsen durchgehen konnte, weil der Sergeant des Zugs nur ein begrenztes Mienenspiel hatte.

Ein paar Männer von Chris' Gruppe hatten aufgeschlossen, und Sergeant Barnes hob seine grollende Stimme, damit sie ihn ebenfalls hören konnten.

»Das ist ein guter Feind, Taylor. Gut und tot. Er wird Sie nicht beißen. Und jetzt kneifen Sie den Arsch zusammen und marschieren weiter... oder ich lasse Sie hier zurück, und Sie können ihn begraben.«

Chris stemmte sich auf dem Gewehr hoch und hackte kraftlos mit der Machete einen Weg durch den Busch. Nur im Unterbewußtsein bekam er ein Funkgespräch zwischen Barnes, dessen Funker und Lieutenant Wolfe mit.

Two Bravo, hier ist *Two Actual*. Beeilen Sie sich. *Six* sagt, wir blockieren Sie dort hinten. *Over.*«

Barnes war damit beschäftigt, die Soldaten, die sich versammelt hatten, auseinanderzuziehen und weitermarschieren zu lassen. Er warf kurz einen Blick zu dem Funkgerät, das von Tony Hoyt bedient wurde.

»Sag diesem Armleuchter, er kann mich mal kreuzweise.«

Hoyt grinste und wandte sich ab, um die Antwort in einer akzeptableren Form durchzugeben. Barnes wandte sich an Elias, der von Paul ›Doc‹ Gomez, dem großen Sanitäter des Zugs, einen frischen Vorrat an Salztabletten erhielt. »Elias, wir kommen nicht weiter, wenn wir dieses Arschloch Taylor vorne lassen. Versuchen wir es mit dem anderen neuen Fleisch. Laß Gardner antanzen und gib ihm die Machete.«

Elias gefiel das nicht. Er hatte sich kurz mit Barnes gestritten, als Taylor als Mann an der Spitze ausgewählt worden war. »Lassen wir die Neuen noch eine Weile hinten, Barnes. Dieses verdammte Terrain hat es in sich. Sie können langsamer gehen und lernen, bis sie den Dreh heraushaben.«

Barnes war auf seine typische Art desinteressiert gewesen: »Dies ist keine verdammte Ausbildungskompanie, Elias. Entweder lernen sie, oder sie verrecken.«

Für Elias sah es aus, als würde Taylor bestimmt bald verrecken. Er ließ Gardner nach vorn kommen und ging leichtfüßig zur Spitze, wo Chris geräuschvoll einen Weg durch den Dschungel hackte. Elias nahm dem jungen Soldaten die Machete aus der blutigen Hand, stützte Chris und ging mit ihm auf die Lichtung zurück. Chris war am Rande einer Ohnmacht. Er wischte sich benommen über den Nacken und wankte auf Beinen, die aus Gummi zu sein schienen.

Barnes hatte kein Mitleid mit Taylor. »Was, zur Hölle, ist mit dir los, du Arsch?« Er hätte noch mehr gesagt, doch Gardner tauchte auf. Unbefestigte Ausrüstung, Maschinengewehrmunition und zwei Claymore-Minen baumelten und klapperten an seinem korpulenten Körper. Barnes wandte sich von Taylor ab und faßte den neuen Mann für die Spitze ins Auge.

»Mein Gott, Gardner, Sie sehen wie der letzte Henker

aus. Gehen Sie an die Spitze und lösen Sie Taylor ab. Und jetzt laßt uns von hier verschwinden. Elias, die zwei Alpha an die linke Flanke. Bewegung, ihr Armleuchter! Wir müssen einen Krieg gewinnen.«

Elias ließ Taylors Arm los und verließ die Lichtung. Er befahl der ersten Gruppe loszumarschieren, als er das Krachen hörte.

Taylor hatte das Bewußtsein verloren und lag mit dem Gesicht nach unten auf der Lichtung unter einem Stapel Ausrüstung.

Barnes schüttelte angewidert den Kopf und wies den Sanitäter mit einem Wink an, sich um Taylor zu kümmern. Er gab Gardner einen Tritt in den prallen Hintern, um ihn in Marsch zu setzen, und bahnte sich einen Weg durch den Busch.

Elias schickte seine Gruppe zur Flanke und kehrte zurück, um dem Sanitäter bei Taylor zu helfen. »Glaub nur ja nicht, daß ich diesen Blödmann bedaure, Doc.« Elias grunzte vor Anstrengung, als er den Bewußtlosen herumdrehte, damit er das stark gerötete Gesicht sehen konnte. »Aber wir haben verdammt keine Chance, hier einen Medizinmann zu bekommen.«

Doc Gomez fühlte mit seiner Hand Taylors flatternden Puls, während er mit der anderen Hand Wasser aus der Feldflasche über den Kopf des Ohnmächtigen goß.

»Selbst wenn wir einen Hubschrauber herkommen lassen könnten, würde Barnes das niemals zulassen. Nicht für ein verdammtes Hitzschlagopfer.«

Elias schnallte Taylors prall gefüllten Rucksack ab und öffnete ihn.

Bevor der Sanitäter etwas erwidern konnte, blinzelte Chris und kratzte sich am Nacken. »Verdammte Ameisen«, krächzte er. »Die beißen mich überall.«

Doc Gomez zog das Handtuch von Taylors Nacken. Schwarze Ameisen von der Größe eines Fingernagels krochen über die Blasen auf Taylors Oberkörper. Die beiden im Dschungel erfahrenen Männer wischten sie vorsichtig weg, während Taylor Salztabletten schluckte und mit abgestandenem Wasser hinunterspülte. Doc Gomez zerquetschte eine der Ameisen zwischen den Fingern.

»Diese schwarzen Biester sind die schlimmsten, Mann. Die roten Viecher sind schon übel, aber hüte dich vor den schwarzen, wenn du durch den Busch gehst.«

Elias hatte sämtliche Dinge aus Taylors Gepäck gezogen und hockte sich hin, um seine Kollektion zu betrachten. »Die Ameisen haben ihn nicht fertiggemacht, Doc. Sieh dir mal den Scheiß an, den der Kerl mit sich rumschleppt.«

Elias stocherte in dem Haufen herum und lachte. »Allmächtiger! Eine Gummilady, drei verdammte Bücher und einige Zeitschriften, ein Zivilisten-Rasierapparat, ein zusätzlicher Anzug und Stiefel... und sieh dir das an... eine gottverdammte *Gasmaske!*«

Doc Gomez half Taylor auf die Füße und versicherte ihm, daß es ihm besser gehen würde, wenn er erst etwas von dem Gewicht seines Gepäcks losgeworden sei. »Hat dir niemand gesagt, daß du nicht all diesen Mist in den Busch mitschleppen sollst?«

Taylor schüttelte in verlegenem Schweigen den Kopf. Er befürchtete, daß sich eine solche Dummheit herumsprechen und ihn zum Gespött der anderen machen könnte. Das würde er zu allem anderen nicht ertragen können. Sein Stolz hatte ihn bis zu diesem Punkt gebracht, doch er war anscheinend nicht stark genug, um ihn über die Schmerzen hinwegzubringen. Elias mochte sein Gepäck leichter machen, doch keiner konnte die Demütigung lindern, die er empfunden hatte, als er dort im Dschungel auf dem Boden gelegen hatte. Man hat erst das Recht, so herumzuliegen, wenn man verwundet ist, erinnerte er sich ärgerlich... nicht vorher.

Elias seufzte. »Wir müssen den Rest des Zugs einholen. Ich schleppe diesen Scheiß für dich, bis wir ihn mit einem Nachschubtransporter aus dem Feld schaffen können. Und wenn du das nächste Mal deine Sachen packst, frag mich erst, was du mitnehmen sollst. Ich werde dir allerhand Ballast ersparen.«

Taylor suchte nach Worten, um sich zu bedanken, doch Elias hatte bereits die überflüssigen Dinge aufgesammelt und verschwand im Dschungel. Doc Gomez warf einen Blick über die Lichtung und schulterte seine Sanitätsausrüstung.

Chris nahm sein jetzt leichteres Gepäck und die M-16. Dann folgte er Doc Gomez in den Dschungel.

3

Die Bravo-Kompanie erhielt schließlich den Befehl, sich auf einer kahlen Hügelkuppe oberhalb eines blauen Wasserlaufs einzugraben, der die einzige Unterbrechung im Grün des Terrains unterhalb der Anhöhe war. Es war ein weiterer Dschungelfluß wie hundert andere, die sich durch dieses Bergland wanden, aber es war ein Orientierungspunkt im Gelände. Das machte den Fluß für Chris zu etwas Besonderem. Es war für ihn der einzige Hinweis, der es ihm mit einiger Mühe ermöglichte, seinen Standort herauszufinden.

Chris war sich nicht sicher, ob sie noch in Vietnam waren oder nicht. Sie konnten genausogut in Kambodscha, Laos... oder Cincinnati sein. Er hatte einige der Altgedienten nach der Grenze gefragt. Wußten sie, wenn sie die Grenze überquerten? Wo war diese Hügelkuppe? Wohin würden sie morgen marschieren? Wie weit waren sie heute gekommen? Erfüllten sie schon irgendeine Mission oder waren sie auf dem Weg dazu?

Das Ergebnis der Auskünfte, die er auf seine Fragen erhalten hatte, bestand aus einem »Wie, zur Hölle, soll ich das wissen?«, ein »Verpiß dich, du Arschloch!« und ein desinteressiertes Rülpsen. Es war unglaublich. Interessierte sich denn keiner sonst, was sie hier draußen trieben? Wie, zum Teufel, sollte der zweite Zug wissen, ob er seine Sache gut oder schlecht machte, wenn man keinen Maßstab hatte?

Vielleicht liegt das daran, daß man ein Neuer ist, überlegte Chris. Niemand hat Zeit, einem Mann Fragen zu beantworten, der so sehr zum Abschaum zählt, daß er nicht mal zu wissen braucht, welcher Tag ist. Niemand auf dem Hügel schien die Energie oder Neigung zu haben, Fragen zur Lage zu stellen oder zu beantworten. Wenn man sich bei irgendeinem dieser Jungs über die militärische Lage im Corps III und besonders über die Mission der Bravo-Kompanie und der eigenen Gruppe erkundigte, erhielt man stets die gleiche Antwort: »Weiß nicht. Juckt mich nicht, Mann.«

Gewiß würde Chris keine Information von Junior oder Big Harold kriegen, den beiden schwarzen Soldaten, die den Befehl erhalten hatten, beim Graben und Befestigen der Stellung des Zugs zu helfen. Sie hatten es vorgezogen, den Neuen graben zu lassen, während sie eine C-Ration erwärmten und verzehrten.

Junior, der militante Schwarze aus Cleveland, schlang sich ein Halstuch um seine Afrofrisur und versuchte, Big Harold, einem hünenhaften, schielenden Farmer aus Mississippi, eine Dose Bohnen und Würstchen abzuluchsen. Die Art, wie sie feilschten, wies darauf hin, daß ihnen dieser Pferdehandel wichtiger war als die Kampfgebiete in Vietnam.

»Hey, Harold. Gib mir die verdammten Bohnen. Es verstößt gegen meine Religion, dieses Schweinefleisch zu fressen.«

Ohne aufzublicken, schüttete Big Harold einen weiteren Löffel heißer Soße auf die Mahlzeit, die er auf einer Brenntablette in einer leeren Rationsdose gekocht hatte. »Verpiß dich, du Hurensohn. Ich gebe dir höchstens einen auf die Fresse.«

Junior blickte beleidigt drein. »Ah, du Bastard, was soll das? Hab' ich dir nicht letzte Woche deinen Fraß aus Schinken und Saubohnen abgenommen, als du meinen Truthahnhackbraten wolltest? Wie wäre es, wenn du dich revanchierst, Mann?«

»Junior, komm mir nicht mit so einem Scheiß, Mann. Du weißt genau, daß ich dir nur diesen Truthahnmischmasch abgenommen habe, weil niemand außer mir so einen Mist frißt.«

Junior fluchte, und so ging das noch eine Weile weiter.

Chris stieß den Spaten in den lockeren Dreck außerhalb des Schützengrabens und schüttelte den Kopf über den

Wortwechsel. Militärjargon war nicht die einzige neue Sprache, die er lernen mußte, um in Vietnam zu überleben. Er beobachtete Rodriguez, den drahtigen, schweigsamen Mexikanerjungen aus San Antonio, der eine Claymore-Mine außerhalb der Stellungen anbrachte. Sein Blick schweifte über die Peripherie des Kommandopostens der Kompanie (Bravo CP) auf eine Anhöhe oberhalb davon und über eine Reihe halbfertiger Schützengräben, wo schwitzende Männer Waffen reinigten oder luden.

Da war King, der riesige Schwarze mit dem Löwenschädel, an seinem Maschinengewehr (M-60). Und Sanderson ölte seinen Granatwerfer (M-79 oder Blooper) neben Sergeant O'Neill von der 2. Charlie (3. Gruppe, zweiter Zug), der mit jemand über Funk sprach (AN/PRC-25 oder Prick 25). Rhah, der Verrückte mit der Reibeisenstimme und den Hell's Angels-Tätowierungen, jonglierte mit drei Handgranaten (M-26). Dort kam Rodriguez in den Graben, nachdem er die Claymore-Mine (M-18) angebracht hatte. Und da kramte Doc Gomez in seiner Sanitätsausrüstung (Unit One), um etwas zur Behandlung von Fu Sheng, dem Jungen aus Hawaii, zu suchen, dessen stinkende Füße abzufaulen drohten.

Chris hatte Fotos von Fu Sheng gesehen, auf denen er in erbeuteter NVA-Uniform und -Ausrüstung zu sehen war. Es hieß, daß der Junge fünf Scheine MPC (Military Payment Certificate) von Mitgliedern des Zugs verlangt hatte, die sich mit ihm in der Uniform des Feindes fotografieren ließen, um Bilder von sich und einem grinsenden feindlichen Soldaten heimzuschicken. Als Chris den Doc an Fu Shengs Füßen arbeiten sah, erinnerte er sich an die schmerzenden Blasen an seiner Hand. Einige davon sahen aus, als hätten sie sich entzündet. Chris kletterte aus dem Graben, um den Sanitäter zu fragen, ob er etwas dagegen tun konnte.

Junior schaute von seiner Mahlzeit auf und bemerkte, daß Chris Taylor nicht mehr an dem Graben arbeitete, den sie zum Schutz brauchten, wenn der Feind in dieser Nacht angriff.

»Hey, weißer Junge, beweg deinen Hämorrhoidenarsch zurück, marsch marsch. Dieses Loch gräbt sich nicht von selbst.«

Taylor hielt seine blutigen Handflächen hoch und wies zum Sanitäter.

»Du kannst von Glück sagen, wenn das alles ist, was dir fehlt, Taylor. Ich habe dir gestern das Leben gerettet, indem ich einen Hund umlegte, der Scheiße frißt.«

Big Harold sprang von einem der Sandsäcke auf, die mit einem Nachschubtransport eingetroffen waren, und griff nach einem Spaten. »Da fällt mir was ein, Junior. Ich muß mal kacken.« Chris war schnell vergessen, als von neuem eine hitzige Debatte begann.

»Wirst du dir diesmal den Arsch abwischen, Mann?«

»Hölle, ja, Junior. Wenn du mir dein Hemd leihst.«

Chris schlenderte zu dem Sanitäter und wartete auf eine Pause in der Unterhaltung, um den Doc zu fragen, was man gegen entzündete Blasen tun kann. Er stand zum zweitenmal an seinem ersten Tag im Dschungel gedemütigt da. Gab es denn nichts, auf das die Army einen Soldaten vorbereitete, der nach Vietnam geschickt wurde? Nein, sagte sich Chris, es gibt nichts. Wie kann jemand dieses Leben erklären, der es nicht selbst geführt hat?

Es war anscheinend so schlimm, daß die Veteranen wahrscheinlich von Tag zu Tag ihre Erinnerungen auslöschten. Chris fühlte sich schrecklich mißbraucht und befremdet. Kein Wunder bei soviel Feindseligkeit hier, dachte er. Aber warum richtet sich alles gegen mich? Ich kann doch nichts dafür, daß ich ein verdammter Neuer bin. Jeder muß irgendwo und irgendwann mal anfangen. Kapieren sie denn nicht, daß ich mein Bestes tue? Warum helfen sie mir nicht? Sehen sie denn nicht, daß ich versuche, meinen Teil beizutragen und zu helfen, den Krieg zu gewinnen?

Chris Taylor blieb neben dem in die Arbeit vertieften Sanitäter stehen und zuckte beim Gestank von Fu Shengs Füßen zusammen. Chris fragte sich, warum die Soldaten nicht ihren Zorn gegen den Feind richteten, anstatt gegen sich selbst. Doc Gomez schien wie alle anderen im zweiten Zug der Bravo-Kompanie völlig uninteressiert an Chris' Sorgen und Problemen zu sein.

»Das begann als Dschungelfäule zwischen den Zehen, Fu. Ich sagte dir, du sollst die Socken oft wechseln und viel Fußpulver benutzen. Jetzt ist eine schlimme Sache daraus geworden. Ich werde Barnes sagen müssen, daß du ärztliche Behandlung brauchst. Du wirst morgen mit dem Helikopter zurückgeflogen, mit dem die Wasserkanister abgeholt werden.«

Fu Sheng setzte sich auf und rieb sich die Füße. »Verdammt, Doc. Sagen Sie Barnes nichts. Dieser verrückte Scheißkerl wird schwören, ich hätte das absichtlich gemacht. Sie wissen doch, daß er keinen vom Feld läßt, wenn ihm nicht ein Arm oder Bein fehlt.«

»Dir werden beide Füße fehlen, wenn du nicht richtig behandelt wirst. Du kannst dich glücklich preisen, daß ich keinen Nottransport anfordern muß. Lieutenant Wolfe würde sich in die Hosen machen, wenn der Captain herausfindet, daß er sich nicht um seine Soldaten kümmert.«

»Ich wünsche, wir hätten den Captain als Zugführer anstelle von diesem Bastard Wolfe. Ich hörte, daß Captain Harris selbst mal Schütze Arsch war. Er soll sich von ganz unten hochgedient haben. Ich wette, der weiß, wie man sich um seine Soldaten kümmert.«

Doc Gomez verstaute die Salbe. »Ja. Nun, Fu, halte es einfach wie wir anderen hier draußen auch: Wünsch dir was in eine Hand und scheiße in die andere. Dann wirst du sehen, welche zuerst voll ist.«

Taylor vergaß seine entzündeten Blasen, erbat Verbandsmull und wickelte ihn um die Hände. Dann ging er zurück zum halbfertigen Graben und füllte weiter Sandsäcke.

Captain Bradley Harris versuchte, sich auf die taktische Lagekarte zu konzentrieren, und er sagte sich, daß er bei seiner dritten Dienstzeit in Vietnam gelernt haben müßte, das Quäken von vier Funkgeräten zu ignorieren. Es war soviel leichter gewesen, als er '64 der Führer eines Spezialkommandos gewesen war. Jetzt quälte ihn die ständige Last der Verantwortung für fast zweihundert Männer und die wachsende Überzeugung, daß sein Land einen Zermürbungskrieg verlieren würde, wenn nicht jemand die politischen Handschellen aufschloß, die logische taktische Entscheidungen verhinderten.

Er trank kalten Kaffee aus dem Becher seiner Feldflasche und schaute zu den drei Zugführern, die er zu einer Einsatzbesprechung hatte rufen lassen. Wo, zur Hölle, haben sie diese Jungs her? dachte er. Der Blick seiner müden Augen heftete sich auf Second Lieutenant Mark Wolfe. Harris hatte gewettet, daß sich der eifrige junge Mann als einer der Schlimmsten von einem Haufen Mieser erweisen würde. Wolfe konnte keinen Kompaß lesen, und ständig verirrte sich sein Zug, wenn der Dschungel dicht wurde. Es hatte eine Reihe peinlicher Rückfragen vom Bataillonskommandeur wegen der Langsamkeit gegeben, während die Bravo-Kompanie nach dem verlorengegangenen zweiten Zug gesucht hatte.

Harris erwog, Wolfe abzulösen und den Zug unter das Kommando von Staff Sergeant Barnes zu stellen, der in Wirklichkeit den Zug führte, aber er machte sich klar, daß ihm die Bürokratie niemals erlauben würde, einen Offizier aus dem Feld zu entlassen, ohne vorher eine Tonne Papierkram zu erledigen. In einer kritischen Situation würde Barnes ohnehin beim zweiten Zug das Sagen haben, folglich konnte er Wolfe weiter stümpern lassen, bis er sein halbes Jahr im Busch voll hatte und zu einem Posten im rückwärtigen Stab zurückkehren konnte.

»Gentlemen, hier ist die Lage, wie sie mir bekannt ist. Folgen Sie mir und bringen Sie Ihre Karten auf den neuesten Stand. Sky Six meldet den Vorstoß einer Kompanie NVA über diese blaue Linie. Das ist der Fluß unterhalb unserer gegenwärtigen Position.«

Harris wies auf Lieutenant Wolfes Karte auf den Fluß, damit dem Offizier nicht die Bedeutung dieser Information entging. Der zweite Zug war auf der Hügelkuppe oberhalb des Flusses eingegraben.

»Wir haben eine gute Chance, die Kompanie des Feindes heute nacht abzufangen. Wir packen sie, bevor sie hier oben in diesen Hügeln verschwinden können, und wir ersparen jedem damit eine Menge Kummer. Zweiter und dritter Zug werden die Stellung heute nacht halten. Ich will gute Hinterhalte in diesem Gebiet haben. Lieutenant Hawkins, Sie führen Ihre Leute hier in die Nähe dieser alten Kautschukplantage und sichern alle Zugangswege. Lieutenant Wolfe, Ihre Männer legen sich rings um die Ruinen des alten Buddhistentempels, den wir auf dem Weg hierhin passiert haben, in den Hinterhalt. Aufbruch nach Einbruch der Dunkelheit. Das ist in etwa einer Stunde. Irgendwelche Fragen?«

Während die anderen Offiziere aufstanden und zu ihren Zügen zurückkehrten, blieb Wolfe hocken und betrachtete mit gerunzelter Stirn seine Landkarte. Harris warf einen Blick zu ihm und schüttelte den Kopf.

»Ich fragte, ob es irgendwelche Fragen gibt, Lieutenant Wolfe. Macht Ihnen irgend etwas Kopfzerbrechen?«

Wolfe erschrak und stellte überrascht fest, daß die Einsatzbesprechung vorüber war. »Äh, nein, Sir. Kein Problem mit dem zweiten Zug, Sir.« Er erhob sich, faltete die plastikumhüllte Landkarte und ging davon.

Captain Harris schaute dem schwitzenden Offizier nach. Doch, dachte er, es gibt ein Problem mit dem zweiten Zug, Lieutenant – und das bist *du*. Deinetwegen werden vielleicht noch viele deiner Soldaten sterben.

Als Chris Taylor beendet hatte, was Junior als ›erbärmlichen Fuchsbau‹ bezeichnete, gab es für ihn eine herrliche Pause. Ohne durch Hohn und Sticheleien behelligt zu werden, konnte er fortgehen und seine C-Ration essen. Jetzt saß er still im Schatten des späten Nachmittags, genoß die Einsamkeit und sagte sich, daß solche Augenblikke äußerst rar in Vietnam sein würden. Es war eine andere unwillkommene Enttäuschung für ihn.

Dies ist kein Ort für einen Einzelgänger, dachte Chris, während er mit dem P-38-Öffner, der an der Kette mit der Erkennungsmarke hing, eine Dose öffnete. Selbst in der erzwungenen Gemeinschaft im Internat hatte Chris Einsamkeit in der Bücherei gesucht oder sich sonstwohin zurückgezogen, um seinen Gedanken nachzuhängen, die über Sport und Schulnoten und Sex hinausgegangen waren. Und diese tiefen Gedanken hatten ihn letzten Endes hierhin geführt, nach Vietnam – wo es keine Zeit oder Gelegenheit gab, über tiefere Bedeutungen nachzudenken. Chris grinste und schüttelte den Kopf bei dem Gedanken daran, daß er Bücher und Zeitschriften mitgenommen hatte.

Hast du gedacht, wir würden eine heftige – aber gnädig kurze – Schlacht führen, und du kannst dich dann auf deinem Rucksack ausruhen und über den Sinn all dessen nachgrübeln? fragte er sich. Hast du angenommen, es würde Zeit sein, herumzuspazieren und nach neuen Erkenntnissen zu suchen, während jemand anders die Schützengräben aushebt und Sandsäcke füllt? Du wolltest Weisheit, und die Wirklichkeit macht dich so fertig, daß dein Verstand umnebelt ist.

Chris betrachtete die Fettklümpchen an dem Truthahnfleisch in der Dose und dachte an seine Großmutter, die soviel wußte und so wenig vom Leben verlangte. Sie hatte sich eine Freude daraus gemacht, ihm in den Ferien Truthahnbraten zu servieren. Nach dem Essen hatte sie gern zugehört, wenn Chris zum Plaudern zumute gewesen war. Sie hatte Chris' Entscheidung akzeptiert, zur Army und nach Vietnam zu gehen, während seine Eltern schockiert und zornig gewesen waren, weil ihr Sohn eine vielversprechende akademische Karriere verschmähte und sich statt dessen einem ungebildeten Pöbelhaufen anschloß, der versuchte, mit einem sinnlosen Krieg fertig zu werden.

Großmutter hatte verstanden, daß es Dinge gab, die Chris *wissen* wollte und die nicht in Büchern zu finden waren, so sehr er auch danach suchte. Du solltest diese seltene Gelegenheit nutzen und an Großmutter schreiben, dachte Chris, doch das Truthahnfleisch und die dringend nötige Reinigung seines Gewehrs schienen wichtiger zu sein. Außerdem, überlegte er, wie kannst du ihr erzählen, wie es ist, Soldat in Vietnam zu sein? Wenn die Hölle Irrsinn ist, dann ist Vietnam die Hölle.

Wie konnte er jemand von einem Leben erzählen, das sich darum drehte, durch einen fast undurchdringlichen Dschungel zu latschen und mit Soldaten nach einem unsichtbaren Feind zu suchen, wenn diese Soldaten nichts sehnlicher wünschten, als keinen Kontakt mit den Leuten zu bekommen, die sie suchen sollten? Das ist es, dachte Chris. Der Irrsinn.

Welcher Mensch mit Verstand konnte einen neuen und verwirrten Soldaten an die Spitze des gesamten Zugs schicken und ihm nur die Anweisung geben, dahin oder dorthin zu gehen und nach Feinden Ausschau zu halten? Nach Feinden? Wie sahen die aus? Gewiß in besserer Verfassung als die stinkende Leiche, die er an diesem Morgen gesehen hatte. Wenn ich an der Spitze bin, dachte Chris, dann könnte ein Feind drei Schritte entfernt stehen und ich würde es nicht merken.

Welchen Sinn hat es, uns so bis zur Erschöpfung zu treiben, daß wir gar nicht mehr gegen die Feinde kämpfen können, wenn wir sie finden sollten? Vater und Großvater hatten bei ihren Erzählungen nie etwas davon erwähnt, daß sie bei Sonnenaufgang aufgestanden waren und den ganzen Tag soviel Gewicht getragen hatten, daß ein kräftiges Maultier davon zum Krüppel geworden wäre. Sie hatten auch nicht gesagt, daß sie Löcher gegraben und Rationen gegessen hatten, die von einer Made ausgekotzt worden wären.

Welcher halbwegs vernünftige Mensch würde all dies auf sich nehmen und dann, anstatt in der Nacht zu schlafen, hinaus in den Dschungel gehen, um sich in einen Hinterhalt zu legen oder als Lauschposten eingesetzt zu werden? Wie können Soldaten so etwas hinnehmen? dachte Chris. Und wie kann ich lernen, ein Soldat zu sein?

Niemand würde helfen. Das stand fest. Wenn man ein Neuer ist, interessiert sich keiner für einen, sagte sich Chris. Man will nicht mal den Namen wissen. Die Regel ist einfach, und du hast sie schon gelernt. Das Leben eines Neuen ist nichts wert. Er hat noch nicht lange genug gedient, um wertvoll zu sein. Es ist unsinnig. Wie kann ich über den Neuen hinauskommen, wenn niemand bereit ist, mir dabei zu helfen?

Chris erinnerte sich an das, was zwei Altgediente gesagt hatten, als sie sicher gewesen waren, daß er es hören konnte. »Wenn du in Nam krepierst, dann ist es besser, es erwischt dich in den ersten paar Wochen. Dann leidest du nicht zuviel.«

Das ergibt einen Sinn, dachte Chris. Bis jetzt das einzig Vernünftige. Chris stellte eine schnelle Berechnung an und erkannte, daß er noch fast ein volles Jahr als Soldat in Vietnam vor sich hatte.

Und er dachte: Selbst wenn wir niemals den Feind finden, werde ich vermutlich nicht so lange durchhalten.

4

Lieutenant Wolfe hatte seine Zukunft betrachtet, als die Einsatzbesprechung beim Kompaniechef beendet war. Er hatte ausgerechnet, daß die vorgeschriebenen sechs Monate bei einer Einheit im Feld Ende Januar zu Ende sein würden. Nur noch vier Monate mußte er überleben, und dann würde er einen ruhigen Job als Assistent irgendeines Drückebergers im Bataillon bekommen.

Er würde die Army später als patriotischer Amerikaner verlassen. So etwas hatte Gewicht in Indiana. Mancher Senator oder Abgeordneter hatte früher als Zugführer im Zweiten Weltkrieg oder in Korea gedient. Der Schlüssel zum Erfolg war es, kühlen Kopf zu behalten und sich nicht am Horizont zu zeigen.

Sergeant Barnes konnte heute nacht das Kommando über die Männer der Hinterhalte übernehmen. Barnes würde nicht aufmucken, wenn sich der Zugführer entschied, in der Stellung zu bleiben. Hölle, Barnes liebte nichts mehr, als durch den verdammten Dschungel zu kriechen, nur weil die vage Chance bestand, daß er einen Feind finden und umlegen konnte. Dieser narbengesichtige Hurensohn war ohnehin verrückt. Warum sollte man das nicht zum eigenen Vorteil nutzen?

Mark Wolfe beruhigte sein Gewissen und sagte sich, daß es weder Feigheit noch Mangel an Führungskraft seinerseits war. Er war auf dem College in allen Arten von Leistungsgruppen gewesen. Er hatte genügend Führungskraft. Im Gegensatz zu Barnes war er sich jedoch darüber im klaren, daß wirkungsvolle Führerschaft eine heikle Mischung aus Urteilsvermögen und Vorsicht in Krisensituationen ist. Es war vielleicht gut, das Sergeant Barnes irgendwann in naher Zukunft klarzumachen. Der Mann benahm sich, als führe er den zweiten Zug.

Wolfe öffnete eine Dose mit kalter C-Ration und hoffte, zu Ende essen zu können, bevor seine Unteroffiziere eintrafen, die er zu sich bestellt hatte, um ihnen die schlechten Neuigkeiten zu sagen.

Als erster störte ihn Sergeant Elias bei der Mahlzeit. Wolfe konnte sich glücklich preisen, weil er zwei solche Veteranen in seinem Zug hatte. Elias war zum zweitenmal in Vietnam; Barnes schon zum drittenmal. Gewiß hatte Elias die Dienstzeiten viel besser überstanden als Barnes. Elias hatte einige Narben. Wolfe hatte sie gesehen. Elias' Seele hatte jedoch nicht durch den Krieg gelitten. Vielleicht machte es dem Mann einfach Spaß, hier zu sein, im Gegensatz zu Barnes, der es regelrecht *liebte*.

Sergeant Leon Warren, Sergeant und Gruppenführer von Wolfes zweiter Gruppe, traf als nächster ein. Der große Schwarze hatte Schwierigkeiten, seine übergroßen Dschungelstiefel in eine bequeme Stellung zu bringen, und er konzentrierte sich hart auf diese Aufgabe, bevor er mit jemandem sprach. Wolfe dachte wie schon so oft, daß irgend etwas mit dem Mann nicht stimmte. Da war etwas Geistloses und Leeres in den wäßrigen, braunen Augen. Er führte es auf religiöse Besessenheit zurück, die der Mann vor kurzem gezeigt hatte.

Wolfe grinste, als er daran dachte, daß die meisten Soldaten die Blätter der religiösen Schriften, die Warren verteilte, draußen im Busch als Toilettenpapier benutzten.

Sergeant Warren nahm ein angekautes Streichholz aus dem Mund und grinste Elias an. »Barnes und O'Neill haben mit den Scouts gesprochen, die heute nachmittag mit dem Hubschrauber kamen. Sie sagten, es könnte jetzt jederzeit losgehen.«

Als Warren seine gelassene Ankündigung beendet hatte, sah Wolfe O'Neill, der Barnes auf dem Weg zum Kommandoposten folgte. Es war keine Frage, was mit Sergeant O'Neill, dem groben, anmaßenden Iren aus Boston, nicht stimmte, der Barnes folgte wie ein Hündchen. O'Neill war zu lange in der Army. Wolfe kannte nicht die ganze Geschichte, aber er wußte, daß O'Neill bei irgendwelchen krummen Geschäften erwischt worden war, als er in Deutschland stationiert gewesen war. Um nicht vors Kriegsgericht zu kommen, hatte er sich widerwillig nach Vietnam schicken lassen. Wolfe hatte ein wenig Mitleid mit dem Mann. O'Neill arbeitete ebenso hart daran, zu überleben und einen sicheren Job im rückwärtigen Stab zu bekommen, wie er selbst.

Barnes ging in die Mitte des Kommandopostens und legte seine Landkarte über die Karte, die der Lieutenant für die Einsatzbesprechung zurechtgelegt hatte. Barnes tippte mit dem Zeigefinger auf eine Stelle nahe beim Fluß und lächelte in die Runde der Soldaten.

»Wir haben verdammte Bewegung dort draußen, Leute. Wir werden die Bastarde bald am Arsch packen, oder ich scheiße in mein eigenes Kochgeschirr.« Barnes wies auf der Karte ein Stück weiter nach Osten.

»Etwa fünfzehn Meilen nördlich von hier bekam das dritte Bataillon Muffensausen. Als die Nams den Kontakt abbrachen, zogen sie in unsere Richtung.«

O'Neill bemerkte die Begeisterung des älteren Mannes für die eigentlich schlechte Nachricht und versuchte ins gleiche Horn zu stoßen. »Ja. Die kleinen Wichser hatten Minen in den Bäumen. Sie haben einen ganzen Zug in die Luft geblasen. Wir hörten von den Scouts, daß zwei Lieutenants und ein Captain draufgingen.« Er grinste hämisch zu Wolfe hin und bemerkte, daß der Lieutenant die buschigen Augenbrauen zusammenzog und offensichtlich beunruhigt wegen der feindlichen Bewegungen war.

Wolfe räusperte sich und ignorierte O'Neills boshaftes Grinsen. O'Neill und die anderen sollten nicht das Vergnügen haben, ihn schaudern zu sehen, nur weil einige Offiziere eines anderen Bataillons gefallen waren. Das war deren Pech.

»Nun, der CO will, daß der größte Teil von Bravo II heute nacht bei den alten Tempelruinen einen Hinterhalt legt...«

Barnes nahm eine Zigarette, ließ sich von O'Neill Feuer geben und blies Wolfe Rauch in die Augen. »Das ist doch klar, Lieutenant. Wie sonst können wir sie fertigmachen, wenn wir nicht etwas anleiern? Elias und Warren, ihr beide geht mit euren Jungs in den Hinterhalt. O'Neill bleibt hier...«

Wolfe sagte sich, daß es an der Zeit war, die Kontrolle wiederzugewinnen. »Sergeant Barnes, ich hatte bereits entschieden, daß Sergeant Warrens Zug hierbleibt. Die Hinterhalte sollen von Männern von Alpha II und Bravo II gelegt werden.«

Barnes schielte zu Wolfe. Der Lieutenant beobachtete, wie sich die Narbe des Mannes verzog und seine Miene einen Ausdruck annahm, der zwischen einer Grimasse und einem spöttischen Grinsen lag. Barnes sog stumm und tief an seiner Zigarette.

O'Neill ignorierte den starren Blick des Lieutenants und beklagte sich bei Barnes. »Verdammt, Bob. Du weißt, daß Morehouse und Sal ausfallen. Fu Sheng muß ebenfalls zum Arzt. Du kannst heute nacht doch nicht die Kranken einsetzen! Elias hat die Neuen. Schick ihn und Warren heute nacht raus.«

Barnes wandte sein grimassenhaftes Gesicht Warren zu, doch dem schwarzen Unteroffizier schien es gleichgültig zu sein, welche Entscheidung getroffen wurde. Warren starrte auf seine Stiefel. Erst als er den Blick zu Elias hob, wurde die Diskussion fortgesetzt.

»Diese verdammten neuen Jungs sind noch zu grün, Barnes. Wir könnten heute nacht dort draußen Feindberührung haben und...«

O'Neill packte Barnes am Arm und ignorierte immer noch absichtlich den Lieutenant. »So? Was erwartet man von mir? Soll einer meiner Jungs krepieren, nur damit irgendein verdammter Anfänger seinen Schönheitsschlaf halten kann? Das kommt nicht in Frage, Mann!«

Elias war sich im klaren darüber, daß seine Männer so oder so heute nacht für den Hinterhalt eingesetzt werden würden. Er erhob sich, um zu gehen, aber zuvor ließ er O'Neill noch wissen, was er von jemand hielt, der sich zu drücken versuchte.

»Hören Sie doch auf, O'Neill. In den Dienstvorschriften steht nichts davon, daß Sie jeden Tag das gleiche Arschloch sein müssen.« Er nahm sein Gewehr und ging, um seinen Soldaten zu sagen, daß sie in dieser Nacht wenig Schlaf haben würden.

Barnes musterte den schläfrigen Warren von neuem, schüttelte den Kopf und wandte sich an O'Neill. »Red, deine Leute, die nicht krank sind oder sonstige Probleme haben, werden heute nacht mit Elias und seinen Jungs eingesetzt. Das schließt dich ein. Warren bleibt hier in der Stellung.«

O'Neill wollte nicht den Zorn des Sergeants herausfordern. »Klar, Bob. Das ist fair. Mehr verlange ich ja nicht. Ich sag jetzt den Jungs, wer heute nacht raus muß.«

Warren schlenderte mit O'Neill zusammen davon. Er wußte anscheinend nicht den Sieg zu würdigen, der ihm durch Barnes und Wolfe zuteil geworden war.

Barnes zeigte grinsend seinen vorstehenden Schneidezahn und schnippte die Zigarettenkippe hinaus zwischen die Büsche. »Warren hat ein kleines Problem, Lieutenant. In seiner Verfassung wäre er nicht fit für den Einsatz draußen.«

Wolfe hielt das für ein Nachgeben, und er nutzte die Gelegenheit sofort. »Dann stimmen Sie also mit mir überein, daß *ich* diese Entscheidungen in *meinem* Zug treffen sollte, Sergeant Barnes?«

»Davon war keineswegs die Rede. Ich stimme nur zu, daß Warren heute nacht nicht in einen Hinterhalt gehört. Tun Sie, was Sie für richtig halten, Lieutenant. Und ich mache, was mit diesem verdammten Zug getan werden muß.«

Wolfe wollte protestieren, doch etwas am Ausdruck von Barnes' verunstaltetem Gesicht sagte ihm, daß es nicht das richtige Thema für einen Mann war, der sich vorgenommen hatte, vorsichtig zu sein.

Im letzten verblassenden Sonnenschein beendete Chris einen kurzen Brief an seine Eltern, steckte ihn in ein Kuvert und fragte sich, was er nun damit anfangen sollte. Man hatte ihm nur gesagt, daß er an die Stelle, an die normalerweise die Briefmarke geklebt wurde, ›Free‹ schreiben sollte, doch keiner hatte ihm erklärt, wo man mitten im Dschungel einen Briefkasten findet.

Sein Blick fiel auf zwei Schwarze, die sich ein paar Schützengräben weiter auf Sandsäcken ausruhten. Er erkannte King am Blitzen des Goldzahns. Der andere Mann mußte Francis sein, der Junge mit der lieblichen Falsettstimme, dessen Gesang Chris vor dem Abflug in der Heimat bewundert hatte. King schrieb offensichtlich ebenfalls einen Brief, und Chris ging hinüber, um sich zu erkundigen, wie das mit der Post im Busch funktionierte.

Als er sich näherte, stieß Francis den Zeigefinger auf das verknitterte, fleckige Papier, auf dem Kings Gekritzel stand, das fast nicht zu entziffern war. »Mann, King. Es heißt nicht D-a-a-l-i-n-k, sondern D-a-r-l-i-n-g. Und Sara wird nur mit einem *r* geschrieben. Du solltest dich schämen, du Blödmann.«

King grinste wieder, und Francis konnte sich im Schein des Goldzahns sonnen. »Macht nichts. Mann. Sie weiß, was es heißen soll. Außerdem kann sie nicht besser lesen als ich schreiben kann...«

Taylors Schatten fiel auf Kings Brief. Der große, schwarze MG-Schütze hob den Kopf und grinste zu Chris hinauf. Es war eine der freundlichsten und offensten Gesten, die Chris bis jetzt in Vietnam gesehen hatte.

»Taylor, Junge. Wie geht's dir? Ah, ich hörte, du bist heute nacht beim Hinterhalt dabei, Junge. Stimmt doch? Du mußt dort draußen auf deinen Kopf und Arsch aufpassen. Es könnte heute nacht rauh werden.«

Aus irgendeinem Grund fühlte sich Chris besser, als er hörte, daß King dabei sein würde. King wirkte wie ein verläßlicher Kerl. Und er würde mit seinem Maschinengewehr die Feuerkraft von Tex, dem M-60-Schützen von Charlie II, verstärken. Chris grinste, zuckte die Achseln und zeigte King den Brief, den er mitgenommen hatte.

»Was suchst du, Taylor? Eine Post? Einen Briefkasten?

So was gibt es hier draußen nicht, Mann. Gib den Brief einfach meinem Spannmann Francis hier. Francis geht heute nacht nicht raus. Der Doc sagt, er hat sich 'ne Lungenentzündung geholt. Francis nimmt deinen Brief einfach mit zur Basis.«

Francis hustete trocken, um zu bestätigen, wie seine gesundheitliche Verfassung war, und spuckte den Auswurf auf den Boden. »Ja, weißer Junge. Und du hältst heute nacht dort draußen im Busch ein wachsames Auge auf die Nams. King wird dir helfen durchzukommen.«

Chris Taylor heulte beinahe, als er zum Graben zurückging, um für den nächtlichen Einsatz zu packen. Das waren die freundlichsten Worte gewesen, die bisher jemand in Vietnam zu ihm gesagt hatte.

Barnes stand neben King an der Spitze der Kolonne am Rand der Stellung der Bravo-Kompanie. Im Schein einer Taschenlampe mit rotem Glas planten beide Männer eine Route, auf der sie schnell und leise eine Distanz von etwas über einem Kilometer zurücklegen konnten, bis sie einen wenig benutzten Pfad zwischen dem Fluß und ihrer Position auf der Hügelkuppe überqueren konnten.

Elias hatte den möglichen Platz für einen Hinterhalt während des Marsches zur gegenwärtigen Stellung entdeckt und seinen Sergeant vom Zug darauf hingewiesen. Mit erfahrenem Blick hatten beide Soldaten die Ruinen des Tempels abgesucht. Dort gab es genug Bauschutt, einen steinernen Buddha, einige freistehende Mauerstücke und einen massiven Torbogen, der sich über den Weg spannte. Dort würde sich ein Feind im Mondschein abheben, und ebenso würde es die Schrapnell-Wirkung ihrer Waffen vergrößern. An den meisten Stellen war der Dschungel von den Erbauern des Tempels gerodet worden, und der Busch war zwar nachgewachsen, jedoch längst nicht so dicht wie im umliegenden Terrain. Das bedeutete Sicht und freie Schußbahn für die guten Jungs und Mangel an Deckung für die bösen. Es war fast perfekt.

»Ich nehme an, daß die Nams einen weiten Bogen um diesen Platz machen, Sarge. Sie wissen genausogut wie wir, wo ein guter Platz für einen Hinterhalt ist.«

Barnes lauschte. In der Ferne grollte schwach Donner. Der Sergeant richtete die Taschenlampe auf Kings Gesicht und starrte in Kings große Augen, deren Weiß einen starken Kontrast zu dem ebenholzfarbenen Gesicht bildete. Lag es nur an der Dunkelheit und dem dunklen Gesicht, daß die Augen so unnatürlich groß wirkten, oder war es ein Anzeichen von Furcht? Hatte King nach zehn Monaten im Dschungel auf einmal Muffensausen? Vermutlich lag es daran, daß King sich nur schweren Herzens von seinem geliebten Maschinengewehr trennte und nicht vorn sein wollte.

»Hör zu, King. Ich habe dich an die Spitze gesetzt, weil du verläßlich, erfahren und besser bist als die anderen verdammten Nigger in diesem Zug.« King zuckte bei dem Schimpfnamen leicht zusammen, was in der Dunkelheit nicht zu sehen war. Aber er regte sich nicht über die Bezeichnung auf. Er hatte lange genug unter Staff Sergeant Robert E. Lee Barnes aus Clifton, Tennessee, gedient, um zu wissen, daß ›Nigger‹ für den Mann nur eine weitere anschauliche Bezeichnung in seinem begrenzten Wortschatz war.

»Für mich bist du ein richtiger Soldat, King«, sagte Barnes. »Ich verachte dich nicht wegen deiner Hautfarbe wie die anderen Nigger, und deshalb sage ich dir etwas, was ich vor langer Zeit über die verdammten Nams gelernt habe. Sie sind keine Supermänner, also laß dich nicht von dem Gedanken verrückt machen, daß sie nicht genau wie wir in einen Hinterhalt tappen. Und sie haben keine Angst vor uns, ganz gleich wieviel Feuerkraft wir aufbieten. Also vergiß den Gedanken, daß sie sich um uns herumschleichen oder den Schwanz einziehen, wenn wir es ihnen geben. Denk an diese Dinge, King, und du wirst 'ne Menge Nams killen, bevor du in die Welt zurückkehrst.«

Leichter Sprühregen hatte eingesetzt, und Tex, der jähzornige M-60-Schütze aus Waco, machte sich Sorgen wegen der 500 Schuß Ersatzmunition, die von seinem Gehilfen Junior Willams getragen wurden. Er spuckte einen Strahl Tabaksaft zu dem Mann, der ihm wegen des unersättlichen Hungers seiner automatischen Waffe gegen seinen Willen zugeteilt worden war. Tex erinnerte sich an das, was sein Vater gesagt hatte, als Tex zur Army gegangen war.

»Ich weiß, daß du vermutlich mit einigen Mexen zusammen dienen mußt, aber ich hoffe, du brauchst nicht neben Niggern zu kämpfen. Auf die kann man sich nicht verlassen.«

Tex wuchtete sich die Waffe auf die Schulter. »Junior, hältst du die Munition unter dem Regenumhang oder läßt du sie rosten? Hat man euch Niggern denn überhaupt nichts beigebracht?«

Junior hatte das alles schon erlebt, und für gewöhnlich teilte er genausoviel aus, wie er einsteckte, doch jetzt war nicht der richtige Zeitpunkt, um sich mit Tex anzulegen. Es gab einfach zu viele Möglichkeiten, wie sich der Mann bei einem Feuergefecht revanchieren konnte.

»Wenn du dir Sorgen wegen der Munition machst, Mann, dann such dir einen anderen Blödmann, der sie trägt. Wir haben heute die Neuen dabei. Gib einem von ihnen die verdammte Munition.«

»Die wissen ja nicht mal, welches Ende der Patrone aus der Mündung kommt. Schütz die Munition und bleib heute nacht dort, wo ich dich sehen kann, Kleiner.«

Junior wandte sich an Manny und Big Harold, die in der Nähe standen. »Habt ihr das gehört, Brüder? Da stehe ich hier mit 'ner Latte und dicken Eiern, und dieser Saftsack nennt mich *Kleiner*!«

Weiter fort und außer Hörweite stand Chris Taylor neben Lem Gardner, beschäftigte sich damit, seine Ausrüstung zu überprüfen und versuchte, eine Unterhaltung zu vermeiden. Er war nervös und wollte sich auf seine Ausrüstung konzentrieren, bevor Sergeant Elias kam und sie überprüfte. Er wußte, daß Gardner immer noch Schwierigkeiten hatte, sich im Zug anzupassen, und daß er sich deshalb an seinen ältesten Freund bei der Army klammerte.

Gardner hatte den Souvenirladen außerhalb des Basiscamps besucht und psychedelische Perlenketten, ein großes, silbernes Friedensmedaillon und ein breites Band aus Wasserbüffelhaut für seine Armbanduhr gekauft, um weniger wie ›neues Fleisch‹ auszusehen, doch die Jungs vom Zug sprachen immer noch nicht mit ihm und gaben ihm keinen hilfreichen Rat. Wie jeder andere Student in der Universität Vietnam, würde Gardner durch Taten lernen oder bei einer der Examensarbeiten sterben müssen. Bis das eine oder andere eintraf, tröstete Gardner sich mit Chris und dem allgegenwärtigen Foto von Lucy Jean.

»Chris, ich glaube, es ist gerade noch genug Licht, um dir mein Lieblingsfoto von Lucy Jean zu zeigen.« Gardner hielt Chris die Brieftasche hin, und der nahm sie widerstrebend und schaute sich das Foto an. Das Paar hatte sich gesucht und gefunden. Lucy Jean hatte viel gemein mit Gardner. Sie stand gut im Fleisch und hatte den zufriedenen Blick einer Kuh auf grüner Weide. Sie war potthäßlich.

»Du kannst dich glücklich preisen, Junge. Sie ist wirklich... äh, niedlich.« Chris wollte eine weitere Unterhaltung vermeiden, doch Gardner war unempfänglich für alles außer seiner Träumerei.

»Ja, sie ist die Richtige für mich. Wir werden heiraten, sobald ich daheim bin und die Army verlasse.« Gardner bemerkte anscheinend, daß Taylor das Interesse verlor. Chris widmete sich der Inspektion der Waffen und Granaten. Gardner steckte die Brieftasche weg, schaute kurz seine eigene Ausrüstung an und versuchte von neuem, mit Chris ins Gespräch zu kommen.

»Wie ist es bei dir, Chris? Wartet daheim ein Mädchen auf dich?«

Chris ärgerte sich über die Frage und bemühte sich, es zu verbergen. Es hatte keinen Sinn, Gardner mehr als nötig von der Aufgabe abzulenken, die vor ihnen lag. Der Mann konnte sich im zweiten Zug einfach nicht einfügen, aber das war kaum Chris' Fehler. Warum ärgert er mich mit all diesem schwärmerischem Käse über Lucy Jean und das großartige Leben, das sie nach Vietnam auf der Farm führen werden? dachte Chris. Hölle, zuerst müssen wir Vietnam überleben!

Gardner starrte ihn immer noch erwartungsvoll an und wollte hören, ob jemand daheim nach ihm schmachtete.

»Nein, Gardner. Da gibt es keine...«

Gardner setzte seine geistige Masturbation fort, und Chris überprüfte die Spannung seiner Magazinfedern. Glücklicherweise brauchte er keine Erklärungen zu seinem Liebesleben – oder zu dessen Mangel – vor dem Rest des zweiten Zugs abzugeben. Für sie war jemand, der in der Heimat nicht mit einem Mädchen ging, gleichbedeutend mit einem Schwulen. Chris fragte sich, was er tun würde, wenn ihn jemand in der Einheit jemals nach seinem Sexleben fragen würde. Vermutlich würde er lügen, wie er es bisher stets getan hatte, wenn diesbezügliche Fragen gestellt worden waren.

Seine Eltern hatten versucht, ihn mit geeigneten Mädchen zusammenzubringen. Sie hatten gehofft, daß Chris zu einem normalen Lebensziel, zur Heirat und Vaterschaft finden würde, wenn er sich für Sex interessieren würde. Und er *hatte* sich körperlich hingezogen gefühlt. Feuchte Träume und sexuelle Fantasien waren ein großer Teil von Chris Taylors Leben als Junge gewesen. Doch es war bei den Träumen geblieben; die Taten waren von einer fast fanatischen Hingabe an geistige Dinge verhindert worden.

Es ist noch viel Zeit, sagte sich Chris. Ich werde das Wie und Wer und Warum über Frauen wissen, wenn ich gelernt habe, was man über das Überleben mit meinen Geschlechtsgenossen wissen muß.

Gardner war nahe daran, eine seiner ewigen Fantasien über das Leben mit Lucy Jean nach der Zeit in Vietnam zum besten zu geben, doch Chris schnitt ihm das Wort ab.

»Da kommt Elias, Mann. Schau dir lieber deine Ausrüstung an.«

Mit schnellen Bewegungen drehte Elias beide Neuen nacheinander herum und nahm verschiedene Ausrüstungsstücke fort, die sie bei dem nächtlichen Hinterhalt nicht brauchen würden. Er vergewisserte sich, daß jeder Mann einen Regenumhang hatte, weil mit stärkerem Regen zu rechnen war, und dann zog er Taylor mit sich zur Spitze der Formation.

»Tex, du nimmst Taylor heute nacht mit auf deine Position. Halte ein Auge auf ihn. Er bleibt bei dir und Junior.«

Der vierschrötige Maschinengewehrschütze war nicht glücklich. Zuerst ein Nigger, und jetzt ein Rekrut. »Verdammt, Elias. Sie wissen, wie wichtig das MG bei einem Hinterhalt ist. Ich habe keine Zeit, um Babysitter zu spielen. Teilen Sie diesen Wichser sonstwo ein.«

»Halt die Schnauze, Tex. Du wolltest einen neuen Spannmann. Also lern einen an. Du bekommst Taylor.«

Elias ignorierte den Strahl Tabaksaft, den Tex aufsässig ausspuckte, und wandte sich mit einem Grinsen an Taylor. »Sieh mal, Mann, behalte heute nacht einen kühlen Kopf. Tex ist ein unangenehmer Typ, aber er weiß, was er tut. Wenn ihr in der Dunkelheit dort draußen getrennt werdet oder wenn du dich verirrst, dann behalte die Ruhe und gerate nicht in Panik. Bleib einfach, wo du bist, und wir werden dich finden.«

Chris nickte, und er fragte sich, welchen Unterschied es zwischen ihm und Gardner gab. Zum zweiten Mal an diesem Abend hatte jemand freundlich und beruhigend mit ihm geredet. Gardner wurde keine solche Behandlung zuteil. Elias stieß ihm nur gegen die Schulter und wies zu Tony Hoyt, der das Funkgerät trug. »Du bleibst bei Tony und gehst ihm zur Hand. Es wird Zeit, daß du lernst, das Funkgerät zu bewachen.«

Chris blieb gerade noch genug Zeit und Licht, um Gardners gekränkte Miene zu sehen, bevor King das Kommando in die Dunkelheit und den bedrohlichen Dschungel führte.

Das Pfeifen des Windes im hohen Blätterdach und das Prasseln des Regens rund um den Ort des Hinterhalts übertönten die Geräusche der Einheit, deren Männer in Position gingen. Tex hatte die erste Wache übernommen, während Junior und Chris sich unter den Regenumhängen zusammenrollten, sich hin und her wälzten, um eine weiche Vertiefung im schlammigen Boden zu schaffen, und versuchten, in der Kälte und Nässe zu schlafen. Tex hatte ihnen erst eine Ruhepause gewährt, nachdem er sich vergewissert hatte, daß die beiden Claymore-Minen richtig angebracht waren, um einen Stahlhagel den Pfad hinunter auf den Torbogen zu jagen, der früher den Eingang zum Hof des alten buddhistischen Tempels gewesen war. Er hatte alles überprüft und dafür gesorgt, daß keiner unbeabsichtigt die Minen zünden konnte, und dann hatte er dem Rest des Trupps die Positionen zugewiesen.

Maschinengewehre, die von Tex und Sal, einem früheren Drogenhändler aus Newark, bemannt waren, standen an beiden Enden der hufeisenförmigen Formation auf jeder Seite des Pfads. Barnes mit Hoyt, dem Funker, und Gardner hatten in der Mitte und leicht nach hinten versetzt Position bezogen. Am nächsten bei Chris war eine Drei-Mann-Stellung, die aus Sergeant O'Neill, Sanderson mit dem Granatwerfer und Bunny mit einer Remington Schrotflinte Kaliber 12 bestand. Die restlichen Männer hatten sich so verteilt, daß sie den Pfad beobachten konnten, ohne selbst gesehen zu werden, und sie hatten ihre Ersatzmagazine und Granaten griffbereit. Bei jeder Position beobachtete ein Mann zwei Stunden lang den Weg, bevor er seine Ablösung weckte.

Bei dem stetigen Regen stieg eine Dampfwolke aus dem feuchten, warmen Boden des Dschungels. In diesem gespenstischen Nebel gab es Schwärme von Moskitos. Chris konnte nicht schlafen. Er bedeckte sein Gesicht mit einem Handtuch und zog den Regenumhang über seinen Kopf, bis ihm fast die Luft wegblieb, doch immer noch summten und schwirrten die Moskitos um ihn herum und attackierten ihn, um sein Blut zu saugen. Das Insektenschutzmittel, das verteilt worden war und mit dem sich Chris eingerieben hatte, war längst vom Wasser abgewaschen worden, das aus jeder Falte des Regenumhangs auf sein Gesicht und die Hände strömte. Chris fuhr sich mit einer nassen Hand, deren Haut vom Wasser aufgeweicht war, übers Gesicht und spürte die Beulen, die von den Insektenstichen herrührten. Sein linkes Auge war von einem Stich ins Lid fast zugeschwollen. Hörte diese Pein denn niemals auf?

Chris griff in die Tasche und zog die Leuchtzifferuhr hervor, die Elias ihn vom Arm hatte nehmen lassen, bevor sie aufgebrochen waren. Es war fast Mitternacht. In zehn Minuten würde seine Wache anfangen.

Tex wußte das anscheinend nicht, oder es war ihm gleichgültig. Chris spürte, daß ihn eine Hand an der Schulter rüttelte. Er setzte sich auf und bemerkte, daß der Regen ein wenig nachgelassen hatte und der Halbmond durch die aufgerissene Wolkendecke lugte. Der Nebel, der über dem Boden wallte, erinnerte ihn an das Bühnenbild eines Horrorfilms, der mit niedrigem Budget gedreht wurde.

Tex stieß ihm ein ›Starlite Scope‹, ein Licht verstärkendes Gerät, das dem Zielfernrohr eines Gewehrs ähnelte, gegen den Oberschenkel. Das Teleskop verstärkte das schwächste reflektierte Licht und ermöglichte dem Benutzer, grüne Umrisse in der Dunkelheit zu identifizieren. Die Wetterlage, die Umgebung und die Lichtverhältnisse mußten schon stimmen, wenn das Starlite Scope sein Gewicht wert sein sollte. Offenbar stimmten die Voraussetzungen in dieser Nacht nicht.

»Das Ding ist die letzte Scheiße«, flüsterte Tex. »Ich kann nichts außer schmierigem Grün erkennen.« Er legte das Teleskop auf den schlammigen Boden und zog seinen Regenumhang über den Kopf.

»Hey, Mann. Du hast mich zehn Minuten zu früh für die Wache geweckt.« Chris sah das Schimmern von Zähnen in der Dunkelheit, als Tex grinste.

»*Xin Loi,* ich mache jetzt ein Nickerchen. Bist du sicher, daß du mit den Claymores zurechtkommst?«

Chris tastete zu den elektrischen Zündgeräten, welche die Form von verkleinerten Heftmaschinen hatten. Jedes war mit einem Drahtbügel gesichert, der unter dem Griff festgeklemmt wurde, um zu verhindern, daß jemand unabsichtlich die Zündung auslöste. Um die Mine detonieren zu lassen, zog man einfach den Sicherungsbügel zurück und drückte auf den Griff. Ein kurzer Stromstoß ging durch den Draht und zündete eine Zündkapsel in der Mine. Daraufhin explodierte der C-4-Plastiksprengstoff. Chris rief sich die Einzelheiten von der Ausbildung in Erinnerung und versicherte Tex, daß er mit den Minen zurechtkommen würde.

»Halte nur ja die Augen auf, Junge. Wenn ich dich beim Pennen erwische, drehe ich dich auf links. Du weckst Junior in zwei Stunden... und sorg dafür, daß der verdammte Nigger richtig wach wird.«

Chris spähte in die Dunkelheit, umklammerte sein Gewehr und schlug sich mit dem Schwarm wirrer Gedanken herum, die mit der gleichen Unerbittlichkeit durch seinen Kopf schwirrten wie die Moskitos außerhalb des Schädels. Er fühlte sich erbärmlich – miserabler, als er sich das jemals vorgestellt hatte –, und dennoch lebendig und funktionsfähig. Er war trotz allem weder geistig noch körperlich gebrochen. Er war eigentlich sogar mehr als der Mann, den er vor Vietnam in Chris Taylor gesehen hatte.

Er grinste in die Dunkelheit und genoß die Vorstellung, daß ihn eines Tages, wenn er in die Welt zurückgekehrt war, ein Schlappschwanz von einem Zivilisten fragen würde, ob er seinen Teil für sein Land getan hatte. Komme was will, sagte sich Chris, niemand wird jemals sagen können, ich hätte nicht meinen Beitrag geleistet und nicht getan, was man von allen Amerikanern erwartet, wenn das Land ruft.

Chris erwärmte sich an diesen Träumereien und spürte nicht mehr die feuchte Kühle der Nacht an seiner juckenden Haut. Er fand, daß es nicht zu vermessen war, sich

Chris Taylor (Charlie Sheen) meldet sich als Freiwilliger zum Kriegsdienst in Vietnam.

Sergeant Elias (Willem Dafoe), ein 23jähriger Apache, hat sich für drei Jahre in Vietnam verpflichtet. Er ist sehr beliebt bei den Soldaten.

mit Thomas Jefferson auf eine Stufe zu stellen. Er hatte immer bewundert, daß der Patriot gesagt hatte: »Ich finde, daß ein bißchen Rebellion dann und wann eine gute Sache ist...« Unter den gegebenen Umständen fühlte sich Chris als Rebell. Er hatte eine harte Kehrtwendung von den Zielen vollzogen, die seine Eltern gesetzt hatten: ein respektabler Job mit bescheidenem Gehalt, ein eigenes Haus und eine Familie. Sie wären glücklich und zufrieden mit einem weiteren weißen Jungen in der Wall Street, doch Chris wollte mehr... oder weniger. Es machte nichts. Wichtig war bei seiner Rebellion nur, daß er die Kontrolle über sein Schicksal hatte. Wenn das ein schändliches Verhalten erforderte – wie zum Beispiel zur Army und nach Vietnam zu gehen – dann bitte. Ein bißchen Rebellion dann und wann...

Je länger er dort im Hinterhalt hockte und darauf wartete, jemand auf Befehl zu töten, desto überzeugter wurde Chris, daß er damit fertig werden konnte, ein einfacher Frontsoldat zu sein, der auf der untersten Ebene an *dem* Krieg seiner Generation teilnahm. Es gefiel ihm, daß er praktisch anonym war. Die meiste Zeit seines Lebens war er verhätschelt und beschützt worden, durch Intellekt oder Glück als ein Junge herausgehoben, der sich nicht mit den Schattenseiten des Lebens einer verwirrten Generation herumzuschlagen brauchte. Da gab es die Besitzenden und die Habenichtse – und die besonderen Leute wie Chris Taylor, die in der Mitte von allem herumirrten und immun waren, solange sie nicht von der einen oder anderen Seite angesteckt wurden.

Leute wie seine Eltern, die sich mühsam durch die Anonymität nach oben gekämpft hatten, konnten es nie verstehen, doch diese Art Leben weckt in einem den Wunsch nach einem Platz im gesichtslosen Mob der Menschheit. Es verursacht Sympathie für den Teufel und ruft in einem den Wunsch wach zu testen, wieviel man von den Feuern der Hölle aushalten kann.

Andere Leute konnten auf ihren Rang, auf Auszeichnungen, Leistungen und Bankkonten hinweisen. Chris konnte nicht auf seine Zeit als einfacher Soldat in Vietnam verweisen. Er würde diese harten Zeiten unter einer unglaublichen Auswahl von Männern der Nation, die sich dem Schicksal in Vietnam ausgeliefert hatten, in Erinnerung behalten. Chris machte sich inzwischen allmählich ein klares Bild von den einfachen Soldaten. Sein eigenes Bild sah er noch nicht auf der Leinwand, aber er wußte, daß etwas sehr Besonderes an diesen Männern war, die schlafend oder zitternd ringsum lagen.

Sie waren der Boden vom Faß Amerika. Das wußten sie. Sie waren auf perverse Weise sogar stolz darauf, wenn von privilegierteren Zivilisten geredet wurde. Chris dachte an die Heimatorte, die er auf Helmen eingeritzt gesehen hatte. Pulaski, Tennessee, Brandon, Mississippi, Pork Bend, Utah, Wampum, Pennsylvania. Von solchen unbekannten und unbedeutenden Orten kamen die Jungs nach Vietnam. Sie waren arm, ungebildet und so weit vom Glanz der High-Society entfernt, wie das nur möglich war. Doch sie waren hier, und aufgrund vager Prinzipien, die man ihnen eingetrichtert hatte, fühlten sie sich zur Treue verpflichtet.

Sagt, was ihr wollt, erklärte Chris im Geiste den schokkierten Gästen einer imaginären Cocktailparty, die Jungs wie ich sind das Rückgrat dieses Landes. Sie sind das Herz und die Seele, diese Männer, die mir halfen, hier draußen im Dreck und Blut von Vietnam mein eigenes Herz und meine Seele zu finden.

Chris drückte sich mit dem Gesäß tiefer in den Schlamm, um bequemer zu sitzen, und er erkannte, daß er zum erstenmal in seinem Leben auf dem Boden des Fasses saß, das Amerika war. Vielleicht kann ich von hier unten wieder nach oben kommen, dachte er. Vielleicht kann ich jetzt jemand Besonderer werden, ohne es vortäuschen zu müssen. Gewiß werde ich Dinge begreifen, die ich zuvor nie erkannt habe. Vielleicht werde ich diese quälenden Dinge erfahren, die ich nicht weiß.

Hinter ihm knackte ein Ast im Regen und Wind, und Chris schrak aus seinen Gedanken. Er warf einen Blick auf seine Armbanduhr und stellte fest, daß er fast zwei Stunden in Gedanken versunken gewesen war. Hatte er die Augen offengehalten? Oder hatte er geschlafen? War ihm ein feindlicher Trupp entgangen, der im Nebel hier draußen herumgekrochen war?

Nein. Bessere Männer bei den anderen Positionen waren wach und wachsam. Sie hätten ihn wissen lassen, wenn es Zeit zum Kämpfen war. Chris wartete noch eine Viertelstunde, bis es zwei Uhr war, und dann erhob er sich, um Junior zu wecken.

Es war nicht leicht. Zuerst dachte Chris, der schwarze Mann wäre tot, erstochen von irgendeinem Feind, der sich eingeschlichen hatte, während er, Chris, in Gedanken versunken gewesen war. Doch schließlich reagierte Junior auf Chris Taylors Rütteln und starrte mit einem Auge schläfrig unter seinem Regenumhang hervor. Dann rollte sich Junior zur Seite, nahm das Gewehr aus dem Schlamm und kroch langsam zu dem Busch, bei dem die Zündgeräte für die Claymore-Minen plaziert waren.

Chris machte den nutzlosen Versuch, sich mit etwas mehr Insektenschutzmittel einzureiben. Dann schloß er die Augen und schlief im strömenden Regen ein.

Junior ebenfalls.

Chris öffnete sein geschwollenes linkes Auge mit den Fingern und spähte unter einer Ecke des Handtuchs hervor, das seinen Kopf einhüllte. Etwas an den nächtlichen Geräuschen hatte sich verändert. Was war es? Das Schwirren der gierigen Moskitos summte noch in seinen Ohren, doch er spürte, daß irgend etwas anders geworden war. Das Quaken der Laubfrösche war verstummt, aber noch etwas hatte sich geändert. Der Regen. Es regnete nicht mehr. Das stetige Prasseln von Regentropfen auf die Vegetation war nicht mehr zu hören.

Die Luft war von Spannung erfüllt. Es war wie die erwartungsvolle Stille eines zuvor lauten Publikums, kurz bevor der Vorhang im Theater aufgeht. Chris setzte sich in einer Pfütze von Regenwasser und Schlamm auf, um nach Junior zu sehen. Tex atmete gleichmäßig unter seinem Regenumhang, und Junior... Junior schlief ebenfalls! Der Bastard war während seiner Wache eingeschlafen!

Chris spähte zum Pfad und glaubte, etwas in der Dunkelheit zu sehen. Da. Dieser Schatten. Er sah aus wie ein Mann mit einem Helm... doch da war etwas Sonderbares an dem Umriß. Es mußte ein Baum oder ein Busch sein. Kein Mensch konnte so still stehen. Es mußte ein Busch sein, aber...

Chris Taylor spürte, wie sein Puls zu rasen begann. Von einem Augenblick zum anderen kannte er den Unterschied zwischen der Nässe des Schweißes und der Nässe des Regens. Gleichzeitig wurde ihm klar, daß er auf einen feindlichen Soldaten schaute, der gerade fünfzehn Meter entfernt war.

Wie um Chris' Einschätzung der Situation zu bestätigen, hob der NVA-Soldat seine AK-47 und gab mit einer leichten Bewegung jemand hinter sich ein Zeichen. Chris war wie betäubt durch eine Mischung von Furcht und Unentschlossenheit. Warum eröffnete nicht irgend jemand das Feuer? Waren sie allesamt eingeschlafen wie Junior? Spürte keiner die Gefahr?

Chris drehte vorsichtig den Kopf. Er hatte den Eindruck, sein Gewehr wäre mindestens einen Kilometer von ihm entfernt im Schlamm verborgen. Tex und Junior schliefen immer noch. Was sollte er tun?

Der feindliche Vorposten bewegte sich vorsichtig den Pfad hinab. Chris erhaschte einen Blick auf andere Schatten, die durch den Torbogen schlichen. Sie verursachten keinerlei Geräusch. Die Schatten schienen eher zu schweben als zu gehen. Chris blickte wieder zu dem Vorposten, der jetzt auf gleicher Höhe mit seiner Position war. Der Mond schien durch ein Loch in den tieftreibenden Fetzen der Regenwolken, und Chris sah das Gesicht des Feindes.

Der Vietnamese war völlig durchnäßt, und Wasser tropfte vom Rand seines Stahlhelms, der wie ein sowjetischer Typ aussah. Der Soldat hatte kalte, dunkle Augen.

Chris beobachtete gebannt diese Augen. Er fühlte sich wie hypnotisiert. Eine innere Stimme drängte ihn zum Handeln, die Minen zu zünden oder nach dem Gewehr zu greifen, doch er war wie gelähmt, und fast hätte er laut aufgestöhnt. Warum konnte er jetzt nicht das Richtige tun, wenn er zum erstenmal den Feind sah? Warum konnte er überhaupt nichts tun?

Die Stille hielt an, während der junge Amerikaner beobachtete, wie der ältere Nordvietnamese seinen Weg durch die Nacht fortsetzte. Und dann wurde Chris von einem rötlich-weißen Blitz geblendet. Hatte jemand eine Handgranate geworfen? Oder hatte der feindliche Soldat jemanden getötet?

Chris wurde zu Boden gepreßt. Er spürte einen dumpfen Druck um die Stirn und die Augen. Er hörte das Hämmern von automatischen Waffen. Eine weitere Explosion irgendwo hinter ihm schleuderte ihn nach vorn und riß ihm den Helm vom Kopf. Tex schrie und kroch durch den Schlamm, um das Maschinengewehr zu betätigen.

»Die Claymores! Zünde die Minen! Gib's den Nams!« Chris kämpfte sich durch den Schlamm zu den Zündgeräten, und Zweige peitschten ihm ins Gesicht. Junior hatte sich auf Hände und Knie aufgerichtet, doch er kroch vom Pfad fort. Chris drückte mit beiden Händen auf die Griffe der Zündgeräte und wartete zitternd auf die Explosion der Minen. Nichts geschah. Er konnte die verdammten Dinger nicht zünden!

Im Krachen des Maschinengewehrs hörte Chris, daß Tex ihm etwas zuschrie.

»Die Sicherheitsbügel, du Idiot! Nimm die verdammten Sicherheitsbügel weg!«

Tex sprang vom Maschinengewehr fort, stieß Chris zur Seite, entfernte die Sicherheitsbügel und drückte auf die Auslöser. Taylor wurde zum dritten Mal in genauso vielen Minuten von einem Blitz geblendet und von der doppelten Explosion erschüttert. Er blinzelte, um wieder etwas erkennen zu können, und riß sein M-16-Gewehr an die Schulter. Er glaubte, einen der feindlichen Soldaten nahe beim Torbogen zu sehen. Der Mann explodierte wie ein mit dicker, roter Flüssigkeit gefüllter Ballon.

Chris ignorierte das Blutbad und die dumpfen Schmerzen im Hinterkopf und eröffnete das Feuer mit seinem Gewehr. Der Rückstoß der Waffe gegen seine Schulter war beruhigend inmitten des ohrenbetäubenden Krachens.

Gardner schlief in der Mitte der Formation des Hinterhalts, als der Kampf begann. Er schreckte hoch, setzte sich benommen auf und griff in die obere Tasche, in der er die Brieftasche mit Lucy Jeans Foto bewahrte. Er hatte das Gefühl, ihr Bild in der Gefahr beschützen zu müssen. Aber wie? Was sollte er tun? Was erwarteten die anderen in diesem Augenblick von ihm, in dem es eine Gelegenheit gab, ihre Anerkennung zu gewinnen?

Staff Sergeant Barnes war aus dem Schlaf geschreckt und kroch zum Kampfgeschehen, noch bevor der zweite Schuß gefallen war. Gardner erhaschte nur noch einen Blick auf Barnes' wackelnden Hintern, als der Sergeant durch den Schlamm robbte. Hoyt, der Funker, preßte sich an den Boden und schrie in den Hörer, um durchzugeben, daß ihr Hinterhalt gesprengt worden war. Gardner fragte sich, was er tun konnte, das nicht bereits von jemand erledigt wurde, der erfahrener war.

Warten. Von dieser Position aus schoß gegenwärtig keiner auf den Feind. Gardner sagte sich, daß er das Image des neuen Jungen ein für allemal loswerden konnte, wenn er ein wenig feuerte und ein paar Feinde tötete. Er konnte kein genaues Ziel im Blitzen der Mündungsfeuer und bei den Explosionen der Granaten vor sich erkennen, aber er war zum Kampf ausgebildet worden, und, bei Gott, er würde kämpfen.

Gardner erhob sich auf die Knie und stellte den Hebel seines Gewehrs auf volle Automatik. Er stand auf, um zu feuern und ignorierte Tony Hoyt, der irgend etwas von seiner Position im Schlamm schrie. Wie er es in der Grundausbildung gelehrt bekommen hatte, zielte Gardner den Pfad hinab und drückte ab. Die Waffe hämmerte los, und der Kolben stieß gegen Gardners Schulter. Gardner freute sich über das Blitzen des Mündungsfeuers, und er war überzeugt davon, daß der Rest des Zugs jetzt sah, daß er kein Feigling war. Gardner half seiner Einheit im Kampf gegen den Feind.

Er hoffte, daß mit seinem Lieblingsfoto von Lucy Jean alles in Ordnung war, als er zurücktaumelte und nach Atem rang. Etwas hatte ihm einen harten Schlag gegen die Brust versetzt. Und da war ein Brennen... fast wie damals, als er sich mit einem heißen Lötkolben verbrannt hatte. Aber dieses Brennen war anders. Es war so entsetzlich schwer, zu atmen.

Sergeant O'Neill sah bei jedem Blitzen von Bunnys Schrotflinte, wie feindliche Soldaten in Deckung krochen. Bunny, dieser verdammte Bengel, lachte; er genoß dieses Scheißspiel! Sanderson preßte sich auf den Boden, und hatte den M-79 Granatwerfer unter sich. Was war, wenn die Nams versuchten, sich um die Flanke herum zu arbeiten? Dann würden sie genau durch diese Position kommen, und O'Neill wußte, daß die Schrotflinte nicht ausreichen würde, um einen solchen Vorstoß zu stoppen. Er tastete auf dem schlammigen Boden herum. Granaten. Ein paar schnell geworfene Handgranaten, und die Nams würden sich einen anderen Weg suchen, um dem mörderischen Feuer des Hinterhalts zu entkommen.

Er nahm eine M-26, zog sie ab und holte aus. Es war O'Neill gleichgültig, wo das verdammte Ding landete, solange es genug Krach machte und genügend Schrapnell verteilte, um ihm die Nams vom Leib zu halten.

Tex feuerte mit einer Hand sein M-60-Maschinengewehr ab und griff mit der anderen Hand hinter sich zu Junior. »Fütter mich, du Hurensohn! Wo bleibt die Zusatzmunition?«

Chris erkannte, daß es wichtiger war, das Feuer mit dem MG fortzusetzen, als selbst zu schießen. Er raffte den schlammigen Ladestreifen mit 7.62-mm-Munition von der Stelle, an der Junior ihn zurückgelassen hatte, und kroch zu Tex. Der MG-Schütze fluchte lauthals. Im grellen Detonationsblitz einer weiteren Claymore-Mine sah Chris, daß Tex den Deckel des MGs mit der rechten Hand geöffnet hatte. Er wartete auf Munition.

Eine Detonation schleuderte Chris vorwärts gegen Tex, und Chris prallte mit dem Kopf schmerzhaft gegen den offenen Deckel des MGs. Tex schlug unter Chris um sich, doch das hatte nichts mit Chris zu tun.

»Mein Arm! Jesus, mein Arm!«

Chris wälzte sich von dem schreienden MG-Schützen herunter und versuchte, den Mann am Boden festzuhalten. Tex riß die rechte Hand hoch, um Chris fortzustoßen, doch wo seine Finger hätten sein sollen, war nur noch ein Stumpf aus Fleisch und Knochen.

Chris wußte, daß er bei der Detonation ebenfalls getroffen worden war. Er spürte, wie warmes Blut über seinen Nacken hinablief. Doch es schien kaum wichtig zu sein im Vergleich zu dem warmen Blutschwall, der von dem Stumpf, wo Tex' rechte Hand hätte sein sollen, über Chris' Gesicht strömte.

Junior kroch fluchend und lamentierend zum M-60, und kurz darauf hämmerte das Maschinengewehr wieder los. Er schrie nach dem Sanitäter, doch das menschliche Flehen ging zwischen seinen Flüchen unter.

»Kratz mir nicht ab, Gardner, verdammt! Kratz mir nicht ab! Du mußt mir helfen, Mann!«

Doc Gomez wußte, daß es keinen Sinn hatte, den Mann anzuschreien, der unter ihm am Boden lag und keine Luft bekam. Ebensowenig nutzte die Mund-zu-Mund-Beatmung, die er in den letzten Minuten versucht hatte. Warum hatte Gott keinen besseren Schutz für den menschlichen Brustkasten geschaffen? Wenn er aufgerissen wurde, konnte ein Arzt im Feld nicht viel ausrichten. Und all die inneren Blutungen, die von Kugeln oder Granatsplittern verursacht worden waren. Wie, zur Hölle, konnte man von ihm erwarten, einen Jungen mit einer Brustwunde vor dem Verbluten zu bewahren?

Tony Hoyt kroch mit dem Plastikumhang von seiner Ersatzbatterie für das Funkgerät heran. Der Doc hatte den Plastikumhang verlangt, während er Gardner von Mund zu Mund beatmet hatte. Vielleicht konnten sie die Brust mit dem Plastik genug abschnüren, um etwas Luft in dem verletzten Mann zu halten.

Bevor sie den Plastikumhang mit nassem Heftpflaster auf der blutbesudelten Haut von Gardners Brust befestigen konnten, starb der Mann, der Lucy Jean hatte heiraten wollen, an Herzstillstand.

Keine Herzmassage und keine Injektion konnte ihn ins Leben zurückbringen. Doc Gomez seufzte und würgte, als ein bitterer Geschmack in seine Kehle stieg. Warum muß so etwas passieren? fragte er sich zum x-ten Mal, seit er sein Medizinstudium beendet hatte. Wie um die unausgesprochene Frage zu beantworten, legte Tony Doc Gomez eine Hand auf die Schulter und rief gegen den nachlassenden Kampflärm an.

»Bescheuerter Typ.« Er stand hoch aufgerichtet mitten in einem Feuergefecht. »Ein echt bescheuerter Typ, Mann.«

Barnes warf nur einen kurzen Blick auf Gardners Leiche, bevor er Doc Gomez hart am Arm packte und fortzerrte, damit er sich um Tex kümmerte. Das Gefecht war vorüber, doch der Sergeant hörte immer noch das Krachen von Bunnys Schrotflinte. Dieser kleine Armleuchter wird noch etwas über Feuerdisziplin lernen, schwor sich Barnes, oder ich werde ihm die zwölfkalibrige Flinte in den mageren Hintern schieben.

Es dauerte nicht lange, um festzustellen, daß Tex verlieren würde, was von seiner rechten Hand übriggeblieben war. Doc Gomez stoppte die Blutung und spritzte dem Verwundeten Morphium in den Oberschenkel. Die Schreie des MG-Schützen nahmen bald darauf eine erträglichere Lautstärke an, und Barnes wandte sich ruckartig von dem Verletzten ab und faßte Chris und Junior ins Auge.

»Ihr Arschlöcher ward für die ersten Claymores zuständig. Könnt ihr mir sagen, wie die Nams so nahe herankommen konnten?«

Chris spürte im Nacken einen scharfen Schmerz. Er versuchte, ihn zu ignorieren und Barnes ins Gesicht zu sehen. Er wußte, daß Barnes ihn wütend anstarrte, bevor er irgend etwas im Mondschein wahrnahm. Er konnte kaum klar denken.

»Dieser verdammte Idiot hat die Claymores nicht gezündet!« Junior keuchte und schnaufte neben Chris. Der Schwarze richtete sich auf die Knie auf und wies anklagend auf Chris. »Er ließ sie an uns herankommen. Der Hurensohn schlief bei der Wache!«

Chris suchte nach Worten, um zu widersprechen, doch er brachte nur ein Krächzen zustande, und dann fiel er mit dem Gesicht in den Schlamm. Big Harold, der von seinem Posten auf der anderen Seite des Pfads herübergekommen war, versuchte Chris Taylor am Kragen seines Kampfanzugs zu packen. Als er die Hand zurückzog, war sie blutig.

»Scheiße, Doc. Taylor hat's ebenfalls erwischt!«

Der große Soldat ließ sich im Schlamm nieder, drehte Chris herum und hielt ihn auf seinem Schoß. Der Sanitäter eilte herbei und schaltete eine Taschenlampe mit rotem Glas an.

»Du hast Splitter in den Nacken bekommen, Taylor. Mach dir keine Sorgen.« Der Sanitäter nahm eine weitere Morphiumspritze aus seiner Einsatztasche, brach die Versiegelung auf und drückte die Einwegspritze in Chris' Bizeps. Durch den Stich der Nadel kam Chris zu sich, und er versuchte von neuem, zu sagen, wie es wirklich gewesen war.

»Sergeant Barnes... ich... ich habe nicht geschlafen. Junior hatte Wache... ich wachte auf und sah...«

Doc Gomez glaubte, daß Chris unter Schock stand, und er unterbrach den Redefluß. »Selbsterhaltung ist das erste

Gesetz der Natur, Mann. Du mußt es noch lernen, dich herauszureden, Taylor.« Er legte Chris einen Verband an und wandte sich an Big Harold. »Halte ihn sitzend, Mann. Ich glaube, er hat einen Schock.«

Tex begann laut zu stöhnen, und Harold hielt seine großen Pranken auf Taylors Ohren. »Nur die Ruhe, Taylor. Barnes läßt einen Helikopter kommen, und wir sind bald hier weg.«

Taylor starrte in das schwarze Gesicht und versuchte sich selbst zu überzeugen, daß er nicht im Sterben lag. Big Harold schien sich weiter und weiter zu entfernen. »Weißt du... wie es ist, wenn man stirbt, Harold? Ist es ein Gefühl, als ob alles gut werden wird... und dann...«

»Laber jetzt nicht so was, Mann. Alles *wird* gut. Du kommst vom Feld fort, Mann. Drei warme Mahlzeiten pro Tag und saubere Laken... und weiße Krankenschwestern, die dir einen blasen, wenn du ihnen genug bezahlst. Ich hörte das von einem Knaben, der letzten Monat vom Lazarett zurückkehrte. Du mußt deine Kräfte sparen, Taylor, mein Junge.«

Junior spürte, daß der gerechte Zorn in Mitleid mit dem Verwundeten umschlug. Er hörte, daß Barnes zurückkehrte, nachdem er den Hubschrauber angefordert und entschieden hatte, daß die Position hier verstärkt wurde. »Rede keinen Blödsinn mit dem Armleuchter, Harold«, knurrte Junior. »Der Kerl ist eingepennt, Mann. Er ließ die Nams heranspazieren. Er hat Scheiße gebaut.«

Barnes brach in den Kreis ein. Seine Stimme klang eisig. »Hört mit diesem Mist auf. Elias fand etwa hundert Meter entfernt rechts hinter diesem Buddha ein altes Reisfeld, wo der Helikopter landen kann. Ihr überprüft eure Munition und die Granaten und bringt die Verwundeten dort rüber. Die Maschine wird in etwa zwanzig Minuten hier sein.«

Tex begann wieder zu wimmern und zu stöhnen, als Sanderson und Bunny ihn anhoben, um ihn fortzutragen. Das Wehklagen schien etwas in Barnes wachzurufen, das sich in ihm während des Feuergefechts aufgestaut hatte.

Er packte den Verwundeten, hielt sein Kinn in hartem Griff fest und neigte sich über Tex, bis er nur Zentimeter von dessen ungläubig aufgerissenen Augen war. Einen Moment lang sah es aus, als wolle er Tex auf den Mund küssen.

»Beiß die Zähne zusammen«, zischte Barnes, und seine Stimme schwoll zu einem bösen Grollen an. »Halte die Schnauze und *beiß die Zähne zusammen!*«

Barnes ließ den schockierten und jetzt stummen Tex los, richtete sich auf und wandte sich an die übrigen Männer. Seine Stimme klang nun wieder ruhig. »O'Neill, du sorgst dafür, daß sie rübergeschafft werden und schickst Elias zurück zu mir. Bunny, du und Rhah, ihr überprüft die toten Nams. Junior, du gehst mit dem Doc und trägst Gardner zum Landeplatz.«

Junior fühlte sich bereits überfordert, weil er das Maschinengewehr tragen mußte, das Tex nicht mehr bedienen konnte.

»Verdammt, Mann! Soll Taylor seinen weißen Freund tragen. Schließlich ist er daran schuld, daß er krepiert ist. Also soll er seinen weißen Bruder wegschleppen.«

King tauchte in der Dunkelheit neben Junior auf und brachte ihn zum Verstummen, indem er ihm den gefalteten Regenumhang vor die Brust schlug. »Ich finde, daß es jetzt gleichgültig ist, ob er schwarz oder weiß ist, Junior. Er hat seinen Beitrag geleistet und sich qualifiziert, um ein Bruder zu werden.«

Bunny hatte soeben einem Vietnamesen, der durch eine Handgranate gefallen war, einen blutigen NVA-Gurt abgeschnallt. Bunny streichelte über das begehrte Souvenir und musterte mit kritischem Blick die verstümmelte Leiche.

»Das ist kein NVA-Soldat, Mann. Das ist ein Chinese, Rhah. Sieh dir an, wie groß er ist. Mindestens ein Meter 90. Schau dir die Ausrüstung an. Das Zeug ist so gut wie unseres.«

Rhah durchsuchte den blutigen Rucksack des Toten.

»Das ist kein Chinese, Mann. Nur irgendein blöder NVA-Soldat, der zwischen Liebe und Haß hin und her gerissen wurde.« Er hob die blutigen Hände vor Bunnys Gesicht. Die Worte ›LOVE‹ und ›HATE‹ waren primitiv auf die Handrücken tätowiert. Bunny machte sich nicht die Mühe hinzuschauen. Er hatte solche Tätowierungen schon gesehen.

»Laß uns von hier verschwinden, Mann. Im Rucksack sind nur Fischköpfe und Reis.«

Rhah fand schließlich bei der vierten Leiche, was er von Anfang an gesucht hatte: Verstecktes *Cambodgian Red*. Die starke Droge würde für eine gute Party sorgen, wenn er wieder zurück in seiner Domäne in der ›Unterwelt‹ sein würde.

Elias entdeckte Barnes, der angespannt bei einem verwundeten Vietnamesen in der Nähe des Torbogens stand. Er war dem Weg gefolgt, den die Vietnamesen durch das Gebiet des Hinterhalts genommen hatten, und war auf keine weiteren Leichen gestoßen. Barnes schenkte Elias keine Beachtung, als er sich näherte. Der Sergeant stieß den feindlichen Soldaten, der eine Bauchschußwunde hatte, mit der Mündung seines Gewehrs an. Elias blieb stehen und hob die Waffe an, als der verwundete NVA-Soldat die Augen öffnete und zu dem Sergeant emporstarrte. Der Verletzte stieß abgehackte, ächzende Laute aus, und es klang, als flehe er um Hilfe.

Staff Sergeant Barnes starrte angespannt in die schwarzen Augen des verwundeten Feindes. Irgendwo darin mochte ein Geheimnis sein, das er nutzen konnte. Der NVA-Soldat war schon eine Zeitlang im Einsatz. Barnes sah es an der Verfassung der Uniform und Ausrüstung, die auf das Unentbehrlichste beschränkt war. Vielleicht war der Mann einer der Buschveteranen der NVA, die regelmäßig neue Truppen von Kambodscha aus herüber und in den Kampf führten.

»Komm schon, Nam«, sagte er leise. »Erzähl mir noch was, bevor du stirbst.« Der NVA war offensichtlich ein älterer Mann, keiner der milchgesichtigen Teenager, denen Barnes begegnet war, als er zum erstenmal nach Vietnam gekommen war. Er wiederholte seine Worte und stieß den Verwundeten mit der Mündung seines Gewehrs an. »Es ist jetzt ein großer Krieg, nicht wahr, alter Sergeant? Wir spielen nicht mehr herum, was?«

Barnes erinnerte sich an eine Zeit unten in der Kriegszone C, als sich seine ganze Welt verändert hatte. War dieser Feind damals in dem Gebiet gewesen, als er, Barnes, von einem einfachen Soldaten, der seinen Job tat, zu einem Mann mit einer Mission geworden war?

»Hast du diesen Hurensohn ausgebildet, der mir ins Gesicht schoß?« Barnes hob sein Gewehr und erinnerte sich an die Zeit, als er verwundet am Rand eines Reisfelds gelegen hatte und fast verblutet wäre. All die anderen Soldaten seiner Gruppe waren binnen Sekunden gefallen, als die Vietcong-Einheit den Hinterhalt gesprengt hatte. Er erinnerte sich an die wie wahnsinnig glitzernden Augen des grinsenden Jungen, der die Gefallenen untersucht, Barnes die Stiefel ausgezogen hatte und entsetzt zurückgezuckt war, als er festgestellt hatte, daß ein großer Amerikaner noch am Leben war.

»Du hättest ihm beibringen sollen, genauer zu schießen.« Barnes zielte mit dem M-16-Gewehr auf eine Stelle über der linken Augenbraue des verwundeten Mannes. Er erinnerte sich, wie er an jenem schrecklichen Tag in der Kriegszone C in die Mündung des M-1-Karabiners des Vietcong gestarrt und gedacht hatte, daß er sterben würde, bevor er seine Karriere in der Army richtig beginnen konnte. »Dein Junge versuchte, mich zu erledigen, doch er versagte, Sarge.« Barnes schwenkte das Gewehr von der Stelle fort, an der ihn der Vietcong getroffen hatte, und zielte mitten auf die Stirn des NVA-Soldaten.

»Ich werde genau treffen«, flüsterte er. »Du wirst nicht für den Rest deines Lebens verunstaltet sein. Du brauchst dich nicht mehr über die Jungs aufzuregen und nicht mehr zu kämpfen.«

Barnes feuerte zweimal in den Kopf des Mannes, starrte ihn noch einen Augenblick lang an und wandte sich dann ab. Er sah Elias und ging zu ihm.

»Warum hast du das getan?« fragte Elias.

»Du weißt, daß wir keine Zeit für verdammte Gefangene haben.«

»Nein, ich meine, warum hast du ihn mit dem Gewehr angestoßen, anstatt den Hurensohn sofort zu erschießen?«

»Ich wollte, daß mich der Bastard vorher sieht!«

Elias wollte die Sache weiterverfolgen, doch er hörte das ferne Dröhnen eines Huey-Helikopters.

»Der Vogel kommt. Wir sollten besser zum Landeplatz gehen.«

»Hast du das Gebiet überprüft?«

»Ja, Blutspuren führen dort weiter runter. Aber es gibt keine anderen Leichen.«

»Wie, zur Hölle, konnten sie so entkommen? Wir hätten wesentlich mehr erwischen müssen.«

»Ja. Sie sind harte, erfahrene NVA-Soldaten, Barnes. Sie erwiderten das Feuer sofort und traten blitzschnell den Rückzug an. Du kannst nicht sagen, daß sie Schiß hatten.«

»Stimmt, das kann ich nicht. Aber das heißt nichts. Ob harte, erfahrene Kämpfer oder dumme, unerfahrene Reisbauern – letzten Endes sterben sie alle.«

Barnes und Elias stießen zu der durchnäßten, bekümmerten Gruppe, die sich um die reglosen Gestalten von Tex und Gardner scharten. Beide Männer lagen auf Regenumhängen, doch der Umhang unter dem Toten war über das Gesicht gezogen worden. Das hielt Chris nicht davon ab, auf ihn hinabzustarren, während er sich benommen an Big Harold klammerte.

Als der Pilot des Hubschraubers und seine Eskorte einmal über das Reisfeld flogen, um sich vor einer Landung in der Dunkelheit zu orientieren, schob Barnes die Soldaten auseinander, bis sie in einer lockeren Linie für einen schnellen Abtransport standen. Als der Sergeant Gardners Leiche passierte, stieß er sie leicht mit dem schlammbedeckten Dschungelstiefel an.

»Seht euch das alle an. Merkt euch, wie es aussieht. Wenn ihr bei einem Kampf Scheiße baut, dann garantiere ich euch einen Ausflug aus dem Busch... *in einem Leichensack!*«

Er blieb vor Chris stehen und starrte dem Neuen in die Augen. »Das gilt doppelt für dich Scheißer! Du schläfst nicht mehr bei einem verdammten Hinterhalt!«

Der Helikopter landete auf dem Reisfeld, und einige Männer stiegen aus, um die Opfer zu holen. Barnes hob die Stimme, um gegen das Dröhnen anzuschreien.

»Laßt euch gesagt sein, wenn ich den nächsten Hurensohn erwische, der im Busch auf Wache pennt, werde ich persönlich dafür sorgen, daß er *leidet!*«

Chris wurde von Big Harold über das Feld gezerrt, doch er wandte sich zu Barnes um. »Ich bin nicht eingeschlafen, Sergeant. Es war Junior... er...«

Sergeant O'Neill, der auf den Helikopter zueilte, geriet in Chris' Gesichtsfeld. »Ausreden sind wie Arschlöcher, Taylor. Jeder hat eines.«

Chris setzte zu einem Protest an, doch Bunny gab ihm einen harten Stoß und brachte ihn zum Verstummen. »Halt die Fresse, Kleiner! Du steckst ganz schön in der Scheiße, Junge.«

In Bunnys Augen schimmerte freudige Erwartung. Chris hatte diesen Ausdruck schon auf dem Gesicht eines Schulkameraden gesehen, der einen seiner Mitspieler auf dem Schulhof bei etwas Strafbarem erwischt hatte und zum Lehrer gelaufen war, um zu petzen.

Chris kämpfte gegen die Benommenheit an und folgte Big Harold durch das Reisfeld zum Helikopter. Chris war von Zorn erfüllt. Warum habe ich mich von Junior anschwärzen lassen? fragte er sich. Ich hätte *ihn* fertigmachen sollen. Wie kommt dieser verlogene Bastard auf die Idee, er könnte mir seinen Fehler in die Schuhe schieben? Und was ist mit Barnes? Wie kann er Junior glauben und mir nicht? Es ist so verdammt unfair!

Er hatte nichts Falsches getan, doch jetzt gab man ihm die Schuld am Scheitern des Hinterhalts, an Gardners Tod und Tex' Verwundung. Wie konnte Staff Sergeant Barnes so etwas sagen? Der Mann war hart, aber auch ein guter, erfahrener Soldat. Er hätte es besser wissen müssen. Er hätte wissen sollen, daß Chris Taylor sich hart bemühte, seinen Beitrag zu leisten, und daß er niemals auf Wache bei einem Hinterhalt einschlafen würde.

Wie viele verdammte Kriege mußte man kämpfen? Er wollte einfach nur anonym bleiben und seinen Teil beitragen, doch man schien ihn bei jeder Gelegenheit auszusondern, und zwar aus völlig falschen Gründen. Sie versuchten, gegen den Feind zu kämpfen, doch schließlich bekämpften sie sich gegenseitig. Warum? Warum gab es einerseits Männer wie Elias, King, Barnes und Big Harold und andererseits Arschlöcher wie Bunny, O'Neill und Junior? War *ein* Feind nicht genug?

Chris spürte, wie er grob in den Helikopter gestoßen wurde, und er erinnerte sich an seine Gedanken dort draußen am Ort des Hinterhalts. Ich dachte, ich wäre endlich in den Kreis der anderen aufgenommen worden, sagte er sich und stöhnte auf. Jetzt muß ich wieder ganz von vorn anfangen.

Chris hätte sich am liebsten aus dem schaukelnden Hubschrauber fallen gelassen, um lautlos im Dschungel unten zu verschwinden. Er würde die Verletzung überleben, aber das demütigende Gefühl, bei der ersten Begegnung mit dem Feind nicht gut gekämpft zu haben, war wesentlich schmerzlicher und belastender. Warum war er wie erstarrt gewesen und hatte nicht gleich die Minen gezündet? Warum hatte er nicht sofort schießen können, als er den Feind gesehen hatte? Vielleicht wäre dann Gardner noch am Leben und Tex wäre nicht verwundet worden.

Zum erstenmal in seinem Leben spürte Chris die volle, peinigende Wirkung persönlichen Versagens. Hier draußen gab es keine Beschönigungen für Versagen bei Examen. Im Dschungel bestand man den Test oder scheiterte, lebte oder starb. Wenn man die Situation falsch einschätzte und versagte, war man bis an sein Lebensende mit diesem Makel behaftet. Chris zog die Knie an seine Brust und versuchte, sich zu verstecken.

Der erste Helikopter war abgeflogen, und ein zweiter landete, um die restlichen Mitglieder des Trupps abzuholen. Elias blieb kurz bei Barnes stehen, der als letzter an Bord gehen würde. Elias hatte während zweier Dienstzeiten in Vietnam hunderte Gefallene gesehen, doch etwas an Gardner, an der Art, wie er gestorben war, und dem verwirrten, auf seinem Gesicht erstarrten Lächeln war besonders mitleiderregend.

»Das mit Gardner war nicht nötig, Barnes. Der Mann würde noch leben, wenn er noch ein paar Tage gehabt hätte, um etwas zu lernen.«

Wenn Barnes die Bemerkung im Dröhnen des Hubschraubers gehört hatte, so gab er keine Antwort darauf.

5

Weil Chris Taylor nichts Produktiveres zu tun hatte, während er auf seine Entlassung aus der Charlie Station des 95. Evacuation Hospital in Cu Chi wartete, rüttelte er die Plastiktüte und ließ die drei Schrapnellstücke klappern, die der Stabsarzt aus seinem Nacken operiert hatte.

Anscheinend hatten sie nicht viel von den Schmerzen und der Steifheit seines Rückens verursacht. Der Schmerz schien vom Kopf bis zum Gesäß hinunter auszustrahlen. Chris berührte den Verband auf den Wunden und fragte sich, ob zwei Nächte Schlaf auf sauberen Laken und der Luxus eines Krankenzimmers mit Klimaanlage die Sache wert gewesen waren. Er hatte gedacht, es würde noch weitere solcher Tage geben, doch der Stationspfleger hatte gesagt, daß sie Platz brauchten. Taylor würde an diesem Nachmittag zu seiner Einheit gebracht werden und für eine Woche ›leichten Dienst‹ leisten, bevor er ins Feld zurückkehren würde.

Die ruhige Stimme des Pflegers wurde übertönt vom Stampfen schwerer Stiefel auf dem Korridor. Chris erhaschte einen Blick auf zwei Gesichter, die durch die Schwingtür spähten, die zur Station führte. Er war überrascht, Sergeant Elias und SP4 Johnny Lerner zu sehen, der als Übersetzer für den Zug diente.

»Verdammt, Taylor. Ich hole Sie wohl immer von dem einen oder anderen Ort ab. Der Doc sagte mir, Sie werden in ein paar Stunden entlassen.« Elias und Lerner setzten sich auf die Bettkante. Chris nahm den Gestank von Schweiß und Schmutz wahr, der mit dem Geruch von Antiseptika im Lazarett konkurrierte.

»Hölle, wir dachten, Sie wären noch ein paar Tage länger hier, Mann. Jetzt werden Sie das hier vermutlich nicht brauchen.« Elias warf ein Päckchen, das in braunes Packpapier eingewickelt war, auf Chris Taylors Bauch und erhob sich, um zu gehen. »Ich habe Ihnen eines der Bücher mitgebracht, die Sie beim erstenmal im Busch mitschleppten, aber jetzt werden Sie keine Zeit zum Lesen haben. Ich arrangiere alles für unsere Rückkehr zur Brigade.«

Lerner schien den Komfort der Station mit Klimaanlage zu genießen. »Es gibt nichts mehr für mich zu tun, Sarge. Ich werde hier bei Taylor bleiben, bis er entlassen wird.«

Chris freute sich über die Gesellschaft. Tex war nach Saigon geflogen worden, und Chris kannte keinen sonst im Lazarett. »Was, zur Hölle, treibt ihr Jungs so weit hinter der Front?«

Lerner trank den gesamten Inhalt des Wasserkrugs neben Taylors Bett aus, wischte sich übers Kinn und grinste. »Blöde Frage, Mann. Am Tag nach deiner Verwundung zogen sie uns aus dem Feld zurück. Ich war kaum aus der Maschine, als ich einen Brief von meiner Frau erhielt, in dem stand, daß sie sich scheiden läßt. Es ist zum Kotzen, Mann! Wenn sie dich nicht im Busch erwischen, dann hinter der Front.«

Chris Taylor hatte gar nicht gewußt, daß Lerner verheiratet war. Chris überlegte, was er sagen sollte, und er fragte sich, wie Lerner die Sache mit der Scheidung betrachtete. Vielleicht war es besser, das Thema zu wechseln.

»Ja, es ist wirklich zum Kotzen. Was macht denn Elias bei der Division?«

Lerner spielte mit den Schrapnellstücken in der Plastiktüte. »Ich wußte, daß Elias diesen Scheidungskram schon hinter sich hat, und so fragte ich ihn, was man tun kann, wenn man hier in Nam festsitzt. Er wußte es nicht, aber er hat einen Bekannten in der Rechtsabteilung der Division, und so nahm er mich hierher mit, um ihm ein paar Fragen zu stellen.«

»Hast du irgendwelche Antworten bekommen?«

»Nun, ich stellte fest, daß es so einfach wie das Pimpern ist. Weißt du, der Knabe von der Rechtsabteilung sagte mir, daß es seit dem Zweiten Weltkrieg oder so ein Gesetz gibt, das gemacht wurde, um einen GI davor zu schützen, daß seine Moral leidet, während er außer Landes dient. Der springende Punkt ist, daß deine Frau sich nicht scheiden lassen kann, während du in Nam bist, es sei denn, du unterschreibst eine Erklärung, mit der du dein Einverständnis gibst.«

»Unterschreibst du so etwas?« Ein Pfleger kam und sagte Taylor, daß er seine Uniform und seine anderen Dinge abholen konnte. Lerner stand auf, streckte sich und genoß die angenehme Kühle des klimatisierten Zimmers.

»Ich glaube, ich werde einfach eine Weile warten, Mann. Wer weiß? Vielleicht werde ich bald weggepustet und kann mir all den Papierkram sparen.«

Chris war sich immer noch nicht über Lerners wahre Gefühle bezüglich der Ehekrise im klaren. Er nahm das Päckchen, das Elias zurückgelassen hatte. Das Buch war eine Sammlung klassischer Kurzgeschichten, die ihm seine Großmutter geschenkt hatte, bevor er nach Vietnam aufgebrochen war. Doch noch etwas befand sich in dem Päckchen. Chris untersuchte das blaue, lederbezogene Etui und öffnete es.

Darin lag auf Velours ein Verwundetenabzeichen. Taylor betrachtete die Herzform und das purpurfarbene Band. Auf der Vorderseite war das goldene Brustbild von George Washington, dem General, der die Medaille entworfen und genehmigt hatte, und die Inschrift auf der Rückseite lautete: *Für militärische Verdienste.*

In dem Etui lag ein gefalteter Zettel. Chris entfaltete ihn und entzifferte den hingekritzelten Text.

»Taylor, sehen Sie sich dieses Ding genau an. Es ist eines von mir. Verwundetenabzeichen sind aus Plastik, aber sie sind keineswegs billig! Eines genügt für immer. Elias.«

Lerner schaute über Taylors Schulter, um den Text zu lesen. »Typisch Elias. Das ist ein Kerl, was?«

»Ich weiß nicht. Es ist nicht leicht, jemand einzuschätzen, der Streifen trägt. Was erzählt man sich denn so von ihm?«

»Nun, er ist kein Lebenslänglicher. Das ist verdammt sicher. Elias raucht und scherzt mit allen Soldaten, aber er kennt sich aus.«

»Ich hörte, er hat seine Dienstzeit verlängert...«

»Verlängert? Die einzigen, die länger in Nam waren als Elias, sind Barnes und der Captain. Hast du die Jacke gesehen, die Elias trägt? Er hat sich die Abzeichen verdient. Er war bei den Fallschirmspringern, der Kavallerie und der Infanterie, bevor er zu uns kam. Dieser Mann hat einiges gesehen, das kannst du mir glauben. Hier draußen ist er jetzt etwa zwei Jahre.«

»Allmächtiger! Warum so lange?«

»Ich hörte, wie sich zwei Jungs über ihn unterhielten, die ihn von früher kannten. Er stammt aus Oklahoma und machte 'ne Menge Moos, als er auf den Ölfeldern arbeitete. Er hörte dann mit diesem Job auf und landete in Los Angeles. Dort lernte er 'ne Schauspielerin kennen. Sie heirateten, und er nahm einen Job an. Dann stellte sich heraus, daß sie 'ne Macke hat. Sie gab all sein Geld für Gurus, LSD und solchen Scheiß aus, bis sie von den Bullen geschnappt wurde. Dann legte sie ein Geständnis ab, wurde wegen Drogenbesitz angeklagt und zog Elias mit rein!«

»O Mann, das ist ein Hammer!«

»Das kannst du laut sagen. Jedenfalls erhielt Elias mildernde Umstände oder bedingte Haftentlassung oder wie das heißt, und dann ließ er sich scheiden und ging nach Nam.«

»Aber warum zur Army, Mann? Und warum nach Nam?«

»Wer, zum Henker, weiß das, Mann? Vielleicht braucht er das wie ein Fixer die Spritze. Hast du sein Haar und die Wangenknochen gesehen? Ich nehme an, daß er ein halber Indianer ist. Der Mann bewegt sich im Busch, als wäre er dort geboren. Vermutlich ist es das Größte für ihn.«

»Wie kann jemand so etwas mögen?«

Lerner zuckte mit den Schultern und verließ mit Taylor das Zimmer. »Ich sprach mit einem Knaben, der kurz zuvor um sechs Jahre verlängert hatte. Ich konnte das nicht glauben, weißt du. Er sagte, es würde ihm stinken, den Rest seines Lebens in einer Fabrik zu malochen.«

Bevor Lerner und Elias den Jeep, den sie ausgeliehen hatten, zur Fahrbereitschaft zurückbrachten, setzten sie Chris in der Nähe des Kommandopostens der Bravo-Kompanie ab. Chris spähte zu dem Wellblechdach des Kommandopostens, das den Sonnenschein reflektierte, und hatte das Gefühl, heimgekehrt zu sein. Als er einen Stapel Sandsäcke umrundete, der den Eingang zum Gebiet des zweiten Zugs markierte, sah Chris ein vertrautes Gesicht.

Der Obergefreite King trug ein Arbeitshemd und hatte sich ein leuchtendrotes Halstuch um die Stirn gebunden. Die Muskeln seiner gewaltigen Arme spielten, als er einen Kasten Budweiser Bier anhob. Sein großer Goldzahn glänzte in der Sonne, als King Chris mit einem breiten Lächeln begrüßte.

»Mann, Taylor, wie geht's dir?«

King freute sich anscheinend ehrlich, ihn wiederzusehen, doch Chris fragte sich besorgt, ob ihn alle willkommen heißen würden. Würden ihnen die Männer des Zugs für Gardners Tod und Tex' Verlust verantwortlich machen? War King ein echtes Stimmungsbarometer, oder verhielt sich der große Schwarze einfach zu jedem freundlich?

»Alles in Ordnung, Mann. Sie entließen mich aus dem Lazarett, und ich soll ein paar Tage leichten Dienst machen.«

»So ein Pech, daß wir sowieso im Basiscamp sind.«

King bedauerte anscheinend ehrlich, daß Chris seine gesundheitliche Verfassung nicht nutzen konnte, um Pause vom Dienst im Feld zu haben. Vielleicht war er wirklich willkommen.

»Was hast du da, King?« fragte Chris. »Sehe ich da Bier?«

»Du hast gute Augen, Mann. Wir machen heute abend

'ne kleine Party. Ich hab' den Kasten von Sandersons Vorrat geklemmt. Der Scheißer hat die Flaschen ohnehin von uns zusammengeklaut.« King bemerkte aus dem Augenwinkel heraus eine Bewegung. Er schob den Kasten Bier hastig vor seinen Körper und raunte: »Da kommt er, Mann. Wir sollten uns verpissen.«

Chris wandte sich steif um und wollte King um eine Ekke folgen, doch ein scharfer Ruf stoppte sie. Chris erkannte den breiten Akzent von Sergeant O'Neill, bevor er den Mann zusammen mit Corporal Sanderson nahen sah.

»Hey, Taylor. Wieder unter den Lebenden?«

»Sieht so aus, Sergeant O'Neill.« An dem schiefen Grinsen und den glänzenden Augen sah Chris, daß beide Männer getrunken hatten. Chris wünschte, sich ebenfalls betrinken zu können, und er fragte sich, wo sie den Schnaps fanden. Sanderson, ein großer, schwarzhaariger Mann mit wulstigen Lippen und geistlos blickenden Augen, sprach mit dem gleichen irischen Akzent wie O'Neill. Chris nahm an, daß das einer der Gründe war, weshalb man die beiden stets zusammen sah.

»Wo hast du denn dieses Bier her, King? Der PX ist nicht geöffnet«, sagte Sanderson.

King setzte ein breites Lächeln auf und schaute auf den Kasten Bier, den er vor der Brust hielt, als sehe er ihn zum erstenmal. »Ah, dieses Gebräu habe ich auf ein paar Sandsäcken dort drüben gefunden, Sanderson.«

»Gefunden? Ich glaube, es hackt. Das gibt 'ne Meldung. Gib mir das Bier!«

Sanderson nahm den Bierkasten, und O'Neill packte King und Chris an den Ellenbogen.

»Wenn ihr Jungs genug Zeit zum Biersaufen habt, dann habt ihr auch genug Zeit für einen kleinen Sonderjob, den ich euch anbiete.« Er führte Taylor und King fort.

Chris hielt dem Unteroffizier eine Bescheinigung hin, die er bei der Entlassung aus dem Lazarett erhalten hatte. »Ich habe leichten Dienst, Sarge. Der Doc sagte, ich soll mich ein paar Tage schonen.«

»Da habe ich genau die richtige Kur, Taylor.«

Chris Taylor stand in der heißen Sonne des Nachmittags und musterte die Rückwand des kleinen Gebäudes, das die Soldaten in diesem Teil des Basiscamps aufsuchten, wenn sie Darm oder Blase oder beides erleichtern wollten. Die Wand war mit Kritzeleien von Männern bedeckt, die eine Episode ihres Lebens verewigen wollten. Zu jeder Inschrift gehörte stets ein Name – entweder der des Schreibers oder der seines Mädchens – und eine Zahl, die verriet, wie lange der Dienst in Vietnam noch dauerte. Chris suchte nach einer größeren Zahl als die Zeit, die noch vor ihm lag, doch keine kam an seine heran.

Sein Blick schweifte zu einem Werk von Crawford, dem blonden Surfer aus Südkalifornien, der in Elias' Gruppe das Funkgerät trug. Crawford hatte einen Pfeil gezeichnet, der auf die Klapptüren gerichtet war, durch die man an die großen Fässer gelangen konnte, die unter jedem Toilettensitz plaziert waren. Über den Pfeil hatte er in großen Lettern geschrieben: IMBISS FÜR LEBENSLÄNGLICHE.

King kam mit zwei leeren Petroleumfässern an, als ein grinsender Soldat gerade aus der Toilette kam und sich die Hose des Arbeitsanzugs zuknöpfte. King schwitzte stark unter der Last der Fässer und war nicht in der Stimmung, Crawfords Scherz zu würdigen.

King fluchte lauthals. So wütend hatte Chris den Schwarzen, der sonst stets lächelte, noch nie erlebt.

King knallte seine Last auf den Boden und half Crawford, die Klappen hinten an der Wand der Toilette zu öffnen und die vollen Fässer herauszubugsieren. Chris zuckte vor dem Gestank zurück. Er folgte den beiden und rollte ein leeres Faß an jede der freigewordenen Stellen. Crawford und King brachten die schweren Fässer zu einem großen verbrannten Platz jenseits der Toilette und schütteten in jedes Faß Petroleum.

»Die verarschen uns, Mann!« sagte King wütend. »Die werden niemals damit aufhören.«

Crawford nahm einen Besenstiel und schaute über das staubige Basiscamp, während er in einem der Fässer den

Inhalt rührte. »Das ist verdammte Politik vom Sarge. O'Neill schiebt Sanderson die Nase so weit in den Hintern, daß der Sarge eigentlich Pinocchio sein müßte.«

King zündete ein Streichholz an und warf es in das erste Faß. Dann wich er vor der Hitze zurück. Er starrte auf den Rauch, und der Ausdruck seiner schwarzen Augen war verträumt, als sehe er etwas mehr als brennende Scheiße.

Taylor und Crawford zündeten das andere Faß an und traten zurück, um ihr Werk zu betrachten. King kramte in seiner Tasche nach der Zigarettenschachtel aus Plastik, wie die meisten sie hatten, damit die Zigaretten im Busch trocken blieben.

»Mann, noch 42 Tage und einmal aufwachen, und dann bin ich weg. Wieder in der Welt!«

Crawford stützte sich auf den Besenstiel. »Ich muß noch mehr als doppelt so lange warten, bis ich in die Freiheit fliege, Mann. Letzte Woche habe ich die hundert Tage angebrochen. Noch 92 Tage! Entlassung am 17. April. Sommer in Kalifornien! Das Surfen wird *wundervoll* sein!«

King hing seinen eigenen Träumereien nach. »O Mann. Flieg mal nach Alabama. Riech dort den Duft der Kiefern und spazier am klaren, kühlen Fluß...« Er schüttelte den schweißnassen Kopf, als wäre die Vorstellung inmitten von Hitze und stinkendem Rauch zuviel für ihn.

»Wieviel Tage hast du noch, Taylor? Dreihundert und wieviel...?

Chris blickte vom schwarzen Rauch fort und tastete zum Verband an seinem schmerzenden Nacken. »332. Dreihundertzweiunddreißig Tage.«

King und Crawford packten einander und schüttelten sich johlend.

»*Xin Loi*, o Mann!«

»Junge, tust du uns leid. Ich kann mich gar nicht mehr erinnern, wann ich noch 332 Tage hatte, Mann. Vielleicht solltest du anders herum zählen, Taylor... wieviel Tage du schon *hinter* dir hast oder so.«

King löste sich von Crawford, zündete ein Streichholz an und hielt es an etwas, das wie eine handgedrehte Zigarette aussah. »Taylor, du redest wie jemand mit Bildung. Was, zur Hölle, tust du eigentlich hier?«

Taylor stocherte in dem brennenden Kot herum und lächelte verlegen. Er wußte, was kommen würde. »Ich habe mich freiwillig gemeldet.«

King hielt im Rauchen inne, hustete und reichte Crawford die Zigarette. »*Was* hast du? Sag' das noch mal, Taylor.«

»Du hast schon richtig gehört. Ich ging vorzeitig vom College ab, meldete mich bei der Army und sagte, daß ich zur Infanterie, in den Kampf und nach Vietnam will.«

Crawford kicherte. Chris hatte beobachtet, daß er den Zigarettenrauch tief inhaliert hatte, doch nichts kam aus seinem Mund.

»Du hast dich freiwillig für *diesen* Scheiß gemeldet, Mann?«

Chris rührte von neuem in einem der rauchenden Fässer. Wenn man nicht vernünftig mit jemand reden kann, während man Scheiße verbrennt, dachte er, wann kann man *dann* sagen, was einen beschäftigt?

»Du mußt es von meiner Seite aus betrachten«, sagte er. »Im College sah ich keinen großen Sinn. Ich lernte nichts. Und warum sollen nur die armen Jungs in den Krieg gehen, während die Leute vom College davonkommen?«

King lachte laut und tauschte einen Blick mit Crawford. »Ich glaube, hier haben wir einen Kreuzfahrer. O Mann!«

Crawford schüttelte nur den Kopf und inhalierte von neuem Zigarettenrauch. King nahm ihm die Zigarette aus der Hand und wandte sich Chris zu.

»Taylor, du kannst nicht richtig ticken, wenn du so denkst. Jeder weiß doch, daß die Armen immer von den Reichen beschissen werden. So war das stets, und so wird es immer sein.«

Schweiß vom Kopf war unter den Verband an Taylors Nacken gesickert, und die Wunden brannten schlimm. Chris schnitt eine Grimasse und tastete mit den Fingerspitzen zu der Stelle.

»Alles okay, Mann? Macht dir das Ding am Nacken zu schaffen?« fragte King.

»Ah, es brennt nur ein bißchen...«

King bot ihm die Zigarette an, die er mit Crawford geteilt hatte. Sie war am Mundstück naß und eingedrückt und hatte nichts Verlockendes. »Hier. Nimm das. Nach ein paar Zügen juckt dich nichts mehr.«

Die Bemerkung bestätigte Chris, was er vermutet hatte. Es war ein Joint. Marihuana. Er hatte auf dem Campus viel darüber gehört, daß die Soldaten in Vietnam dauernd Rauschgift nahmen. Jetzt sah er es zum erstenmal. Er nahm an, daß er es nicht eher bemerkt hatte, weil keiner den Neuen traute und befürchtete, sie könnten bei den ›Lebenslänglichen‹ plaudern. Dennoch hielt Chris es für keine gute Idee, sich darauf einzulassen, nicht mal im Basiscamp.

»Nein... raucht ihr nur. Ich bin nicht an dieses Zeug gewöhnt.«

Crawford grinste und kicherte so sehr, daß er das Zündholz ausblies, das er an einen neuen Joint hielt. »Du solltest dich besser daran gewöhnen, Kleiner. Es ist das einzige, was den Gestank von Scheiße vertreibt.«

King warf die Kippe des alten Joints in eines der Fässer, aus denen die Flammen schlugen, und nahm den neuen Joint von Crawford entgegen. »Nun mach schon, Mann. Was hast du zu verlieren? Du bist jetzt hier in Nam.«

Chris sah das schläfrige Lächeln der beiden und sagte sich, daß King recht hatte. Dies war hier und jetzt. Wer wußte schon, was morgen sein würde? Er nahm den Joint, sog daran und inhalierte den scharfen Rauch.

King und Crawford gaben ihm Anleitungen »Na also, saug kräftig und zieh dir das Zeug tief rein. So ist's gut... und jetzt langsam ausatmen... langsam...«

Chris fragte sich, ob das Rauschgift wirkte. Er konnte nichts spüren. »Ich merke nichts, Mann.« Er hielt King den Joint hin.

King nahm die Marihuana-Zigarette, rauchte und inhalierte tief. »Das sagen alle.«

Chris blinzelte und glaubte etwas Neues in den Gesichtern zu sehen, die ihn durch den Rauch anstarrten. Man mußte die Mienen sorgfältig betrachten. Da war eine gewisse Weichheit. Vielleicht bewirkte das der Stoff... oder vielleicht war wirklich etwas unter dem harten Äußeren dieser beiden Männer, das ihm die schmerzliche Verlegenheit bewußt machte, die er immer noch wegen des Zwischenfalls bei dem Hinterhalt empfand.

»Ihr wißt, daß ich in dieser verdammten Nacht nicht... ich meine...«

King hob die massige Hand und winkte ab. »Vergiß es. Das juckt keinen. Niemand hält dich für einen Feigling. Du hast dein Bestes getan, Mann. Beim nächsten Mal wirst du's besser machen.«

Crawford grinste high und winkte ebenfalls ab. »Vergangenheit, Mann. Aus und vorbei.«

Chris war überrascht von der Reaktion. War das so einfach vergessen? Er war darauf vorbereitet gewesen, eine genaue Erklärung über die wahren Ereignisse jener Nacht abzugeben. Chris entspannte sich. Er fühlte sich auf einmal wohl.

»Ich glaube, ich spüre den Stoff...«

King lachte und warf die winzige Kippe in eines der Fässer mit brennendem Kot. »Du kommst schon noch dahin, Taylor. Sei jetzt cool, und wir werden dich einigen der Jungs vorstellen.«

»Welchen Jungs?«

Chris hielt das für eine berechtigte Frage, doch King und Crawford wirkten nicht geneigt, darauf zu antworten. Sie wandten sich ab und gingen zurück. King winkte nur kurz über die Schulter.

»Später.«

Tagsüber schien das große Basiscamp der Brigade an der Peripherie von Dau Tieng in tropischer Trägheit zu erstarren. Artilleristen der Batterie bedeckten ihre Haubitzen mit Regenumhängen und saßen schwitzend unter Segeltuchplanen. Die Besatzungen verließen ihre gepanzerten

Fahrzeuge, wenn in der Sonne das Metall so heiß wurde, daß man es nicht berühren konnte. Meistens spielten sie Karten oder lasen Post aus der Heimat im Wartungsschuppen.

Wenn die neuen Soldaten der Brigade im Basiscamp waren, ließ man sie bis zu einem gewissen Grad in Ruhe. Sie verbrannten Kot und schleppten gelegentlich Munitionskisten, wenn es erforderlich war, doch sie waren meistens von langweiliger Routinearbeit befreit, um sich auszuruhen und etwas von dem Gleichgewicht wiederzugewinnen, das sie während der Wochen im Dschungel verloren hatten. Duschen und eine Kantine, in der etwas ausgegeben wurde, das warmem Essen ähnelte, halfen ein bißchen. Schlafkojen, Bier und massive Bunker gegen gelegentliches Mörser- und Granatfeuer besorgten den Rest.

Des Abends kam Leben in das Basiscamp der Brigade. Chris Taylor trank eine rostige Dose Bier aus und machte sich auf den Weg, um nach mehr zu suchen.

Während er dahinschlenderte und sich selbstgefällig den Leuten des rückwärtigen Stabs in diesem Camp überlegen fühlte, atmete Chris tief die schwüle Abendluft ein und sagte sich, daß mit seiner Welt alles in Ordnung war. Keiner, dem er seit seiner Rückkehr aus dem Lazarett begegnet war, schien sich an den gescheiterten Hinterhalt zu erinnern, geschweige denn Chris dafür verantwortlich zu machen. Jeder war anscheinend darauf aus, die Vergangenheit zu vergessen – sie als nur einen weiteren Tag zu betrachten, den man von der Dienstzeit abhaken konnte – und nur an die Zukunft zu denken. Diejenigen, die über den verhängnisvollen Zwischenfall redeten, Leute wie Bunny, zogen Zuhörer vom Stab an und erzählten angeberische Geschichten, die im krassen Gegensatz zu der Wirklichkeit standen.

Chris erinnerte sich an die Wirkung von Bunnys Geschichte auf eine faszinierte Gruppe Artilleristen, die in der Kantine bei der Essenausgabe gewartet hatten. »Ich sah diesen großen Chinesen um unsere Flanke kommen und da langte ich natürlich hin. Rattattattata machte mein Schrotschießer. Das hättet ihr sehen sollen. Ich blies dem Knaben glatt zehn weitere Löcher...«

Die Artilleristen waren wirklich beeindruckt gewesen. Bunny hatte sich wie der Größte gefühlt. Chris fand es leicht peinlich, eine Verbindung zu einem Teenager zu haben, der offenbar nicht alle Tassen im Schrank hatte. Alle Soldaten töten, doch nicht alle sind Killer, sagte er sich.

Chris erinnerte sich an sein Spiegelbild, das er an diesem Morgen beim Rasieren im Spiegel gesehen hatte. Ein leicht gealterter Chris Taylor hatte ihn angesehen, und er fragte sich jetzt, ob er auf einen Killer oder einen Soldaten geschaut hatte. Während des Hinterhalts hatte er zwei Magazine leergeschossen, doch er konnte gewiß nicht behaupten, daß er einen Feind getötet hatte. Er war während des Kampfes verwundet worden, doch das machte ihn nicht automatisch zu einem guten Soldaten, nicht im Vergleich zu Männern wie Elias und Barnes.

Was hatte sich also bei ihm verändert? Was war anders geworden? Oberflächlich betrachtet, war es leicht genug zu entdecken. Er war hager geworden, wie ein Vollblutpferd, das im Frühjahr hart trainiert wird, damit es das Fett des Winters los wird, um in der Rennsaison fit zu sein. Da waren Vertiefungen unter den Wangenknochen, und dicke Muskelstränge verliefen von den Schultern den Nacken hinauf bis unter die Ohren. Um die Mundwinkel waren ungewohnte Falten. Und die Augen. Sie waren irgendwie schmaler geworden. Die runden Augen hatten sich zu einer straffen, ovalen Form gedehnt.

Chris war fasziniert vom Anblick seiner Augen. Entweder werde ich ein Chinese, dachte er, oder – ein Frontsoldat. Es klang gut, seinen Namen mit diesem Begriff in Zusammenhang zu bringen. Ich bin ein Frontsoldat, sagte er sich, und ich kann alles schaffen. Bevor es vorüber ist, werde ich wie Sergeant Barnes und Sergeant Elias sein – ein guter Soldat. Die meisten Leute sterben, ohne soviel von sich behaupten zu können...

Chris schlenderte weiter durch das Basiscamp und war sehr selbstzufrieden. Wenn alles vorüber war, konnte er sagen, daß er seinem Land geholfen hatte, einen Krieg zu gewinnen. Und bei Gott, er würde helfen. Von jetzt an würde er es richtig machen.

Im schwachen Schein gelblichen Lichts, das aus dem Fenster einer der Unterkünfte fiel, lehnte sich Sergeant Leon Warren mit dem schmerzenden Rücken gegen die Wand und schaute zum sternenübersäten Himmel empor. Er nahm das hölzerne Kreuz, das an einer Kordel um seinen Hals hing, und hielt es vor seine Augen.

Eines Tages werde ich so etwas dort oben im Himmel sehen, dachte er, und dann werde ich wissen, daß mein Jesus kommt. Zum x-ten Mal seit dem Tag, an dem der Herr während eines Mörserangriffs unten bei Dong Tam in Warrens Herz gekommen war, fragte sich Warren, warum Gott ihm solch riesige Füße gegeben hatte.

»Wie, zum Teufel, kann ein schwarzer Mann Basketball spielen, wenn er solche übergroßen Füße hat«, murmelte Warren vor sich hin. »Es wäre was anderes, wenn ich über zwei Meter groß wäre, aber kein Trainer nimmt einen Spieler, der gerade 1,80 m groß ist und sich die Schuhe speziell anfertigen lassen muß.«

Als Warren eingezogen worden war, hatte er gedacht, daß ihm das Problem seiner übergroßen Füße den Dienst in Vietnam ersparen würde, doch die Army hatte ihm problemlos Dschungelstiefel in seiner Übergröße zur Verfügung gestellt. Warren machte die großen Füße für seine mißliche Lage verantwortlich und erhoffte sich von Gott die Erlösung daraus. Unterdessen war da das Morphium, das er von einem Bruder kaufte, der im Krankenrevier des Basiscamps Arzt war. Das Morphium war teuer, doch für Warren gab es nichts sonst, wofür er seinen Sold hätte ausgeben können. Warren lebte nur für Gott... und für das Morphium, das ihn näher zu Ihm brachte.

Sergeant Warren griff in eine Tasche seiner Uniform und zog einen Stoffstreifen mit einer Schnalle hervor.

Dann bereitete er die wiederbenutzbare Spritze vor, die er von seinem Freund, dem Arzt, gekauft hatte. Er hatte die Nadel in kochendem Wasser sterilisiert. Es war riskant genug, sich hier im Camp unter all den Lebenslänglichen einen Schuß zu verpassen, und er wollte das Risiko nicht noch vergrößern, indem er es auf eine Hepatitis ankommen ließ. Er schob die Nadel in die Morphiumampulle und zog die Spritze auf.

Warren hatte gerade den Stoffstreifen um den Arm geschlungen, um die Vene abzubinden, als er sah, daß sich jemand in der Dunkelheit näherte. Wer immer das war, er kam aus der Richtung, in der sich das Hauptquartier der Brigade befand. Warren zog sich tiefer ins Dunkel zurück und versteckte die Spritze hinter dem Rücken. Die improvisierte Aderpresse rutschte vom Arm, und die Schnalle klirrte auf dem Boden. Der Mann im Dunkeln änderte die Richtung, als das Geräusch in der Stille ertönte, um nachzusehen, was es zu bedeuten hatte.

Lieutenant Wolfe trat in den Lichtstreifen, der aus dem Fenster fiel, und erkannte Sergeant Warren, der dort in der Dunkelheit hockte. »Guten Abend, Sergeant.«

Warren befürchtete, der Offizier würde verlangen, daß er aufstand und salutierte. Dann würde er die Spritze sehen – und ihn wahrscheinlich ins Gefängnis schicken.

»Guten Abend, Sir. Ein schöner Sternenhimmel heute abend, Sir.«

Wolfe schaute nach oben und dann wieder auf seinen Sergeant hinab. Was, zur Hölle, war mit Warren los? Die Augen des Mannes waren groß, und das Weiße leuchtete in der Dunkelheit, als hätte er Angst oder wäre aufgeregt. Ein Verdacht stieg in Lieutenant Wolfe auf. Hatte Warren hier draußen gehockt und masturbiert? Nun, es spielte keine Rolle. Er, Wolfe, war hergekommen, um unter den Männern zu sein und zu zeigen, wie sich ein guter Führer um seine Soldaten kümmert. Er hatte gewiß nicht vor, sie bei ihren privaten Vergnügungen zu stören.

»Ja... äh... wir haben wirklich einen schönen Sternenhimmel. Gute Nacht, Sergeant Warren.«

»Gute Nacht, Sir.« Warren starrte auf die frisch polierten Dschungelstiefel. Fast halb so klein wie meine, dachte er. Verdammte Offiziere!

Warren wartete, bis Lieutenant Wolfe verschwunden war. Dann band der Sergeant seinen Arm ab und nahm die Spritze.

Bunny hatte Schwierigkeiten mit dem Jo-Jo, das er im vietnamesischen Souvenirladen gleich außerhalb des Basiscamps gekauft hatte. Für gewöhnlich schaffte er die tollsten Tricks mit dem Jo-Jo, doch heute abend lag das Ding in der Hand wie…

Er musterte Junior, der auf der nächsten Koje lag und einen Rauchring zur Decke des Quartiers blies.

… wie dieser verdammte, lahmarschige Junior. Bunny kicherte und mußte laut rülpsen. Als ein letzter Versuch mit dem Jo-Jo mißlang, schleuderte Bunny es quer durch das Quartier und trat wütend gegen die leeren Bierflaschen, die bei seiner Koje lagen. Der Öffner lag irgendwo herum, und er hatte noch zwei Sechserpackungen Bier.

Junior drehte den Kopf und starrte den mageren weißen Jungen aus New York an. Blöder weißer Junge, dachte er.

»Du kämst besser mit dem Jo-Jo zurecht, wenn du nicht soviel Bier saufen würdest.«

»Quatsch, Junior. Ich hab' dieses Zeug schon als kleiner Junge gesoffen. Bier kann ich vertragen. Weißt du, was ich nicht vertragen kann?« Bunny ging schwankend zum Kassettenrecorder und schaltete eine Kassette von Merle Haggard ein.

Junior hielt sich die Ohren zu. »Ah, Mann, mach dieses Gesülze aus. Ich kann so'n Scheiß nicht hören. Wirf mal lieber 'nen Hardrock an!«

Bunny ging zu Junior, neigte sich über ihn und atmete eine Bierfahne in das schwarze, von Akne narbige Gesicht. »Ich habe dich gefragt, ob du weißt, was ich nicht vertragen kann, Mann!«

Aus früheren Erfahrungen wußte Junior, daß man entweder überhörte, was Bunny sagte, oder sich später am Abend auf eine Schlägerei mit ihm gefaßt machen mußte. Bunny war ein bösartiger und nachtragender Typ, der gewalttätig wurde, wenn er betrunken war. »Was kannst du nicht ertragen, Mann?«

»Die verdammten Süchtigen. Die gehen mir auf den Geist.« Bunny ging zu seiner Schlafkoje und öffnete eine weitere Flasche Bier. »Hast du jemals was von diesem Scheiß geraucht, Junior?«

Junior zündete sich mit der flackernden Kerze von neuem eine Zigarette an und wies mit einem langen, schwarzen Finger zum sich kräuselnden Rauch. »Das ist das Gift der weißen Teufel. Ihr alle wollt uns Schwarze mit diesem Drogenscheiß fertigmachen und unten halten. Aber es kommt der Tag, Mann, an dem wir Schwarzen uns von dem Joch befreien.«

Bunny nickte und blies Schaum von dem warmen Bier. »Ich kann dich verstehen, Mann. Rauch dieses Zeug, und alles wird irgendwie komisch. Hast du gehört, daß die Nams Chemikalien in den Stoff tun, damit wir Pazifisten werden? Rauch nur genug von diesem Mist, und du hast keine Lust mehr zum Kämpfen.«

Junior blies die Kerze aus und wünschte, die Kassette mit der Country & Western-Musik würde reißen. »Du brauchst dir keine Sorgen zu machen, Bunny. Aus dir macht niemand einen Passifist oder wie das heißt. Du bist ein eiskalter Killer.«

Bunny trank Bier. »Das stimmt, Mann«, sagte er geschmeichelt. »Aber ich kann auch heiß werden. Zum Beispiel mag ich hin und wieder 'ne blonde Pflaume. Das ist echt geil, Mann. Es gibt nichts Besseres, abgesehen vielleicht vom Rennen in Indianapolis.«

Junior stöhnte bei dem Vergleich auf und wäre am liebsten auf den Abort geflüchtet. »Bunny, du gehst mir auf den Geist, Mann.«

»Ich gehe *dir* auf den Geist? Hast du jemals in den Spiegel gesehen, Mann? Du bist häßlicher als ein Hundepimmel, Junior.«

»Ah, Mann, komm mir doch nicht so! Da vergleicht der doch tatsächlich ein Autorennen mit 'ner Pussy. Du hältst vermutlich die Mündung deiner Schrotflinte für 'ne Pussy.«

»Laber keinen Scheiß, Mann. Ich habe bestimmt schon mehr genagelt als du.«

»Geh lieber pennen, Bunny. Du wirst nur Chancen haben, wenn dich irgendeine Nutte ranläßt.«

Die Jungs werden froh sein, daß ein Offizier mal bei ihnen vorbeischaut, nachdem sie aus dem Busch raus sind und der Streß ein wenig nachgelassen hat, sagte sich Lieutenant Wolfe, als er das Quartier betrat und stehenblieb, bis sich seine Augen an das schwache gelbe Licht gewöhnt hatten.

Doc Gomez und Tony Hoyt würfelten auf einer alten Munitionskiste. Nach den leeren Dosen und Flaschen auf dem Boden bei ihnen zu schließen, war der Einsatz Bier. Fu Sheng kratzte sich an den fauligen Füßen und las einen Brief. Rodriguez, der stille mexikanische Junge, von dem Wolfe in den vier Monaten, seit er ihn kannte, noch keine fünf Worte gehört hatte, lag auf seiner Schlafkoje und las irgendeine religiöse Schrift. Kerzen brannten auf dem Altar, den der Mann aus einer Munitionskiste gebastelt hatte.

Am meisten war am anderen Ende der Unterkunft los, wo Barnes, O'Neill, Sanderson, Sal, Ace und Morehouse, ein Punker aus der Nähe von Saint Louis, in eine Pokerpartie vertieft waren.

Barnes mußte mächtig gebechert haben, seit Wolfe ihn zum letztenmal bei Sonnenuntergang gesehen hatte.

Die Augen des Unteroffiziers glitzerten, wie Eiszapfen im Sonnenschein glitzerten, und sein narbiges Gesicht wirkte entspannt. Barnes sah fast wie ein freundlicher Gastgeber aus, der eine Party mit Freunden genießt. Doch da war immer noch eine verborgene Anspannung unter der Oberfläche. Wolfe war seit langem davon überzeugt, daß Barnes keine Freunde hatte.

Wolfe ging über den Mittelgang und näherte sich langsam den Pokerspielern. Dabei erinnerte sich der Lieutenant an einen Stubenappell vor ein paar Monaten, als er die Gelegenheit gehabt hatte, sich Staff Sergeant Barnes' Quartier anzusehen. Der Mann lebte in fanatischer militärischer Ordnung. Die einzigen persönlichen Dinge, die Wolfe gefunden hatte, waren ein paar Flaschen Jack Daniel's Whisky und eine ältere Ausgabe von *Reader's Digest* gewesen. Als Wolfe das Magazin in die Hand genommen hatte, war es bei der Seite ›Humor in Uniform‹ aufgeklappt.

Keiner zeigte anscheinend viel Interesse an dem Besuch des Offiziers. Wolfe sagte sich, daß es huldvoll wirkte, wenn er den ersten Kontakt suchte, und so blieb er bei Rodriguez' Koje stehen.

»Das... äh... das ist aber ein schöner Altar, Rodriguez.«

Der drahtige Mexikaner bekreuzigte sich schnell, und Wolfe zuckte zusammen und hoffte, er hatte ihn nicht im Gebet gestört.

»Danke, Sir.« Rodriguez war offensichtlich nicht an einer Fortsetzung der Unterhaltung interessiert. Wolfe hörte, wie O'Neill hinter ihm eine wilde Geschichte über die Zeit zum besten gab, in der er in Deutschland stationiert gewesen war. Am Pokertisch wurden soeben die Karten aufgedeckt. Ein günstiger Augenblick zu einer Annäherung vor der nächsten Partie.

»Brauchen Sie... äh... noch irgend etwas, Rodriguez?« Wolfe zog sich zurück und lächelte den Soldaten an, der ihn verwirrt anstarrte.

»Nichts? Ah, fein. Lassen Sie mich wissen, wenn Ihnen irgend etwas fehlt.«

Wolfe beobachtete, daß Ace und Morehouse Whisky hinunterkippten und mit Bier nachspülten, bevor er sich eine leere Munitionskiste nahm und damit zum Pokertisch ging.

O'Neill beendete seine Story mit sichtlicher Verärgerung und ignorierte Sandersons Korrektur einiger wichtiger Fakten. Die Pokerspieler waren verstummt und sahen den Offizier erwartungsvoll an. Wolfe wünschte, sie würden einfach weiterspielen, so daß er eine Weile zuschauen könnte. Es war, als warteten sie auf einen Befehl von ihm. Er erwog es kurz, doch ›Weitermachen, Männer‹ kam ihm ein bißchen übertrieben in Barnes' und O'Neills Anwesenheit vor. Er suchte nach Worten, und es fiel ihm ein, daß O'Neill einen Spitznamen hatte.

»Wie läuft es heute abend, Red?«

O'Neill wies mit einem sommersprossigen Finger auf Barnes und schüttelte den Kopf. »Er bekommt ein gutes Blatt nach dem anderen.«

Wolfe schaute auf den Gewinn, den Barnes an seinem Platz aufgestapelt hatte. »Sieht aus, als hätten Sie eine Glückssträhne, Sergeant.«

Barnes grinste höhnisch. »Ah, ich habe noch gar nicht mit dem Falschspielen angefangen.«

Wolfe heftete den Blick auf Sanderson. Der Mann schien nicht zu wissen, was er mit der Flasche Jim Beam tun sollte, die er schon zum Mund gehoben hatte. Sanderson überprüfte, wieviel noch in der Flasche war und sagte sich, daß es für eine gastfreundliche Geste reichte.

»Wie wäre es mit einem Schluck Kentucky, Lieutenant?«

Wolfe nahm dankbar die Flasche an und trank einen kleinen Schluck. Der Lieutenant spürte Barnes' kalten Blick auf seinem Gesicht. Er sah zu Barnes hin und stellte fest, daß aus dem höhnischen Grinsen immer noch kein Lächeln geworden war.

»Wollen Sie mitspielen, Lieutenant?«

Dem Lieutenant wäre gerade jetzt nichts unangenehmer gewesen. »Nein, nein. Ich möchte mich nicht von euch Jungs ausnehmen lassen.«

O'Neill warf eine MPC-Dollar-Note auf die grüne GI-Decke, die als Spielunterlage diente, und begann eine neue Partie.

»Wofür, zum Teufel, sparen Sie, Lieutenant... sind Sie ein Schotte oder was?«

Das Gelächter am Tisch lieferte eine gute Gelegenheit für einen einigermaßen würdevollen Rückzug. Wolfe nutzte sie und erhob sich.

»Muß noch einigen Papierkram erledigen. Bis später dann, Männer. Viel Spaß.«

Lieutenant Wolfe hatte keine Karte angerührt, doch er hatte das Gefühl, trotzdem ausgenommen worden zu sein.

Kurz nachdem Lieutenant Wolfe gegangen war, gewann O'Neill den Pott mit einem Flush. Während er den Gewinn einstrich, hielt er mit der freien Hand ein brennendes Streichholz an die Zigarette, die Barnes noch nicht angezündet hatte.

»Ein trauriger Armleuchter, dieser Wolfe, nicht wahr, Bob? Glaubst du, daß er es schaffen wird?«

Barnes inhalierte den Zigarettenrauch, hustete und lauschte kurz auf die Country Music, die aus dem Radio plärrte, das auf den Sender American Forces Vietnam Network Saigon eingestellt war. Mit einem Grunzlaut schüttelte Barnes dann kaum wahrnehmbar den Kopf und nahm die Karten auf, die soeben ausgeteilt worden waren.

O'Neill schaute in die Runde am Tisch und nickte. »Genau das nehme ich auch an. Einigen Typen braucht man nur ins Gesicht zu sehen, um es zu *wissen*. Man *weiß*, daß sie es nicht schaffen werden.«

Barnes legte zwei Dollar Armeegeld in die Tischmitte und starrte O'Neill ins Gesicht.

Während Sergeant Barnes Rauch ausstieß und in O'Neills Augen schaute, fragte er sich, ob dem Mann bewußt war, wie recht er hatte. Man konnte tatsächlich den Tod in den Augen mancher Leute sehen. Wenn du mich fragst, dachte Barnes, dann wird keine dieser Pfeifen lebend aus Vietnam zurückkehren. Das wollen sie alle – so schnell wie möglich aus Nam fort –, aber sie haben noch nicht das Geheimnis herausgefunden, wie man hier überlebt.

Das wird ihr Tod sein, dachte Sergeant Barnes. Sie begreifen nicht, daß sie nicht überleben können, indem sie vor dem Feind weglaufen und sich verstecken. Man überlebt nur auf meine Weise. Man sucht nach den kleinen, gelben Bastarden, und dann kämpft man sie nieder. Man muß so viele umlegen, daß die übrigen nicht mehr kämpfen wollen.

Barnes griff bei diesen Gedanken nach der Whiskyflasche, um den bohrenden Schmerz über seinem rechten Auge zu betäuben. Ich habe eine Erinnerung an die Wahrheit auf meinem Gesicht, dachte er, und blinzelte zornerfüllt in die Runde der Pokerspieler am Tisch, aber ihr alle solltet so etwas nicht nötig haben, um zum Kämpfen bereit zu sein. Ihr solltet begreifen, daß hier Politik, Religion, Prinzipien und all das nichts bedeuten. Für diese Dinge kämpft ihr nicht. Wenn ihr überleben wollt, dann müßt ihr einen *persönlichen* Kampf daraus machen. Ihr müßt all dieses Zeug wegkochen wie das Fett vom Rindfleisch, um an das Fleisch zu kommen. Es geht um einen von euch und einen anderen, der ihn töten will. Der schnellere Killer lebt einen weiteren Tag, um von neuem zu töten. Warum begreift ihr das nicht?

Robert Barnes wußte, daß er nicht die richtigen Worte finden würde, um seinen Soldaten die Wahrheit zu sagen. Er hoffte, daß sie von seinem Beispiel und von Leuten wie Elias lernten, der anscheinend ebenfalls kapiert hatte, worauf es hinauslief.

Doch seine Hoffnung würde vergebens sein. Barnes seufzte und nahm seine Karten. Die Narbe über seinem Auge schmerzte wieder, und der Whisky half heute abend nicht. Sie werden niemals lernen und sich niemals ändern, dachte Barnes. Man hat die gleiche Sorte bedauernswerter Jungs hergeschickt wie 1964, als sie mich nach Vietnam schickten. Und ich kann nicht viel tun, um zu helfen. Ich kann nicht mehr tun, als für sie Nams zu töten und zuzuschauen, wie sie selbst daraufgehen.

Chris wurde zwischen dem Verlangen nach Einsamkeit und dem Wunsch, seine Position im Zug zu festigen, hin und her gerissen, als er durch das Camp schlenderte.

Unten bei der alten, aufgegebenen Artilleriestellung, die jetzt dem Basiscamp als Sandgrube diente, in der die Sandsäcke gefüllt wurden, versuchten anscheinend nur wenige Leute, völliges Vergessen zu finden. Chris ging in diese Richtung.

Der Klang einer Falsettstimme, die von einem A-cappella-Chor untermalt wurde, drang durch die schwüle Luft des Camps. Eine Gruppe Schwarzer versuchte, den Motown-Sound ins Land der Lotosesser zu bringen. Chris setzte sich auf einen Stapel leerer Sandsäcke und dachte über den Ursprung des Blues nach. Wenn nichts sonst, dachte er, dann sollte wenigstens einige echte, ursprüngliche Soulmusik aus diesem Krieg herauskommen. Bei dem Übergewicht an armen, ungebildeten Schwarzen hier bleibt das nicht aus.

Vor hundert Jahren hatten ihre Ahnen als Sklaven in schwierigen, gefährlichen Zeiten beisammengesessen und gesungen, um Schmerz und Frustration zu vergessen. Chris grübelte über einige Texte nach, als er King sah, der über den Pfad nahte, der zu der alten Artilleriestellung führte. Nach ein paar raumgreifenden Schritten entdeckte King Chris und grinste, daß seine Zähne in der Dunkelheit schimmerten.

»Taylor? Bist du das, Mann? Wo hast du gesteckt? Ich habe überall nach dir gesucht, Mann. Bist du bereit zu einer Party mit den Jungs?«

Ohne eine Antwort abzuwarten, packte King ihn am Arm und zog ihn mit. Sie gingen über einen kaum benutzten Pfad zur ehemaligen Artilleriestellung. »Da ist ein alter Munitionsbunker, der nicht abgerissen wurde. Wir nennen ihn die Unterwelt. Die ›Lebenslänglichen‹ wissen nichts davon, und so soll es auch bleiben, kapiert?«

King begann laut zu summen. Seine Version von einem Otis Redding-Original veranlaßte jemand, aus der Dunkelheit hervorzutreten. Es war Manny, ein dunkelhäutiger Puertoricaner, der beim Zug als bester Mann mit dem Granatwerfer galt. Trotz der tiefen Dunkelheit vollzogen Manny und King ein kompliziertes, sorgfältig einstudiertes Begrüßungsritual. Als die knifflige Serie von Griffen, Schulterklopfen, Schritten, Bewegungen und Mienenspielen vorüber war, meldete Manny, daß keine Gefahr durch ›Lebenslängliche‹ drohte, und King zog Chris zu einem mit einer Plane verhängten Eingang in etwas, das wie der Standard-Munitionsbunker der Artillerie im Feld aussah.

Drinnen war eine andere Welt – die Unterwelt.

Chris brauchte eine Weile, bis sich seine Augen an die dunstige, halbdunkle Atmosphäre gewöhnt hatten. Das schwache gelbe Licht in der Unterwelt stammte von Dutzenden von GI-Kerzen, die praktisch wahllos von jeder ebenen Fläche flackerten. Chris hätte gern die Gesichter identifiziert, die zu ihm aufstarrten, doch er konnte sich nur auf die Umgebung konzentrieren. Sein Verstand sagte ihm, daß er sich beim III. Corps in Vietnam befand, doch was er sah, ähnelte mehr Haight-Ashbury, San Francisco.

Die Bewohner der Unterwelt lächelten stumm und ließen Chris den Anblick in sich aufnehmen. Ordentlich gestapelt in Ecken waren die sortierten Inhalte von ›Care-Paketen‹ aus der Heimat. Dosen mit Kräckern und Plätzchen, Fleisch in Büchsen, Käse aus den Staaten und Kästen PX-Bier, um alles hinunterzuspülen. Poster aus der Heimat, die Janis Joplin und die Doors zeigten, waren an den Wänden befestigt. Chris sah zwei kleine, japanische Kühlschränke, einen großen Ventilator und ein modernes Tonbandgerät.

Chris schüttelte den Kopf und rieb sich die tränenden Augen. Er schätzte, daß die Luft in der Unterwelt zu einem Viertel aus Sauerstoff und zu drei Vierteln aus Qualm von Marihuanazigaretten bestand, die entweder zuvor geraucht worden waren oder augenblicklich geraucht wurden. Es blieb ihm nichts anderes übrig, als diese Luft zu atmen. Chris kniff die Augen zusammen und schaute benommen die unglaubliche Szenerie an. Schließlich entdeckte er vertraute Gesichter. Da waren Lerner mit seiner Gitarre, Crawford, Fu Sheng, Big Harold, Francis, Huffmeister, der Junge aus Milwaukee, der Sergeant O'Neills Funkgerät trug, und Flash, der Schwarze mit der Samthaut, der stolz mit britischem Akzent erklärt hatte, daß er von den Virgin Islands stammte, und zwar von einer der Inseln, die zu den USA gehören.

Chris war sich fast sicher, die Männer wiederzuerkennen... abgesehen von ihrer Kleidung. Trotz ihrer offensichtlichen Eintracht hatten sich die Drogenkonsumenten gegen militärische Gleichheit entschieden. Chris sah Perlen, Armreife, Ringe und Tand auf praktisch jedem Teil von fast jedem Körper. Da gab es Halstücher in allen möglichen Farben, breite Gürtel und Schärpen. Uniformteile waren abgeschnitten, umgeändert, gehäkelt, bestickt und mit allen möglichen Dingen verziert worden.

Die Männer in der Unterwelt hatten sogar einige militärische Dinge zweckentfremdet. Chris sah, daß Huffmeister einen tiefen Zug an einer Huka, einer orientalischen Wasserpfeife, nahm, und einen Schwall von Rauschgiftrauch in eine M-37-Gasmaske blies, die Francis trug. Er beobachtete, wie die großen Augen hinter den Gläsern der Gasmaske verschwanden, bis jemand aus dem Rauchschleier seinen Namen rief.

»Was tust du in der Unterwelt, Taylor?«

King schob ihn in die Mitte des Bunkers und kündigte ihre Ankunft offiziell an.

»Dies hier ist nicht Taylor, Leute. Taylor wurde erschossen. Dies hier ist Chris, und er ist wieder auferstanden.«

Taylor grinste schwach und schaute zu dem Mann, der seinen Namen gerufen hatte.

Rhah hatte das meiste von seinem Bart abrasiert und nur einen Ziegenbart gelassen, was seinem Gesicht ein sonderbar längliches Aussehen gab. Er trug eine ärmellose Jacke, die mit schweren Ketten geschmückt war. Tätowierungen von mystischer Bedeutung bedeckten beide

Arme. Chris entdeckte das vertraute Hell's Angels-Symbol auf dem rechten Arm. Die Augen des Mannes waren weit aufgerissen und rotgerändert. Sie wirkten wie die eines Wahnsinnigen. Chris war fasziniert vom Anblick einer bunten Halskette, an der zwei Amulette auf Rhahs schweißbedeckte Brust hingen. Eines der Amulette war ein Kreuz aus Elfenbein, das andere ein Schädel aus Ebenholz.

Nach Rhahs Position in der Unterwelt war es für Chris klar, daß Rhah so etwas wie der König der Süchtigen war. Er saß auf einer Art Thron aus Munitionskisten und dem Sitz eines Jeeps. Rhah paffte an einer langen Pfeife und wiederholte seine Frage.

»Was sucht der wiederauferstandene *Chris* in der Unterwelt?«

»Ich... äh... ich kam mit King und...«

Rhah schien am Rest der Antwort nicht interessiert zu sein. Er stieß den Stiel der bunt geschmückten Pfeife auf Chris zu und atmete mit einem heiseren Grollen Rauch aus. – »Baaaaaaaaaaa!«

Chris grinste über das, was offenbar in diesem Kreis ein Scherz war, und fragte sich, was er als nächstes tun sollte. Er schielte auf den Pfeifenstiel.

»Träumst du?«

»Was?«

»Ich fragte, ob du träumst oder was.«

King nahm die Pfeife und hielt sie näher an Taylors Mund. »Los, mach schon, Mann. Rauch schon.«

Chris sog tief Rauch ein. Die Wirkung des starken Rauschgifts, das mit einem Schuß Haschischöl vermischt war, setzte sofort ein. Er hustete, würgte und nahm ein Bier, das Lerner ihm hinhielt.

Rhah kicherte und stopfte eine andere Pfeife. Die Anwesenden entspannten sich und schenkten den Besuchern keine Aufmerksamkeit mehr. Joints wurden herumgereicht. Chris, der wieder zu Atem gekommen war, hustete von neuem nach einem Zug an der Pfeife. Sofort wurde der König aufmerksam.

»Baaaaaaaaaaa!« Der Ausdruck in verschiedenen Ton- und Stimmlagen schien Rhahs ständige Bemerkung zu allem und jedem zu sein.

Am Fuß des Throns klimperte Lerner auf seiner Gitarre und beobachtete, wie Manny Doc Gomez in die Unterwelt geleitete. Der Doc nahm einen Joint an und hockte sich auf eine leere Munitionskiste. Lerner schlug einen lauten Mißakkord und starrte mit glasigen Augen zu Rhah empor.

Rhah schaute mit irrem Blick über die Versammelten. Im Schein der flackernden, rauchenden Kerzen wirkten seine geweiteten Pupillen gelb. Er atmete tief durch, lehnte sich auf seinem improvisierten Thron zurück und bellte: »Baaaaaaaaaaaaaaaaaaaaaaaaaaaaa!«

Doc Gomez schüttelte den Kopf und reichte Chris einen angerauchten Joint. »Ich sollte das Gehirn dieses Arschlochs konservieren und im Herbst mit zur Medizinischen Akademie nehmen. Interessanter Fall.«

Chris war sich darüber im klaren, daß er keine vernünftige Unterhaltung mehr führen konnte. Das Rauschgift wirkte.

»Sie gehen wieder zurück zur Schule, wenn Sie hier fertig sind, Doc?«

»Ja. Ich will weitermachen und Gynäkologe werden.«

Manny blickte auf, nachdem er eine bunte Perlenkette untersucht hatte. »Was, zum Teufel, ist denn das?«

Francis nahm seine ›Gras-Maske‹ ab und half mit einem gestammelten Monolog aus. »Ein Gynä... ein Gynäko... das ist ein Pussy-Doc, Mann. Doc... Doc wird ein Pflaumenexperte. Nicht wahr, Doc Feelgood? Ein Mösenklempner, Mann.«

Die Versammelten brachen in brüllendes Gelächter aus. Chris lachte mit, doch tief im Innern fragte er sich, was so lustig an einem Gynäkologen war. Jemand schaltete das Tonbandgerät ein, und Chris wiegte sich zum Rhythmus von Jefferson Airplanes ›White Rabbit‹: »Go Ask Alice...«

Er fühlte sich besser als je zuvor, seit er in Vietnam war.

Die Wirkung des Rauschgifts vertrieb die Schmerzen seiner Nackenmuskeln, wo der Doktor die Schrapnellstücke herausoperiert hatte. Er zog die Plastiktüte mit den Bruchstücken aus der Tasche, zeigte das Souvenir Lerner, der auf seiner Gitarre klimperte, und dann schüttelte er die Tüte mit den Schrapnellstücken wie eine Rumbakugel im Rhythmus der Musik.

Chris kicherte und blies Rauch in die süßlich riechende Luft. Dies ist es, Mann, dachte er. Ich bin hier im Dschungel von Vietnam zu Hause. Dies sind meine *Brüder*, Mann! Was hatte King Pin gesagt? »Taylor wurde erschossen. Das hier ist Chris, der wieder auferstanden ist.« Oh, Mann! Das ist stark! Er hat recht. Ich war tot, und jetzt bin ich was Neues, Mann. Ich bin ein Soldat unter diesen Soldaten.«

Das Tonband wechselte zu den Beatles. *Magical Mystery Tour*. Etwas über ein Walroß, Mann. Das erinnerte ihn an Sergeant Barnes. Er versuchte, sich auf den Text zu konzentrieren. »Ich bin du und du bist ich und wir sind sie und wir sind alle zusammen...« So oder ähnlich. Ja, das ist es. Wir sind alle zusammen, und wir werden es schaffen, Mann. Dieser Rhah wirkt wie ein guter Guru, dachte Chris. Irre bescheuert, der Mann! Alter, blöder Bruder. Chris mühte sich auf die Füße, wankte durch die singende Menge und näherte sich dem Thron des Königs der Unterwelt.

»Hey, Rhah... dies ist stark, Mann! All die Brüder hier... und zusammen... wie... wie...«

Rhah sog schlürfend an seiner Pfeife und musterte Chris unter schweren Lidern hervor.

»... ich meine... das sind Soldaten hier... und wir sind wie Brüder... und die guten Soldaten sollten hier bei den Brüdern sein... ich meine, wo ist Barnes... und...«

Rhah neigte sich vor und zischte Chris ins Gesicht: »Barnes ist für keinen ein Bruder, Mann.«

Chris konzentrierte sich auf die Botschaft, die er übermitteln wollte. Es war schwer, sie in Worte zu fassen. »Hey, ich meine, er ist ein Lebenslänglicher und all diesen

Scheiß... aber er ist einer von uns, verstehst du? Ich meine, er ist ein guter Soldat, klar? Er mag ein bißchen bescheuert und so sein, aber er führt uns und sorgt für uns. Richtig Rhah? Ich meine, das solltest du einfach respektieren...«

Schwankend unter der Wirkung des Rauschgifts und vor Euphorie ging Chris über den schmutzigen Boden des Bunkers und setzte sich neben Lerner. Es faszinierte Chris, wie die Hände des Mannes über die Gitarre tanzten. Es war wunderschön. Der Junge schien acht... nein neun Finger an der linken Hand zu haben, die über die Griffleiste zuckten.

Das metallische Klicken einer Waffe, die gespannt wurde, riß Chris aus seiner Trance. Er fuhr herum und sah in das hämisch grinsende Gesicht von Elias. Er war offenbar irgendwo in einer Ecke gewesen und mußte etwas mit der Schrotflinte getan haben, die jetzt auf Chris' Gesicht gerichtet war. Warum sollte Elias ihn erschießen? Chris hatte plötzlich das Gefühl, den Verstand verloren zu haben. Der Anblick des Äffchens, das auf Elias' Schulter hockte und zeterte, trug nicht dazu bei, die Szene leichter zu verarbeiten.

»Ich... ich habe nichts getan, Sarge...«

Das Grinsen wurde breiter, und der Affe kreischte. »Nimm die Mündung in den Mund, Taylor.« Elias schob den Lauf der Schrotflinte auf Chris zu.

Chris nahm an, daß es eine Sache des Vertrauens war. Eine Art Text. Entweder war man für sie oder gegen sie. Vorsichtig schloß er die Lippen um die kalte Mündung der Waffe und blinzelte, als aus dem Kreis der Versammelten Hochrufe ertönten.

Elias sog an seinem Joint und blies den Rauch durch den Patronenauswerfer der 12kalibrigen Waffe. Der Rauch drang durch die Kammer, den Lauf und durch Chris Taylors Mund in die Lunge. Chris spürte ein warmes Gefühl von den Achseln bis zum Schädel. Er schloß die Augen und hörte kaum Kings Worte.

»Ist es zu fassen? An einem einzigen Abend verwandelt

sich mein Chris von einem Amateurkiffer zu einem Schrotschießerkiffer. Ich glaube, der Mann macht sich.«

Elias hockte sich neben Chris hin und hob sein Kinn an. »Das erste Mal für dich?«

»Ja. Das erste Mal für vieles in diesen Tagen.«

»Nun, da hat sich zweifellos vieles für dich verändert.«

»Ein gutes Gefühl. Kein Schmerz im Nacken. Wirklich gut, Mann.«

»Was will man mehr.«

Elias blies dem kreischenden Affen Rauch ins Gesicht und lachte, als das Tier zu flüchten versuchte, was die Kordel verhinderte, mit der es angebunden war. Er wurde abgelenkt, als Lerner Akkorde zu einer Improvisation von ›Tracks of My Tears‹ spielte, die Manny, Francis und Big Harold sangen.

»Hey, Lerner. Wie kommt es, daß sich deine Alte scheiden lassen will? Konnte sie nicht warten?«

Lerner hielt im Gitarrenspiel inne, was die Sänger nicht entmutigte. »Nein, Mann. Meine Freunde in der Heimat teilten mir mit, daß sie es schon mit einem anderen getrieben hat, als ich kaum drei Tage weg war.«

»Wie war noch mal der Name deiner Alten?«

Lerner starrte auf irgend etwas in der Ferne. Die anderen spürten, daß der Dialog einen ernsten Zug angenommen hatte, und hörten mit dem Singen auf. Jeder wartete gespannt, um zu hören, was Lerner zu sagen hatte.

»Ihr Name… ihr Name… ist Daisy Mae.« Er paffte heftig an einem Joint. »Zur Hölle mit Daisy Mae und jedem Weib, das wie sie aussieht!«

Elias lehnte sich zurück und schloß die Augen. »Ich hatte mal eine, als ich im Urlaub auf Hawaii war, Mann. Das war ein Superweib!« Die anderen wurden neugierig bei Elias' zusammenhangloser Schwärmerei. Es war seine Geschichte, doch in seiner Verfassung mußten sie ihm jede Information einzeln entlocken.

»Wo hast du das Superweib kennengelernt, Mann? Warst du in einem erstklassigen Puff?«

»In welchem Puff, Mann? Ich entdeckte sie am Strand.«

Sergeant Barnes (Tom Berenger) gilt als kalt und berechnend, als einer, der Spaß am Töten hat.

Der Platoon, eine Infanterieabteilung von etwa 30 Mann, wartet auf den nächsten Einsatz.

Die Rivalität zwischen Sergeant Elias (Willem Dafoe, rechts) und Sergeant Barnes (Tom Berenger) spitzt sich zu.

»Soso. Und du bist einfach hingegangen und hast ihr deinen Riemen gezeigt, stimmt's?«

»Quatsch, Mann. Ich habe sie richtig gut angemacht. Zu diesem Zeitpunkt sah meine Badehose aus wie ein aufgerichtetes Zelt, das kann ich euch sagen. Mit meinem Hammer hätte ich glatt Nägel einschlagen können...«

»Das Gefühl kenne ich.«

»... und so sage ich mir, Elias, sage ich mir, wenn du diese Chance nicht nutzt, dann wirst du es für den Rest deines Lebens bereuen. So ging ich also über den Strand zu ihr...«

Jetzt hörten alle gebannt zu. Die erwartungsvolle Stille wurde nur durch die saugenden Geräusche durchbrochen, wenn an Joints gesogen wurde.

»Und was passierte dann, Elias?«

»Nun, sie nahm ihre Kinder auf den Arm...«

»Oh, dann war's das also schon!«

»Nein, das war's nicht...«

»Erzähl doch keinen Blödsinn, Elias. Kein Soldat auf Heimaturlaub macht 'ne verheiratete Frau auf Hawaii an, Mann.«

»Aber ich, Mann. Wir machten es wie läufige Hunde.«

Fast unisono stöhnten die anderen auf, als sie sich das ausmalten. Jetzt wollten sie Einzelheiten wissen.

»Ja, aber was hat sie bei dir *getan,* Mann?«

Elias ließ seine Hand auf den Schoß fallen, und sein schläfriges Grinsen wurde breiter.

»Frag lieber, was sie *nicht* getan hat, Mann.«

»Nun sag's doch schon, Elias!« drängte Crawford.

Elias berichtete. Es wurde eine lange Aufzählung. Alle lauschten gebannt. Selbst Rhah verlor sich in Träumereien und malte sich aus, was Elias sehr anschaulich erzählte.

»Wißt ihr, diese Superpuppe war ein Halbblut. Halb Chinesin, halb Polin.«

»Und sie lebte auf Hawaii, Mann?«

»Sie hatte langes, blondes Haar und mandelförmige Augen.«

»Hey, Mann, sagtest du nicht, sie hatte schwarzes Haar?«

»Sie hatte blondes Haar, Mann. Und lange, gebräunte Beine. Sie trug Ledersandalen. Mit Riemen um die Knöchel und bis zu den Knien hinauf. Sie hatte die Beine mit süßlich duftendem Öl eingerieben. Es war Spitze, als sie mir diese duftenden Beine ums Gesicht schlang.«

Ein langgezogenes Stöhnen ging durch die Reihen der Versammelten, und dann herrschte ein paar Minuten lang Stille.

Elias inhalierte den Rauch seines Marihuana-Joints und stieß ihn mit sinnlichem Genuß aus. Dann setzte er seine Erzählung fort. »Sie hieß...« Er runzelte die Stirn und konzentrierte sich, um die erregenden Erinnerungen mit einem besonderen Namen in Zusammenhang zu bringen. Er versuchte, geistig gegen den Blackout durch das Marihuana anzukämpfen. Die anderen konnten es kaum erwarten, ihrer Fantasie einen Namen zu geben.

»War es Susan, Mann?«

Elias runzelte die Stirn noch tiefer und schüttelte den Kopf. Nein, Susan war es nicht.

»Tamara?«

Er schüttelte erneut den Kopf. Sie hatten es noch nicht getroffen.

»Elizabeth?«

»Patty?«

»Inga?«

»Jennifer?«

»Connie?«

Elias richtete sich auf und schnippte laut mit den Fingern.

»Dawn! Ihr Name war Dawn, Mann!«

Chris flüsterte es leise und inbrünstig vor sich hin. In der Unterwelt war es lange still.

Irgendwo im Rauch und der Atmosphäre, die von Verlangen und Verzweiflung geschaffen worden war, irgendwo in den Dunstschleiern der Unterwelt waren die Frauen, welche die Süchtigen nicht haben konnten. Die

Frauen sahen genauso aus, wie es sich die Männer vorstellten. Sie trugen, was immer die Männer bevorzugten, und waren bereit, alles zu tun, was sich die Männer wünschten.

Vielleicht hielt Lärm sie fern. Vielleicht würden die Visionen Gestalt annehmen, wenn die Männer sich eine Weile stumm danach sehnten...

6

Der Weihnachtsmann und Staff Sergeant Barnes, der Mann, der Chris mit erschreckender Regelmäßigkeit an die Spitze des Trupps schickte, hatten den Obergefreiten Chris Taylor mit einer Spur mehr Selbstvertrauen und Felderfahrung für den Marsch ins neue Jahr 1968 versorgt. Mit dem neuen Jahr kamen neue Befehle für die Bravo-Kompanie, die dritte der 22. Infanterie. Sie erhielt den Befehl, ein gespenstisches Gebiet mit dschungelbedeckten Hügeln zu durchkämmen, das von einem wildzerklüfteten Berggipfel beherrscht wurde, der als Black Virgin bekannt war.

Irgendwo in diesen Hügeln sollte sich nach den Berichten der Geheimdienstoffiziere das gesamte 141. Regiment der Nordvietnamesischen Armee auf eine große Offensive vorbereiten. Der Geheimdienst wollte die näheren Einzelheiten wissen und glaubte, daß vielleicht die Bravo-Kompanie helfen konnte.

Vielleicht konnte sie das, doch Chris Taylor wußte nicht, wie das möglich sein sollte. Als er aus dem hüfthohen Wasser des Dschungelflusses stieg, sah er nur einen zerklüfteten, felsigen Hügelhang, der von dichtem Dschungel bedeckt und von plätschernden Bächen durchzogen war, die den Fluß von den Höhen aus speisten. Als Mann an der Spitze mußte Chris die Route auf diesen Hügel hinauf und in den Dschungel wählen. Er gab das Signal zum Weitergehen und stellte mit einem Blick zurück fest, daß Sergeant Barnes und sein Funker dicht hinter ihm waren. Vermutlich will Barnes überprüfen, daß ich keinen Mist baue, dachte Chris, während er sich vorsichtig einen Weg durch die schlüpfrigen Felsen hinauf bahnte.

Als er sich einem gefällten vermoderten Baumstamm

näherte, der auf dem Weg lag, hörte Chris, daß Barnes einen Zischlaut ausstieß. Chris Taylor verharrte und ließ sich mit dem Gewehr im Anschlag auf ein Knie fallen, wie er es gelernt hatte. Barnes näherte sich langsam und richtete sein Gewehr auf eine Stelle rechts des Baumstamms. Er neigte sich zu Taylors Helm und flüsterte.

»Bunker.«

Chris starrte hin und glaubte Palmenstämme in einer ungleichmäßigen Formation zu sehen. Wenn das ein Bunker war, dann mußte er unbesetzt sein. Sie kauerten weniger als zwanzig Meter vom Eingang entfernt.

Barnes wies auf eine Stelle links vom Bunker, von wo aus Chris über den gefällten Baumstamm blicken konnte, und gab ihm einen Wink, dorthin zu gehen. Gefolgt von Hoyt, dem Funker, schlich der Sergeant des Zugs geduckt vorwärts und schlüpfte in den Bunker hinein. Er war unbesetzt, wie es viele andere waren, wie Chris inzwischen festgestellt hatte. Auf der Lichtung auf einer flachen Fläche des Hügelhangs waren vier oder fünf Bunker und ein Anbau mit Strohdach, der irgendwelche primitiven Maschinen enthielt.

Barnes befahl Chris im Flüsterton, den Rest des Zuges zu holen, und ließ sich von Hoyt Deckung geben, während er durch einen Schützengraben kroch, der wie eine große Arterie durch das Herz des Bunker-Komplexes verlief.

Es hatte den Anschein, als wären sie auf eine Geisterstadt gestoßen, doch die Geister waren nicht fern oder seit langem verschwunden. Frisch gewaschene NVA-Uniformen bewegten sich auf einer Wäscheleine aus einer Liane in der leichten Brise. Prall gefüllte NVA-Rucksäcke waren in einer ordentlichen Gruppenformation abgelegt, und der Rauch von einem Kochfeuer kräuselte zum Blätterdach des Dschungels empor.

Während Lieutenant Wolfe am Rand der Lichtung verharrte, um dem Kompaniechef ihre Entdeckung zu melden, schwärmte der zweite Zug aus, um sich aus erster Hand zu überzeugen, wie der Feind lebte.

Bunny untersuchte vorsichtig das schwere Bambusviereck und wich den geschärften Bambusspitzen aus, die aus dem Boden ragten. Wie jeder, der den Bunkerkomplex erkundete, hatte er das Gefühl, im Flüsterton sprechen zu müssen.

»Was, zur Hölle, ist dieses Ding?«

Sergeant Warren bewegte es mit geübter Hand und enthüllte den Eingang eines weiteren Bunkers. »Sie nennen es ein ›Malay Gate‹. Ich habe viele davon unten in der Gegend von Dong Tam gesehen, als ich bei der Vierten Division war. Sie hängen das Ding über einen Pfad und verbinden es mit einem Stolperdraht. Wenn du gegen den Draht läufst, fällt das Ding runter, und du wirst von den Bambusspitzen aufgespießt.«

Bunny zwängte seinen schlanken Körper durch den Bunkereingang, nachdem er nach Stolperdrähten getastet hatte. Der Bunker war offensichtlich ein Waffenlager. Bunny sah Stapel von AK-47-Munition, verschiedene RPD-Maschinengewehre, Stapel von ChiCom-Granaten und ein paar mit Stroh umhüllte Claymore-Minen. Er untersuchte den RPG-2-Granatwerfer, als Warren ihn von oben rief.

»Fummel nicht an dem Zeug herum, Bunny. Sie haben oft die Waffen präpariert oder versteckt Minen angebracht.«

Bunny grinste und schüttelte den Kopf. Es war, als wäre er in einem Spielwarengeschäft und dürfe nichts kaufen. Er streichelte über die kegelförmigen Sprengköpfe für den RPG-Granatwerfer und fragte sich, wieviel er davon mitnehmen konnte.

»Komm schon, Warren, Sie haben prima Stoff hier, Mann. Alle Arten Waffen und Munition.«

»Komm, Bunny. Barnes will, daß wir diesen anderen Bunker dort drüben erkunden.«

»Erkunde du ihn, Mann. Hier unten ist ein Tunneleingang.«

Rhah benutzte zwei Bajonette als Steigeisen, kletterte einen riesigen Teakbaum hoch und zog sich auf eine Bambusplattform, die sich in der Gabelung befand. Er reichte sein Gewehr zu King hinab, und der MG-Schütze kletterte hoch, bis er drei Meter über dem Boden des Dschungels stand.

Fünf große Töpfe standen auf der Plattform. Rhah hob vorsichtig den Deckel von einem an und entdeckte ungekochten Reis. Er stocherte mit einem seiner Messer in dem Reis herum.

King umklammerte sein Handgelenk. »Was machst du da, Mann? Du weißt doch, daß die vielleicht Zeit hatten, dieses Zeug mit einer Sprengladung zu versehen. Willst du in die Luft fliegen?«

Rhah riß seine Hand los und wühlte weiter in dem Reis. »Du kannst nicht denken, King. Wenn du ein Nam-Soldat wärst und besonders feinen Stoff versteckten wolltest, wo ihn niemand sonst findet, wo würdest du ihn dann hintun?«

King grinste und steckte seine massige Pranke in einen Topf mit Reis, um nach Rauschgift zu suchen.

Barnes band ein langes grünes Seil um Elias' Hüfte und wies Hoyt mit einem Wink an, das Funkgerät zu benutzen. Während Elias sich Barnes' Taschenlampe lieh und seine Pistole überprüfte, ließ der Funker den Kompaniechef wissen, daß jemand nach unten stieg, um zu sehen, was sich unter der Oberfläche des Bunkerkomplexes befand.

Elias grinste zu Barnes' Narbengesicht hoch, als er sich auf einen Tunneleingang zuschob.

»Bekomme ich Sonderurlaub, wenn ich hier unten den Jackpot gewinne?«

Barnes stieß einen Grunzlaut aus und fragte sich, wie ein Mann *gern* in dunkle, tödliche Löcher steigen konnte. Er, Barnes, wollte den Feind töten, wo die Welt zuschauen konnte, aber Elias schien solche Taten zu lieben.

»Sorg nur dafür, daß du nichts anderes dort unten gewinnst, Elias. Denk daran, wie diese Bastarde Minenfallen bei den Tunnels in Ia Drang anbrachten. Sie sind noch nicht lange fort und haben vielleicht einige Soldaten zurückgelassen. So leicht geben sie eine solche Position nicht auf.«

Elias grinste schief und ließ sich in das Loch hinab. »Wenn ich zweimal am Seil rucke, ziehst du mich hoch.«

Etwa drei Meter tief im modrigen Tunnel wurde das Dach höher, und Elias konnte sich aufrichten. Er watete durch das schlammige Wasser, das sich am Boden des Tunnels angesammelt hatte. Im Schein der Taschenlampe sah er einen dunklen Gang, der sich anscheinend weit über den Strahl der Taschenlampe hinaus erstreckte.

Elias drang vorsichtig weiter in den Tunnel ein, wischte Spinnweben fort und trat nach Ratten, die vor seinen Stiefeln davonhuschten. Er hielt das Licht der Lampe weit links von seinem Körper fort. Wenn jemand es als Zielscheibe benutzte, würde die erste Kugel wahrscheinlich weit vorbei gehen, und Elias würde die Möglichkeit haben, das Feuer zu erwidern. Sein Grinsen wurde breiter, als er sich vorstellte, dem Feind auf so engem Raum von Angesicht zu Angesicht gegenüberzustehen. Nur die Härtesten überleben so etwas, dachte er.

Plötzlich spürte er einen Schwall kalter Luft auf dem verschwitzten Gesicht. Er verharrte sofort. Jetzt bemerkte er ein Flackern von gelblichem Licht, das an der Decke des Tunnels zu tanzen schien. Er richtete den Strahl seiner Taschenlampe nach oben und entdeckte ein Loch, das vermutlich ein Eingang zu einer Kammer über ihm war.

Elias knipste die Taschenlampe aus und wartete, bis sich seine Augen an die Dunkelheit gewöhnt hatten. Dann zog er sich vorsichtig mit Kopf und Schultern durch das Loch hinauf in den Lichtschimmer. Er sah einen langen Raum, in dem viele dunkelgrüne NVA-Hängematten hingen. Elias blinzelte in den gelben Laternenschein und zog sich ganz in den Raum hinauf. Sein Blick fiel auf einen flachen Tisch, der mit blutbefleckten Laken bedeckt war. In einem Holzregal dahinter sah er Salzlösung, Glukose und Plasma. Elias dachte an die Hunderte von Blutspuren, die nach zahllosen Kämpfen vom Feld fortgeführt hatten. Sie tragen die Verwundeten fort zu solchen Plätzen, dachte er.

Nicht schlecht, sagte er sich, als er den amerikanischen Fallschirm sah, der an der Decke hing, um zu verhindern, daß Dreck herunterfiel, den Belüftungsschacht, der zur Oberfläche führte, und die Medizinflaschen, die chinesische, russische, deutsche und englische Etiketten hatten. Elias steckte einige Flaschen von der Kollektion ein, knipste die Taschenlampe an und ging durch den Raum auf einen anderen Gang zu, der aus dem NVA-Lazarett führte.

Als Vorsichtsmaßnahme richtete Elias den Strahl seiner Taschenlampe in jede der Hängematten und hielt jedesmal die Waffe schußbereit. Er hatte das Gefühl, auf einem Seil über einen Graben voller hungriger Alligatoren zu gehen.

Elias hielt es für einen der größten Nervenkitzel, den man sich vorstellen kann. Wie kann man danach in die Welt zurückkehren und Tag für Tag eine Stechuhr drükken? fragte er sich.

In der dritten Hängematte, die er überprüfte, fand er einen toten NVA-Soldaten, der mit eitrigen Schrapnelllöchern übersät war. Aus der Größe der Wunden schloß Elias, daß der Mann von einer Claymore oder M-26 getroffen und zum Sterben hierhin gebracht worden war.

Elias leuchtete mit der Taschenlampe in den zweiten Tunnel und sah das Rieseln von schmutzigem Wasser und die kleinen, glänzenden Augen schwimmender Ratten. Es würde schaurig sein, dort durchzukriechen, und wer wußte, was auf der anderen Seite wartete? Keiner wußte es. Es sei denn, er hatte den Mut, es herauszufinden. Elias grinste und schob sich in den Schlamm und das Wasser des Tunnels.

Das Wasser reichte ihm schließlich bis zum Nacken, als er spürte, daß der schlammige Boden unter seinen Füßen anstieg. Er hatte sich bereits entschlossen, umzukehren, wenn er ein weiteres Mal Nase an Nase mit einer Ratte sein oder wenn das Wasser über seinen Kopf reichen würde. Mein Glück hält an, dachte er, und er erinnerte sich an die Zeit als Junge, als sein Großvater, der Navajo, seine Stirn mit einer besonderen Farbe gezeichnet hatte, damit er sicher gefährliche Situationen überstehen würde.

Er spürte ein einmaliges Ziehen am Seil um seine Hüfte. Barnes wollte überprüfen, ob bei ihm alles in Ordnung war. Elias zog ebenfalls einmal am Strick und heftete dann den Blick auf einen Lichtkreis am Ende des Tunnels. Er nahm ein rauschendes Geräusch wahr.

Elias spürte die Anwesenheit eines anderen Menschen, bevor er den NVA-Offizier sah. Er steckte vorsichtig den Kopf durch den Tunneleingang und erkannte sofort, daß er den Jackpot gewonnen hatte. Dies war der Kommandoposten! Er entdeckte die Quelle des rauschenden Geräuschs. Es war ein starker Funkempfänger in der Ecke. Der Soldat, der davorsaß, fuhr zu Elias herum, und das Gesicht des Mannes spiegelte Entsetzen wider. Bevor der Mann die Kopfhörer abnehmen und sich erheben konnte, schoß Elias ihm zwei Kugeln Kaliber 45 in die Brust.

Das Krachen der Waffe in der unterirdischen Kammer war ohrenbetäubend.

Lieutenant Wolfe ging zum Tunneleingang, wo Barnes und Hoyt saßen und das Seil und damit die Verbindung zu Elias hielten. Barnes hatte die Schüsse gehört, wirkte jedoch überhaupt nicht beunruhigt.

»Ich nehme an, daß Elias dort unten eine Ratte gefunden hat... oder einen Nam, Lieutenant.«

Wolfe war an dieser schaurigen Stätte voller Anspannung, und ungewollt sprach er aus, was ihn beunruhigte.

»Verdammt, es ist vermutlich ein Feind. Die Kochfeuer sind noch warm. Diese Position ist erst vor kurzem verlassen worden, und wir haben den Befehl, hierzubleiben und Waffen und Ausrüstung des Feindes zu zählen. Man schickt sogar irgendeinen Korrespondenten mit einer Kamera her. Wir sind hier verdammt angreifbar.«

Barnes zündete sich gelassen eine Zigarette an. »Wie ist es mit den Flanken, Lieutenant? Haben Sie jemand an den Flanken postiert?«

Wolfe verfluchte sich wegen seines taktischen Fehlers. Sie waren auf allen Seiten von dichtem Dschungel umgeben, und er, Wolfe, hatte nicht daran gedacht, Feldposten einzuteilen. Der Feind konnte sich zurückschleichen und sie jeden Augenblick in die Luft jagen!

Sein Blick fiel auf Taylor und Manny, die damit beschäftigt waren, die NVA-Rucksäcke zu durchwühlen, und er wollte seinen Fehler korrigieren. »Manny, gehen Sie etwa dreißig Meter von der rechten Flanke entfernt auf Posten. Taylor, Sie sichern die linke Seite und melden, wenn Sie irgend etwas sehen oder hören.«

Wolfe ging auf die Mitte des Bunkerkomplexes zu und wünschte, daß Elias auftauchte, damit er von hier verschwinden konnte.

Sanderson und Sal saßen Seite an Seite in dem breiten, flachen Bunker und versuchten, die Poster und Schriften zu enträtseln, die an den Wänden hingen. Sanderson erkannte Ho Chi Minhs Gesicht auf einem der Plakate und nahm an, daß sie sich in einer Art Propagandazentrale oder einem politischen Hauptquartier befanden. Sal stimmte zu und wies auf einen antiquierten Vervielfältigungsapparat in einer Ecke.

»Das sieht wie eine Kopiermaschine aus.«

Sanderson blätterte einen Stapel Flugblätter durch, die in Vietnamesisch gedruckt waren, aber Strichzeichnungen von US-Soldaten enthielten.

»Laß uns von hier verschwinden«, drängte Sal. »Dieses Zeug macht mich nervös, Mann.«

»Nur die Ruhe, Sal. Es ist nur Scheißpapier.«

»Ich will weg. Vielleicht haben sie hier Minen angebracht.«

Sanderson hatte eine boshafte Ader, und er genoß es, den sonst so harten Sal so unruhig und besorgt zu sehen. »Kommt nicht in Frage, Mann. Wir müssen dieses Zeug überprüfen. Schau dir all die Papiere dort drüben in der Munitionskiste an. Das sieht nach Landkarten aus.«

Chris lehnte unbehaglich an einem Baumstamm an der linken Flanke des Bunkerkomplexes. Er hatte schlimme Blähungen, und jetzt drängte es ihn, seinen Darm zu erleichtern. Chris nahm an, daß der Drang auf die wilden Schalotten zurückzuführen war, die Elias ihm an diesem Morgen zur Bereicherung zum Frühstück gegeben hatte. Er tastete zum Rand des Tarnüberzugs seines Stahlhelms. Das Toilettenpapier war noch da.

Chris lehnte sein Gewehr in Reichweite gegen den Baum, ließ die Hose hinunter und hockte sich hin. Weshalb war er so nervös? Er mußte sich entspannen. Er heftete den Blick auf den Boden und musterte das Grün des Dschungels.

Auf den ersten Blick sah es wie eine Weinranke aus. Und dann entdeckte Chris die regelmäßigen Streifen von Limonengrün, Schwarz und Orange. Jesus! Gruben- oder Puffotter! Er konnte sich nicht mehr genau an die Bilder erinnern, die ihm in der Ausbildung gezeigt worden waren, doch die Geschichten hatte er nicht vergessen. »Man nennt sie auch Zwei-Schritte-Schlangen«, hatte der Ausbilder gesagt und gelacht. »Denn wenn sie einen gebissen haben, macht man nur noch zwei Schritte, bevor man tot aufs Gesicht fällt!«

Chris starrte entsetzt und vor Schreck wie betäubt auf die Schlange, die sich stetig auf eine Stelle zwischen seinen Beinen zuschlängelte. Er fühlte sich wie gelähmt. Wenn das verdammte Biest weiterkriecht, wird es genau an deinem Riemen entlangstreifen! dachte er entsetzt. Was ist, wenn die Schlange denkt, der Pimmel sei eine Maus oder irgend etwas anderes Freßbares, und dich beißt? Wie, zur Hölle, kann man einen Schlangenbiß am Schwanz behandeln?

Doch die Schlange schien nicht an Chris oder seinem Glied interessiert zu sein. Was immer sie dazu bewogen hatte, ihr Nest zu verlassen und einen amerikanischen

Soldaten bei einem dringenden Geschäft zu stören, blieb ein Geheimnis des Dschungels. Die Schlange züngelte mit der gespaltenen Zunge und schlängelte sich links an Chris vorbei und von ihm fort.

Er atmete tief durch, und seine Beine zitterten. Er fühlte sich erleichtert wie noch nie.

An der anderen Flanke starrte Manny auf die grüne Wand des Dschungels und sagte sich, daß er Feinde hören konnte, bevor sie ihn sahen. Er kramte in seiner Tasche nach einer Plastiktüte mit drei Joints, die echte ›Thai Sticks‹ waren, wie ihm ein zehnjähriger Dealer in Cu Chi erzählt hatte. Er zündete einen Joint an, sog tief den Rauch ein und lächelte, als die Farben des Dschungels kräftiger wurden und der Busch Strukturen annahm, die er zuvor gar nicht bemerkt hatte.

Manny zog den Kalender zu Rate, den er auf seinen Helmüberzug gekratzt hatte. Noch 104 Tage, Mann. Und dann würde er wieder daheim sein. Feine Kleidung mit leuchtenden Farben, statt dieses verdammten Kampfanzugs. Schuhe mit hohen Hacken und Spitzen, die scharf genug waren, um in einem Kampf gefährlich zu sein. Keine beschissenen Kampfstiefel mehr, Mann.

Die heiße Nacht, die Sambamusik... und die knackigen Puertoricanerinnen, Mann! Ah, Mann, wie schön wäre es, wenn du jetzt den Kopf zwischen den Titten einer Puertorikanerin versenken könntest, dachte er. Jede von ihnen würde es tun, Marlena, Rosita, Lucinda, jede von ihnen, Mann. Manny griff zwischen seine Beine, öffnete den Hosenschlitz und begann sein hartes Glied zu reiben. Es wird nicht lange dauern, Mann, sagte er sich.

Doch es blieb ihm nicht genug Zeit. Während er sich noch die Wärme von Lucindas Schenkeln vorstellte, spürte er schmerzhaft die kalte rasiermesserscharfe Klinge unter seinem linken Ohr.

»Laß das Zeug in Ruhe, Mann! Das ist nur vietnamesischer Scheiß!« Sal versuchte Sanderson davon abzubringen, weiter die Munitionskiste voller Landkarten und Dokumente zu durchstöbern. Sanderson wußte mit den vietnamesischen Schriftstücken überhaupt nichts anzufangen, doch er dehnte die Suche aus, um sich an Sals Unbehagen zu weiden.

»Hey, harter Junge, entspann dich. Dies ist möglicherweise wichtiges Zeug.« Sanderson packte die Munitionskiste an den Griffen und wollte sie anheben. »Wenn wir zurück sind, liefere ich das Zeug beim S-2 ab, und vielleicht erhalte ich eine Medaille.«

Sal hatte schon erlebt, daß nichtsahnende Soldaten im Dschungel wichtige Dokumente des Feindes erbeutet hatten, und es war ihm klar, daß Sanderson vielleicht recht hatte, doch er wollte *sofort* von dieser unheimlichen Stätte fort. Er sagte Sanderson, wo er sich die Medaille hinstecken konnte, stieg über die Munitionskiste hinweg und ging zum Ausgang.

Es war ein tragischer Fehler.

Im Hauptquartier des unterirdischen Bunkerkomplexes spürte Elias die Explosion, bevor er sie hörte. Er stopfte Landkarten und Papiere in seine nassen Taschen und eilte zu einem Tunnel, der zur Oberfläche führte.

Er tauchte aus tropfendem Schlamm und Wasser auf und blinzelte in schwachen Sonnenschein. Elias sah schwarzen Rauch aufsteigen und Trümmer herabfallen. Eine Minenfalle! Aber wer hatte sie ausgelöst?

Die Männer des zweiten Zugs der Bravo-Kompanie sprangen aus der Deckung auf, in die sie sich geworfen hatten, als die Explosion die Lichtung im Dschungel erschüttert hatte. Barnes hetzte zu dem rauchenden Krater, wo zuvor ein Bunker gewesen war. Den menschlichen Arm, der von der Schulter abgerissen war und auf dem Weg lag, nahm der Sergeant nur am Rande wahr. Eine Schicht aus weißer Asche und Kordit senkte sich auf die Vegetation, als Barnes die Mitte der Lichtung erreichte.

Er beobachtete benommen, wie Sanderson sich aus

dem Schutt emporkämpfte. Beide Arme des Mannes waren bei der Explosion abgerissen worden, und Blutfontänen schossen bei jedem Herzschlag des Mannes aus den Stümpfen. Barnes schrie nach dem Sanitäter und lief los, als Sanderson zusammenbrach und mit weit aufgerissenen Augen zum Blätterdach des Dschungels emporstarrte. Doc Gomez traf ein, doch er wagte es nicht, in die Asche und den Schutt des gesprengten Bunkers hinabzusteigen.

Rhah wies mit seinem Gewehr auf einen schwarz verkohlten Körper, an dem beide Beine fehlten. »Das muß Sal gewesen sein. Minenfalle, Sarge. Es muß 'ne große gewesen sein.«

Barnes schien ihn gar nicht zu hören. Er starrte in Sandersons gebrochene Augen, als könne er damit Leben in die Leiche bringen. Doc Gomez wich langsam vor dem keuchenden Sergeant zurück. Etwas schien in Barnes zu kochen. Es war, als würde der Mann jeden Augenblick explodieren.

Chris rannte von der linken Flanke herbei und sah, wie Barnes in den rauchenden Krater sprang, sich neben den Toten kniete und seinen Zorn hinausschrie.

»Gottverdammt! Wann werdet ihr verdammten Kinder jemals lernen? Begreift ihr denn nicht, wie leicht man krepieren kann?«

Elias traf ein, schätzte die Situation ein und erkannte, daß Barnes keine Hilfe war, bis er sich wieder unter Kontrolle haben würde. Er wirbelte zu Lieutenant Wolfe herum, der Unzusammenhängendes in den Hörer des Funkgeräts stammelte, um dem Kompaniechef zu beschreiben, was geschehen war. Elias riß dem Lieutenant den Hörer aus der Hand und starrte in die Augen des Mannes, in denen sich das Grauen spiegelte.

»Fordern Sie Pioniere an. Hier wimmelt es von Minenfallen!« Elias wandte sich ab und musterte die entsetzten, bleichen Gesichter der Soldaten des zweiten Zugs. Er sah, daß O'Neill offenen Mundes starrte und nickte zu der benommenen Gruppe hin.

»Doc, die Leichen bedecken. O'Neill, auseinanderziehen und alles zum Aufbruch vorbereiten!«

Der autoritäre Klang von Elias' Stimme berührte etwas Eingefleischtes in O'Neill. Er klappte den Mund zu, schüttelte den Kopf und versetzte dem nächsten Soldaten einen Tritt. »Verteilen! Hört auf, umherzulaufen, verdammt! Eine Granate hier rein, und es würde euch alle erwischen. Zwei Mann Vorhut.«

Als die Soldaten das Bunkergebiet verließen, wandte sich Elias an Wolfe. Der Lieutenant zog seine Landkarte zu Rate. Er suchte anscheinend nach etwas. Ace, der Funker, meldete Elias, daß die Pioniere unterwegs waren.

Wolfe stieß schließlich mit dem Zeigefinger auf die Landkarte und starrte Elias an. Der Lieutenant hatte Mühe, das Zittern seiner Stimme zu unterdrücken. »Das Hauptquartier sagt, da ist ein Dorf etwa einen halben Kilometer flußabwärts von hier. Im Bataillon meint man, der Feind könnte sich dorthin abgesetzt haben, nachdem er hier fort ist. Wir sollen sofort zu diesem Dorf und es durchsuchen.«

»Okay, Lieutenant. Befehlen Sie Gomez und zwei Männern, zur Sicherheit hier bei den Opfern zu bleiben, bis die Pioniere eintreffen. Ich führe die Leute den Fluß hinunter. Das wird der schnellste Weg zu diesem Dorf sein.«

Chris war auf dem Weg aus dem Bunkerkomplex, um Elias zu folgen, als er plötzlich das Aufglühen einer Zigarette in der Ruine des Bunkers sah, wo Sal und Sanderson gefallen waren. Chris duckte sich, spähte hinab in den Krater und sah genau in das verzerrte Gesicht von Staff Sergeant Barnes. Der Unteroffizier schaute Chris an, nahm ihn anscheinend jedoch gar nicht wahr.

Chris Taylor erschauerte, als er den Haß und Zorn in den Augen des Sergeants sah. Er bemerkte ein Zucken der Gesichtsmuskeln um die Narbe an Barnes Stirn.

Barnes rief sich in Erinnerung, daß über drei Jahre vergangen waren, seit sein Gesicht auf diese Weise gezeichnet worden war. Doch die wahren Narben waren tief in ihm, wo niemand sie sehen konnte. Seit vier Jahren gehen mir diese Bastarde an den Lebensnerv, dachte er. Sie töten meine Soldaten, seit ich den ersten Streifen habe. Und ich lasse es zu. Ich habe es geschehen lassen, weil die verdammte Army sagt, daß ich mich an die Regeln halten muß. Nun, ich glaube, es ist an der Zeit, diese Regeln zu ändern.

Barnes spürte, wie sich sein Gesicht entspannte. Die Schmerzen verschwanden fast für einen Augenblick. Das war immer so, wenn er an Nobuko dachte, die Japanerin, die er geheiratet hatte, als er sich im Lazarett von Camp Zama von der Verwundung erholt hatte. Er war häßlich und narbig gewesen und hatte sich davor gefürchtet, so ihren Eltern gegenüberzutreten. Er hatte es für sonderbar gehalten, daß weder Nobuko noch ihre Eltern von seinem verunstalteten Gesicht abgestoßen gewesen waren. Und dann hatte er Nobukos Tante und Onkel kennengelernt, die im gleichen Haus wohnten. Sie waren im August 1945 in Hiroshima gewesen. Wenn man Tag für Tag mit zwei verunstalteten Menschen zusammenlebt, hatte sich Barnes gesagt, dann findet man einen wie mich fast normal.

Doch er war nicht normal. Barnes wußte das, und Nobuko war es ebenfalls klar. Sie weinte nicht, als er sie verließ und ihr nur einen Teil seines Solds und das Versprechen gab, zu ihr zurückzukehren, »wenn das Kämpfen vorüber ist«.

Und das Kämpfen ist noch lange nicht vorüber, dachte Barnes. Eigentlich kann man sagen, daß ich gerade erst damit anfange. Dieser Zug hier ist von jetzt an eine Kampfmaschine, und ich bin der oberste Mechaniker. Ihr Bastarde habt meiner Maschine schwer zugesetzt, und jetzt werde ich euch an sie verfüttern!

Barnes rieb sich über die Narbe, und erst jetzt bemerkte er, daß Taylor ihn beobachtete. Er senkte den Blick, als wäre es ihm peinlich, in einem privaten Augenblick ertappt zu werden. Chris empfand eine sonderbare Woge des Mitleids mit dem verunstalteten Mann.

»Alles okay, Sarge? Brauchen Sie irgendwelche Hilfe?«

Chris hörte ein Grollen, das tief aus Barnes' Kehle kam. Die kalten Augen blinzelten einmal, zweimal.

»Stehst du dort herum und spielst mit dir selbst, Taylor? Oder nimmst du an meinem Krieg teil?«

Bevor Chris antworten konnte, sah er, daß Barnes erschauerte und starr aus der Asche und den Trümmern stieg.

»Los, Flanken einziehen und weg von hier!«

»Ich war an der linken Flanke, Sarge. Manny war an der rechten.«

»Und wo, zur Hölle, ist er? Elias! O'Neill! Warren! Habt ihr jeden?«

Elias duckte sich zurück in die Lichtung. »Wir können Manny nicht finden. Er hat sich vermutlich irgendwo dort draußen verpißt. Ich nehme Alpha und suche ihn. Wir stoßen im Dorf wieder zu euch.«

Barnes nickte und stürmte zur Spitze der Formation. »Sagt dem Hurensohn, wenn ihr ihn findet, daß er für den Rest seiner Dienstzeit Scheiße verbrennen wird!«

Keiner der Soldaten der ersten Gruppe konnte es wissen, doch die Suche nach Manny im dichten Dschungel rund um den Bunkerkomplex war Zeitverschwendung.

King, der an der Spitze des Haupttrupps ging, fand Manny schließlich.

Der Zug war zu einer lockeren Kolonne auseinandergezogen, kam durch den kalten, klaren Fluß und stieg einen Hügelhang empor, um zu dem Dorf zu gelangen, das Lieutenant Wolfe schließlich auf seiner Landkarte entdeckt hatte. King bahnte sich einen Weg um eine Felsformation auf einen Wasserfall zu und gab dann das Signal zum Anhalten. Das Signal wurde bis zum Ende des Zugs durchgegeben, und der Zugführer wurde nach vorne gebeten. Keiner wußte, was den schockierten Ausdruck in Kings Gesicht verursacht hatte.

Lieutenant Wolfe und Barnes sahen es fast zur gleichen Zeit. Keiner dachte daran, die Männer des Zugs zurückzuhalten, um ihnen den Anblick zu ersparen. Wolfe und Barnes hätten besser daran gedacht. Nach dem, was mit Sanderson und Sal geschehen war, konnten die Männer der Bravo-Kompanie diesen Anblick noch nicht verkraften.

Manny war an einem abgestorbenen Baum beim Wasserfall aufgehängt worden. Die Arme waren ihm mit Kabeldraht der US-Army auf den Rücken gebunden worden. Doch keiner bemerkte diese Einzelheiten. Alle starrten auf Mannys Gesicht. Es schien zwei Münder zu haben. Ein Mund war weit aufgerissen und enthüllte seine Goldkrone. Der andere klaffte unter seinem Kinn, und Blut war daraus auf die schmutzige Uniform gesickert. Mannys Kehle – das Instrument, mit dem er seine Freunde bei musikalischen Zwischenspielen in der Unterwelt unterhalten hatte – war von einem Ohr bis zum anderen durchgeschnitten.

Lieutenant Wolfe war vor Schreck sprachlos. Barnes packte den Offizier am Ellenbogen und zog ihn von dem grausigen Anblick fort. »Reißen Sie sich zusammen, Lieutenant. Wir können nicht den ganzen Tag hier herumstehen und einen toten Mann anstarren. Lassen Sie ihn abschneiden. Wir tragen die Leiche in das Dorf.«

Der Zugführer schien erleichtert zu sein, eine Anleitung zu erhalten. Es war ihm alles über den Kopf gewachsen. Wie sollte er Captain Harris diese Verluste erklären? Er rief die Befehle, und der Zug zog langsam den Hügel hinauf.

Barnes schob King zum Ende des Trupps und führte seinen Funker Hoyt zur Spitze. Hoyt hörte die gemurmelten Worte des Unteroffiziers, der in mörderischem Tempo den Hang hinaufstürmte.

»Dafür werdet ihr Bastarde bezahlen!«

Hoyt wagte nicht zu fragen, wer bezahlen würde und wieviel, doch er hatte den starken Verdacht, die Antworten zu kennen.

7

Auf halbem Weg zum Hügel hinauf stießen Barnes und Hoyt auf einen Karrenweg. Sie suchten sorgfältig und vorsichtig nach Minen oder anderen Fallen und folgten dem Pfad bis zur Hügelkuppe. Laut Wolfes Karte sollte das Dorf in einer Mulde hoch am Berghang liegen. Zu sehen war noch nichts, doch Barnes nahm an, daß es stimmte, denn er roch Kampferholz, das die Einheimischen für Kochfeuer benutzten.

Barnes ging vom Pfad fort, um seine Blase zu erleichtern. Jetzt konnten die Soldaten, die sich abmühten, sein schnelles Tempo mitzuhalten, aufschließen und zu Atem kommen. Plötzlich entdeckte Hoyt den Bauern.

»Da ist das Dorf, Sarge. Dieser alte Knacker muß am Rande des Dorfes dort oben stehen.«

Barnes kehrte zum Weg zurück und knöpfte die Hose zu. Er warf einen Blick zurück zu den keuchenden Soldaten und stellte fest, daß er deutlich das Flußufer sehen konnte. Der Mann am Schluß war einer aus Warrens Gruppe, und sonst war niemand dort unten zu sehen. Sie mußten jetzt alle aufgeschlossen haben. Der Sergeant spähte zum Hügel hinauf, auf den Hoyt wies, und sah die Silhouette eines knorrigen, alten vietnamesischen Bauern. Der Mann stützte sich auf eine Hacke oder Harke und hatte ein Bein um den Stiel des Geräts geschlungen. Er wirkte wie ein alter Flamingo.

Der alte Mann mußte die Amerikaner nahen sehen. Dennoch traf er keinerlei Anstalten, zu flüchten oder jemand im Dorf zu warnen. Hoyt hielt das für ein gutes Anzeichen und sagte das. Barnes bezeichnete ihn als Dummkopf.

»Diese Typen sind so gute Schauspieler, daß sie glatt nach Hollywood gehen könnten. Nur weil sie tun, als hätten sie nichts zu verbergen, stimmt das noch lange nicht. Gehen wir.«

Hoyt mühte sich mit dem Gewicht des Funkgeräts ab und gab den Soldaten auf dem Hang das Signal, zu folgen. Als sie dort oben waren, hatte sich der alte Mann immer noch nicht bewegt. Sie befanden sich am Rand des Dorfs. Hoyt konnte die Dächer von Häusern sehen und die Stimmen vietnamesischer Frauen und Kinder hören. Vielleicht war der alte Kerl blind. Barnes starrte dem Bauern in die wäßrigen Augen und wartete darauf, daß er sich rührte.

Schließlich hob der alte Mann die schwielige Hand mit einer selbstgedrehten Zigarette und schob sie zwischen die Lippen, die rubinrot von Betelsaft waren.

»Er will Feuer, Tony«, sagte Barnes. »Gib ihm welches.«

Tony Hoyt rieb ein Zündholz an, doch bevor er es an die Zigarette halten konnte, stieß Barnes ihn zur Seite und riß sein M-16-Gewehr hoch. Der Unteroffizier hatte die Waffe an der Schulter, ehe Tony Hoyt sehen konnte, worauf Barnes hügelabwärts zielte. Er nahm eine schnelle Bewegung beim Flußufer etwa dreihundert Meter unterhalb wahr und bemerkte dann einen Vietnamesen in bäuerlicher Kleidung. Der Vietnamese hetzte auf einen zweiten Pfad zu, der aus einer anderen Richtung den Hügelhang hinaufführte.

Barnes feuerte einmal, stellte auf Dauerfeuer um und schoß dem rennenden Mann zwei Kugeln zwischen die Schulterblätter. Tony war beeindruckt von den Schüssen. Dreihundert Meter hügelabwärts auf ein bewegliches Ziel, und er sah Stoff fliegen, als die Kugeln den Rücken des Mannes trafen. Der Mann fiel wie ein nasser Sandsack. Barnes grunzte zufrieden und gab Hoyt den Befehl, den toten Vietnamesen zu durchsuchen und Bravo II in das Dorf Pham Xa Vi zu führen.

Die Bewohner konnten beim Gackern der Hühner und Grunzen der Schweine nichts hören, aber es tickte eine Zeitbombe.

Während die ersten Gruppen in dem armen Dorf ausschwärmten, das aus Bambushütten bestand, die mit rostigem Wellblech und Büchsen amerikanischer C-Rationen verstärkt waren, ging Bunny eigene Wege und hielt die Schrotflinte schußbereit. Es war beruhigend, die Waffe in den Händen zu spüren.

Das alles stinkt mir, dachte er. Die Leute hier spielen falsch. Bunny zerschmetterte mit dem Kolben der Schrotflinte einen großen Wasserkrug aus Ton und grinste. Tonscherben flogen, und Wasser strömte auf den hartgestampften Lehm der Dorfstraße. Sergeant Warren hatte Bunny befohlen, den RPG-Granatwerfer im Bunkerkomplex zurückzulassen. Was sollte das? Bunny hätte den Granatwerfer lieber bei sich gehabt, um es den Nams zu geben.

Ja, dachte Bunny, die Leute haben seit kurzem zuviel Schiß vor den Nams. Wir sollten es ihnen mal richtig besorgen und es ihnen doppelt heimzahlen. Die verdammten Nams würden sich in die Hosen machen, wenn er das Feuer mit einem ihrer eigenen Granatwerfer auf sie eröffnen würde. Das würde den hinterhältigen Bastarden recht geschehen, nach allem, was sie Sanderson, Sal und Manny angetan hatten.

Wir kämpfen nicht wie sie, dachte Bunny empört. Wenn man einen umlegen will, dann sieht man ihm direkt in die Augen und bläst ihn zur Hölle! In diesem Augenblick entdeckte Bunny das schnüffelnde Schwein, das am Rand des Dorfs an einem Pfahl neben einer Hütte angebunden war. Er schob eine Patrone in die Kammer seiner Schrotflinte und rief einem imaginären Kameraden zu:

»Ein Nam-Schwein! Paß auf!«

Die schwere Kugel Kaliber 12 traf das Schwein genau zwischen die kleinen Augen, und es brach zusammen und blieb zuckend vor Bunnys Füßen liegen. Bunny grinste, stieß die Patronenhülse aus und fing sie auf, bevor sie zu Boden fallen konnte.

»Einem hab' ich's schon heimgezahlt«, murmelte er.

O'Neill schlenderte zum Brunnen in der Mitte von Pham Xa Vi. Er war nicht zufrieden mit den Ergebnissen seiner Erkundung. Er entdeckte Barnes bei einem schlammigen Schweinepferch und ging hinüber, um Meldung zu machen.

»Das Dorf erstreckt sich weit, Bob. Nirgendwo sind junge Leute zu sehen. Alles nur alte Männer, Frauen und Kinder. Es ist zuviel Arbeit für zwei Gruppen, hier alles durchzukämmen. Warum warten wir nicht, bis Elias mit Alpha II hier ist?«

Barnes schien ihn nicht zu hören. Er stand da und starrte über die grünen Reisfelder, die den Dorfbewohnern Nahrung gaben. O'Neill interessierte sich nicht dafür. Wo auch immer Barnes in Gedanken sein mochte, er mußte in die Gegenwart zurückgeholt werden. Irgend etwas stank in diesem Dorf, und zwar nicht nur nach Schwein und Fischsoße. Aber Barnes hatte das Sagen.

»Warten wir auf Alpha II, Bob?«

»Wir warten auf gar nichts. Du und Warren, ihr laßt eure Leute das Dorf auseinandernehmen. Ich will, daß hier alles auf den Kopf gestellt wird. Die verdammte NVA war hier. Das fühle ich.«

Barnes entdeckte den Übersetzer, der mit einer Gruppe von Kindern sprach. »Lerner! Laß die Kinder. Such den Obermacker von diesem Scheißkaff und bring ihn zu mir.«

Barnes hatte wieder das Kommando übernommen, und seine harte Stimme hallte durch das Dorf und klang unheilvoll nach einem Racheengel.

»Legt los, Jungs! Ich weiß, daß diese Reisfresser die NVA unterstützt haben.. aber damit ist es jetzt vorbei!«

Es lag vielleicht an der drückenden Hitze des Tages, an dem lästigen Jammern vietnamesischer Bauern, die ihre Unschuld beteuerten, an der peinigenden Erinnerung an verstümmelte Kameraden oder an einer Kombination von alldem, daß die Männer vom zweiten Zug jetzt ihre Befehle mit besonderer Rachsucht ausführten.

Der Familienbunker, der den Bewohnern der Hütte zum Schutz gegen Marodeure diente, war unter einen Erdhügel gegraben, und der Zugang war mit runden, geflochtenen Körben verdeckt, die von den Dorfbewohnern zum Worfeln von Reis benutzt wurden. Die Tarnung konnte Barnes nicht täuschen; er hatte sie schon oft gesehen.

»Sie sind dort drin, und wir holen sie raus.« Er gab Big Harold und Hoyt einen Wink, vom Eingang fortzutreten, und dann stieß er die Reiskörbe mit dem Lauf seines M-16-Gewehrs zur Seite. Sofort setzte schrilles Wehklagen auf Vietnamesisch ein. Hoyt glaubte, die Zähne des Sergeants knirschen zu hören, als sich Barnes außerhalb der Schußlinie neben den Bunkereingang kniete und versuchte, in das dunkle Innere hineinzuspähen.

»Das klingt, als wären es nur Frauen und Kinder, Sarge.«

Barnes wandte den Kopf und musterte Big Harold mit kaltem Blick. »Das werden wir erst wissen, wenn wir sie draußen haben, nicht wahr, du Klugscheißer?«

Der schwarze Soldat zuckte die Achseln und stieß wieder mit dem aufgepflanzten Bajonett durch das Dach der Hütte.

Hoyt war nur leicht überrascht, als Barnes etwas auf Vietnamesisch schrie. Teufel, der Sergeant war in diesen Tagen voller Überraschungen.

»*La dei! Lai dai! Di mao lin!* Los, ihr Bastarde! Raus aus dem Bunker!«

Das Stimmengewirr verstummte ein wenig beim Klang der vietnamesischen Worte, und Hoyt glaubte Bewegung im Bunker zu erkennen. Barnes reichte das nicht. Er feuerte zwei Kugeln in die Spitze des Erdhügels, und sofort reckten sich zwei dünne, braune Hände aus dem Bunker und hoben sich wie abwehrend. Eine ausgemergelte Vietnamesin tauchte auf und zerrte zwei schluchzende Kinder hinter sich her.

»Harold, hör auf, bei der verdammten Hütte herumzutändeln und bring die drei zu Lerner in den Schweinepferch. Tony, gib mir eine Taschenlampe.«

Barnes spähte einen Augenblick lang von der Seite in den Bunker, und dann knipste er die Taschenlampe an. »Da sind noch mindestens zwei weitere. Ich kann nicht erkennen, ob es Männer, Frauen oder Kinder sind.«

»Wie sollen wir sie herausbekommen, Sarge?« fragte Hoyt.

»Wir werden sie nicht herausholen, Tony. Du hast gehört, was ich den Arschlöchern befohlen habe. Wenn sie nicht gehorchen, zahlen sie den Preis. Gib mir deine Willy-Pete.«

Hoyt zuckte mit den Schultern und löste die zylinderförmige weiße Phosphorhandgranate vom Traggurt des Funkgeräts. Während Barnes den Sicherungssplint der Handgranate mit Hilfe des Rings entfernte, wich Tony vom Bunkereingang fort, um nicht von glühenden Phosphorlanzen getroffen zu werden, die nach der Detonation aus dem Bunker herausfliegen würden.

Barnes warf die Granate in den Bunker und ging gelassen fort von der gedämpften Explosion und dem Phosphorschwall, der aus dem Zugang schoß. Die Schmerzensschreie, die folgten, schien er nicht zu hören.

Parker wollte gerade Fu Sheng fragen, ob er bei dessen gutaussehender Schwester Chancen haben würde, als sie das Waffenversteck fanden. Beide Männer standen seit über zwanzig Minuten bis zur Hüfte in einem Loch und reichten schwere Reiskanister zu Ace, Lieutenant Wolfe, Sergeant Warren, Bunny und Morehouse hinauf. Jeder der großen Kanister enthielt genug Reis, um die Dorfbewohner für eine Woche zu ernähren. Es war ein zu großer Vorrat, und die Kanister ähnelten sehr denjenigen, die sie im Bunkerkomplex der NVA gefunden hatten.

Fu Sheng nahm einen der Kanister auf die Schulter, hob ihn hoch an die Oberfläche und spürte, wie sein Fuß durch Holz am Boden des Lochs brach. Parker und Fu Sheng entfernten den falschen Boden der unterirdischen Vorratskammer. Unter einer Schicht aus Bambus und grünem, wasserdichtem Plastik fanden sie die ersten

Bündel. Die Männer schrien triumphierend und reichten in Plastik gehüllte Bündel mit AKs, SKS-Karabinern, RPG-Granatwerfern, chinesischen leichten Maschinengewehren und NVA-Munition hinauf.

Dann gelangten sie an den schweren Stoff. In einer zweiten Schicht fanden sie Sprengstoff, Granaten, Mörser und Munition und ein auseinandergenommenes schweres Maschinengewehr mit Fliegerabwehrvisier.

Lieutenant Wolfe war überzeugt davon, daß der Fund dieses Schatzes Captain Harris wieder gnädig stimmen würde, und er befahl Ace, sorgfältig Inventur zu machen. Er griff nach dem Hörer des Funkgeräts, um den Fund zu melden, als Sergeant Barnes in die Mitte des Dorfes stürmte. Die Soldaten wichen von dem Loch zurück, während sich Barnes stumm einen Weg um den großen Stapel feindlicher Waffen und Munition bahnte. Als der Sergeant stehenblieb und sich hinkniete, um eines der Maschinengewehre zu untersuchen, stieß Sergeant Warren mit einem seiner übergroßen Stiefel gegen einen Reiskanister. Der Inhalt ergoß sich auf den Boden.

»Und sie hatten genug Reis dort unten, um ein ganzes Regiment zu ernähren!« Barnes erhob sich ärgerlich. »Warren, die Jungs suchen weiter. Laß sie von der Leine. Ich will wissen, was sonst noch in diesem Kaff versteckt ist. Ich gehe jetzt zum Schweinepferch, um zu sehen, ob Lerner den Obermacker aufgetrieben hat.«

Chris Taylors Arme schmerzten, nachdem er mit dem aufgepflanzten Bajonett in alle möglichen Dinge gestochen und gestochert hatte. Seit das Waffenversteck gefunden worden war und Sergeant O'Neill ihn entdeckt hatte, als er im Schatten eines Baums gesessen und eine Zigarette geraucht hatte, war ihm der Befehl erteilt worden, drei der Hütten auseinanderzureißen, die sie bereits durchsucht hatten. In der glühenden Sonne schmerzte sein Kopf, und das wütende Keifen der Dorfbewohner zerrte an seinen Nerven.

Verstanden diese Idioten denn nicht, daß sie kalt erwischt worden waren? Die verdammten Scheinheiligen hatten die Nordvietnamesische Armee unterstützt, und das bedeutete, daß sie direkt am Töten von Amerikanern beteiligt waren. Genug von diesem Scheiß über ›arme Reisbauern‹, Mann!

Chris folgte Francis in eine wacklige Hütte und war froh, für einen Augenblick aus der mörderischen Sonnenglut herauszukommen. Er hatte das Gefühl, sein Kopf würde bald unter dem Stahlhelm zu kochen anfangen. Es sah nicht aus, als ob die Leute, die hier lebten, der NVA viel anzubieten hatten. Da waren ein Stapel Hängematten in einer Ecke und ein aus Lehm geformter Buddhisten-Altar in der anderen. Auf dem Altar stand ein verblichenes Foto von einem jungen Vietnamesen. Eine kleine Vase vor dem Foto enthielt Räucherstäbchen, die noch schwelten.

In der Hütte hielt sich niemand auf, doch Chris hörte draußen Sergeant O'Neill brüllen, daß alles sorgfältig durchsucht werden müsse. Chris begann, mit dem Gewehr in der Hütte herumzustochern. Francis entdeckte einen ordentlichen Stapel von Körben unter dem flachen Gestell, das der vietnamesischen Familie offenbar als Kochstelle diente, und er wies hin. »Das ist komisch.«

Chris stieß das Bajonett unter den untersten Korb und warf den Stapel zur Seite. Er starrte auf einen Tunneleingang. Im Dunkel nahm er Bewegung wahr. »Du hast recht, Mann. Da ist jemand drin!«

Francis kam an seine Seite, um in den Tunnel zu spähen, doch Chris schob ihn ärgerlich weg. »Ich kann das, Mann. *La dai! La dai!* Komm schon da raus, verdammt!«

Der Zorn und die Frustration, die sich in ihm aufgestaut hatten, seit sie dieses Dorf betreten hatten, brachen aus ihm hervor. Diese Bastarde hatten geholfen, gute Soldaten zu töten, seine Brüder! Chris sah vor seinem geistigen Auge, wie drei seiner Brüder in den letzten paar Stunden ausgesehen hatten, als sie gestorben waren: Sal ein verkohltes, zerfetztes Bündel; Sanderson, ohne Arme und verblutend; Manny mit durchschnittener Kehle. Soldaten sollten nicht so sterben, Mann. Und Arschlöcher, die halfen, daß es geschah, sollten eine Dosis von ihrem eigenen Gift bekommen.

Chris schrie von neuem, daß die Vietnamesen aus dem Bunker kommen sollten. Francis war überrascht, als er den zornigen, haßerfüllten Klang von Chris' Stimme hörte.

»Reg dich ab, Mann. Sie haben Angst.«

»Angst? Sie haben Angst? Und was ist mit mir, Mann? Mir stinkt es! Ich kann diese Scheiße nicht mehr ertragen! Sie wollen uns hier nicht haben! Was glaubst du, für wen sie kämpfen?«

Chris schwang sein Gewehr und schlug das Kochgestell quer durch die Hütte. Es war nichts Würdiges oder Verdienstvolles an der Art derjenigen, die von diesen Leuten hier unterstützt wurden. Waren die Soldaten der Nordvietnamesischen Armee nicht die Bösewichte in dieser Horrorschau? Sollte dieser ganze Krieg nicht etwas mit Selbstbestimmung zu tun haben? Statt an Selbstbestimmung schienen diese Dorfbewohner an nichts anderem interessiert zu sein, als der NVA zu helfen, Amerikaner auf die schrecklichste Weise zu töten.

»Wenn ihr nicht herauskommt, schieße ich euch zusammen!« schrie Chris.

Eine alte, zahnlose Frau kroch aus dem Loch und hielt flehend die Hände gefaltet und erhoben. Ein einbeiniger, junger Mann folgte ihr, erhob sich schwankend und stützte sich auf eine knorrige, selbstgemachte Krücke. Der Versehrte grinste stupide. Francis nahm an, daß er geistesschwach war, was vermutlich auf Inzucht im Dorf zurückzuführen war. Bunny war inzwischen in der Hütte aufgetaucht. Er drängte sich vor, um sich Taylors Fang anzusehen.

Chris bebte vor Zorn, doch es war eine andere Wut als die während der ersten Tage im Dschungel. Bunny bemerkte, wie es in Taylors Gesicht zuckte.

»Was hast du denn da für ein komisches Pärchen aufgetrieben, Taylor?«

Chris Taylors Gewehr stieß vor wie eine schwarze Schlange und traf den einbeinigen Vietnamesen an der Brust. Er fiel mit einem Ächzen, doch er grinste gleich wieder und rappelte sich auf.

»Warum seid ihr nicht sofort rausgekommen, verdammt?« schrie Chris. »Ich wollte euch nichts tun! Warum habt ihr nicht gleich gehorcht?«

Der Krüppel schüttelte den Kopf und grinste breit. Die alte Frau jammerte und ergriff seinen Arm.

»Was ist so lustig?« schrie Chris. »Worüber lachst du, verdammt?«

Chris schien seinen Körper nicht mehr unter Kontrolle zu haben. Er konnte das Zittern nicht unterdrücken, und ohne zu wissen, was er tat, legte er sein Gewehr an. Bunny trat zur Seite und grölte:

»Ja, Taylor! Leg sie um, Mann! Mach sie fertig!«

Chris keuchte in der heißen Luft und versuchte zu zielen. Wie durch einen Schleier sah er das grinsende Gesicht des Vietnamesen über Kimme und Korn. Er kämpfte gegen seinen Zorn an und ließ das Gewehr sinken.

»Tanz, du einbeiniger Hurensohn!« brüllte Chris. »Tanz!«

Chris starrte wie benommen, als seine Kugeln Dreck aus dem Boden an der Stelle fetzten, an dem das andere Bein des Mannes hätte sein sollen. Die alte Frau stöhnte auf und sank ohnmächtig auf den schmutzigen Boden, während ihr Sohn wie ein Verrückter herumhüpfte. Seine Krücke trommelte auf dem harten Erdboden der Hütte, und das Stampfen war noch zu hören, als Chris längst das Feuer eingestellt hatte.

Das Grinsen des Mannes war verschwunden, und seine Miene zeigte jetzt Resignation. Er war nicht zornig, nicht haßerfüllt, nicht einmal furchtsam. Er würde für die Amerikaner tanzen und dann sterben.

Taylor hatte jedoch das Interesse verloren. Sein wilder Zorn ließ nach, als das Magazin leergeschossen war. Er ließ das Gewehr sinken, senkte den Kopf und wandte sich schweigend ab, um fortzugehen. Bunny hielt ihn fest.

»Hey, Mann, was ist denn los? Schau dir doch die Visage an. Siehst du das? So lachen die Nams. Sie lachen dich aus, Taylor. Willst du das hinnehmen, Mann?«

Chris war erschöpft und verwirrt. Jesus Christus, was ist hier geschehen, dachte er. Ich hatte alles im Griff und konnte noch klar denken, bis ich den Abzug durchzog. Jetzt glotzt mich Francis an, als wäre ich ein Idiot. Warum habe ich das getan, Mann? Er hörte die alte Frau mit schluchzender Singsangstimme stöhnen: *»Xin loi, Xin loi.«*

»Ja, es tut dir wirklich leid, nicht wahr, Alte?« Bunny trat auf die Frau zu und stieß ihren Sohn mit der Schrotflinte zu Boden. »Ihr Scheißer heult euch die Seele aus dem Balg, weil ihr um Sal und Sanderson und Manny trauert, was? Sieh dir das an, Taylor. Ihre Familie ist draußen im Busch, um uns wegzublasen, und diese beiden lachen uns aus. Das brauche ich nicht hinzunehmen!«

Bunny spannte seine Waffe und hob sie an die Schulter. In diesem Augenblick trat Sergeant O'Neill aus dem Schatten bei der Tür, wo er gestanden und beobachtet hatte, wie die anderen Soldaten Hütten durchsucht hatten. »Laß das sein, Bunny. Wir haben Besseres zu tun.«

Vielleicht wirkten O'Neills Worte, daß Bunny seine Absicht änderte. Oder vielleicht fand er einen Schuß auch nur zu unpersönlich. Es war ihm nicht anzusehen, als er die Schrotflinte sicherte, herumdrehte und mit dem Kolben zuschlug.

O'Neill zuckte zusammen. »Hör auf, Bunny. Darum geht es nicht, Mann. Für so etwas sind wir nicht hier.«

Bunny starrte auf den blutigen Schädel des Krüppels und grinste dann über die Schulter zu Taylor, der angesichts der grausigen Szene wie versteinert dastand.

»Bunny, laß das sein, Mann!« sagte O'Neill scharf. »Hör jetzt auf, und wir sagen, daß er versuchte, dich anzugreifen oder irgend so was. Stop, Bunny. Das ist ein Befehl, Mann!«

Als Bunny nichts erwiderte, sondern von neuem die Schrotflinte hob, duckte sich O'Neill aus der Hütte und ging schnell fort. Er hatte es versucht, verdammt! Taylor konnte ein Zeuge sein. Er hatte diesem wahnsinnigen Killer den Befehl gegeben, aufzuhören.

Chris wollte O'Neill folgen, doch seine Stiefel schienen hundert Pfund schwer zu sein. Bunny betrachtete sein Werk und sagte sich, daß ein zweiter Hieb nicht nötig war.

»Hey, Taylor, Mann. Sieh dir das an.«

Die alte Frau nahm weinend ihren toten Sohn in die Arme und begann ihn zu wiegen. Bunny heftete seinen kalten Blick auf ihr entsetztes Gesicht.

»Ich wette, die Alte schmeißt hier den ganzen Laden, Mann. Vielleicht hat sie geholfen, Manny die Kehle durchzuschneiden. Und sie würde mir die Eier abschneiden, wenn sie eine Gelegenheit dazu hätte. Wir sollten ihr keine Gelegenheit geben, Taylor. Wir sollten sie erledigen, Mann!«

Und dann schlug er mit dem Kolben der Schrotflinte zu.

»Laß uns dieses ganze verdammte Kaff vernichten! Laß uns alle diese Schweine erledigen, Taylor!«

In fassungslosem Schweigen sah Chris, wie sich Bunny Blut von der Uniform und vom Gesicht zu wischen versuchte. Irgendeine innere Stimme drang durch seine Benommenheit und sagte ihm, daß O'Neill recht hatte. Für so etwas waren sie nicht hier.

Die Männer von Bravo II hatten an die dreißig Dorfbewohner in den schlammigen Schweinepferch getrieben. Drei der älteren Männer und zwei Frauen in mittlerem Alter hatten sich nicht ausweisen können, und Lieutenant Wolfe hatte befohlen, sie von den anderen zu trennen. Tubbs und Ace hatten die Gefangenen mit Stricken um den Hals aneinandergefesselt und sie gezwungen, sich hinzukauern. Sie würden später verhört werden, wenn Barnes und Lerner mit dem alten Mann fertig sein würden, der sich als das Oberhaupt des Dorfes bezeichnet hatte.

Als der alte Mann in Begleitung seiner keifenden Schreckschraube von Frau eingetroffen war und mit Ausweispapieren gewedelt hatte, war Barnes leicht amüsiert gewesen. Nach ein paar Minuten mürrischen Schweigens des Mannes und zornigen Keifens seiner Frau wurde Barnes wütend. Sehr wütend.

Er riß dem Mann die Ausweispapiere aus der Hand und warf sie über seine Schulter. Dann befahl er Big Harold, die Frau zu packen und aus dem Weg zu halten und riß dem Dorfvorsteher das verschlissene, schwarze Hemd von den Schultern. Auf Brust und Rücken des Mannes gab es lange, häßliche Narben.

»Lerner, finde heraus, woher er die Verwundungen hat.«

Der Dolmetscher stellte die Frage, wartete auf die Antwort und wandte sich dann an Barnes. »Er sagt, er hat sie bei einem Bombenangriff davongetragen, Sarge.«

Hoyt lachte und trat näher, um sich die Narben genauer anzusehen.

»Quatsch, Sarge. Wenigstens eine Narbe stammt von einer Kugelwunde. Der Kerl lügt, das ist gewiß!«

Barnes schenkte ihm keine Aufmerksamkeit. »Frag ihn, was diese Waffen in seinem Dorf zu bedeuten haben.«

Lerner fühlte sich immer unbehaglicher. Barnes sah ihn nicht an, wenn er eine Frage stellte, und der alte Mann nahm den Blick nicht von Barnes, wenn er antwortete. Der Dorfvorsteher schien die Wahrheit zu sagen. Er wirkte nicht, als hätte er etwas zu verbergen.

»Er sagt, sie hätten keine Wahl gehabt, Sarge. Die NVA tötete seinen Vorgänger, als er sich weigerte, ihre Waffen zu lagern. Er sagt, er wollte nicht sterben, und so hätte er sie die Waffen vergraben lassen. Er sagt ebenfalls, daß all der Reis der NVA gehört.«

»Blödsinn!« Barnes unterbrach zum erstenmal den Blickkontakt zu dem alten Mann und ließ den Blick langsam über die Soldaten schweifen, die sich um den Schweinepferch drängten. »Wer war der Mann, den wir am Flußufer erledigten?«

Als der alte Mann die Frage hörte, zuckte er die Achseln und sagte etwas. »Er weiß es nicht«, übersetzte Lerner. »Er sagt, die NVA sei seit ein paar Monaten nicht mehr hier gewesen. Vielleicht war es einer ihrer Scouts oder so.«

Mit einem zornigen Grollen neigte sich Barnes vor und starrte dem alten Mann wieder in das Gesicht, das Furcht verriet. »Erzähl keinen Scheiß! Was ist mit all diesem Reis und den Waffen? Für wen ist das Zeug?« Er wartete nicht, bis Lerner übersetzte.

»Der Kerl weiß, was ich sage. Nicht wahr, Opa?« Barnes reagierte nicht auf die Rufe der versammelten Soldaten. Er starrte dem Dorfvorsteher weiterhin durchdringend in die Augen.

»Leg ihn um, Sarge. Dann redet schon einer!«

»Ich wette meinen Arsch, daß er weiß, was du sagst!«

»Der Scheißer lügt, wenn er das Maul aufmacht, Sarge!«

Der alte Mann murmelte etwas und blickte wie Hilfe suchend zu Lerner.

»Er sagt, er weiß nichts. Er schwört es, Sarge. Er sagt, er haßt die NVA, doch sie kämen und gingen, wann sie wollen und...«

Die Übersetzung wurde unvermittelt durch ein Kreischen unterbrochen. Die Frau des alten Mannes hatte sich aus Big Harolds Umklammerung losgerissen. Sie wies zornig auf Barnes und lamentierte.

»Die Alte ist außer sich vor Zorn, Sarge«, sagte Lerner. »Sie will wissen, warum wir Schweine erschießen und Frauen weh tun. Sie wären nur Bauern. Sie müßten ihren Lebensunterhalt verdienen und dergleichen Käse...«

Barnes blinzelte nur. Das Gewehr war an seiner Schulter, bevor Lerner erkannte, was der Sergeant vorhatte. Das M-16-Gewehr krachte, und die Kugel traf die Frau in die Stirn.

Barnes ließ gelassen das Gewehr sinken und heftete den Blick wieder auf den entsetzten und schluchzenden Dorfvorsteher. »Sag ihm, daß noch mehr von ihnen dranglauben müssen, wenn er nicht redet!« Barnes machte eine umfassende Bewegung mit dem Gewehr zu den versammelten Dorfbewohnern.

Lerner hatte Mühe, sich bei dem schrillen Wehklagen des alten Mannes, der den blutigen Kopf seiner toten Frau umfaßte, verständlich zu machen. Der Dolmetscher wandte sich an einige der anderen Dorfbewohner und erhielt negative Antworten.

»Sie alle schwören, nichts zu wissen, Sarge! Ich glaube, sie sagen die Wahrheit. Ich meine, diese Leute können sich nicht weigern, wenn sie...«

Hoyt und Ace unterbrachen ihn. Sie hoben ihre Waffen an und gingen auf die am Boden kauernden Bauern zu.

»Red keinen Scheiß, Lerner! Du laberst dieses verdammte Nam und fängst schon an, die Sache wie sie zu sehen. Ich schlage vor, wir erledigen sie... einen nach dem anderen... bis sie uns sagen, wo die NVA ist!«

»Ja, fangen wir an, Sarge. Laßt uns dieses ganze verdammte Dorf fertigmachen. Es ist an der Zeit, es den Nams heimzuzahlen!«

Doc Gomez wich vom Schweinepferch und dem kleinen Mädchen fort, dessen entzündeten, eiternden Arm er behandelt hatte. Gomez prallte gegen Chris Taylor, der nahe beim Gatter stand.

»Zieh dich zurück, Chris. Ich hab' so was schon erlebt, Mann. Sie haben es nicht mehr unter Kontrolle. Sie werden jeden umlegen, Mann. Ich hab' das schon gesehen.«

Chris beobachtete entsetzt und gebannt zugleich. Das ist Nummer drei, machte er sich klar. Ich habe an drei Morden teilgenommen... glaube ich. Barnes packte ein hübsches, vielleicht sechsjähriges Mädchen und preßte die schreiende, zappelnde Kleine an sich. Der Sergeant des Zugs zog seinen 45er, spannte ihn und hielt ihn dem Mädchen an den Kopf.

»Lerner! Dies ist die Kleine des Alten, stimmt's? Sag ihm, entweder erzählt er mir alles über die NVA oder ich blase dem Mädchen das Gehirn aus dem Schädel!«

Chris Taylor zuckte unter der schmerzhaft stechenden

Hitze zusammen, die seine Kopfhaut unter dem Stahlhelm prickeln ließ. Er erkannte, daß das Morden jetzt ernsthaft beginnen würde. Er konnte nichts tun, um es zu ändern. Und vielleicht sollte er es auch nicht verhindern. Möglicherweise wußte Sergeant Barnes am besten, wie man die Informationen erhielt, die helfen würden, die NVA aufzuspüren. Dann konnten sie den Feind töten, um weiteres Töten zu verhindern. In der betäubenden Hitze an diesem Tag beim Schweinepferch wirkte das irgendwie einleuchtend für Chris.

Nachdem Elias die Pioniere beim Bunkerkomplex der NVA getroffen, sich auf den Weg zum Dorf gemacht und Manny nicht im Dschungel gefunden hatte, erkannte er, daß es dumm war, den zweiten Zug in das Dorf zu schikken. Captain Harris hätte andere seiner Truppenteile dorthin schicken sollen – Männer, die nicht den vergangenen Monat in zorniger Frustration verbracht oder soeben erst zwei ihrer Kameraden durch Minenfallen verloren hatten. Bravo II war in aufgewühlter, zorniger Stimmung, und Elias wußte, wie gefährlich das sein konnte.

Er hatte es schon erlebt – mit der 196. nördlich ihrer derzeitigen Position in einem Dorf nahe der Küste. Seine Einheit war durch Minenfallen übel zugerichtet worden. Vereinzelter Beschuß aus dem Hinterhalt durch Scharfschützen aus einem Dorf in diesem Gebiet hatte den Mordrausch dann ausgelöst. Er hatte die Einheit erfaßt wie eine Seuche, die jeden angesteckt und dazu getrieben hatte, Männer, Frauen, Kinder und Tiere zu massakrieren. Es war kein einziger Vietcong unter den Leichen gefunden worden, und der Kompaniechef hatte alles mit einem Luftangriff vertuscht.

Kurz danach hätte Elias fast Vietnam verlassen. Zum erstenmal war in ihm die Ahnung aufgestiegen, daß die Amerikaner diesen Krieg völlig falsch führten. Doch da war etwas Perverses in seiner Natur, das ihn zum Bleiben bewog und ihm die Überzeugung gab, daß er etwas tun konnte, um solche Fehler zu verhindern und den Krieg – wenigstens die Leute, die er darin führte – wieder in die richtige Bahn zu bringen.

Es war nichts falsch oder unehrenhaft an Soldaten auf beiden Seiten, die für eine Sache kämpften. So war es stets gewesen, und so würde es noch lange nach ihm sein. Aber man brauchte eine Linie, auf der man marschierte, Mann. Es war eine dünne Linie, besonders in einem Krieg wie dem in Vietnam, aber man mußte sich daran halten. Andernfalls konnte man genauso die B-52 mit den Atombomben rufen und das ganze verdammte Schlachtfeld in einen großen Parkplatz verwandeln.

Elias spürte die Spannung, als er seine Gruppe in das verwaiste Dorf führte. Er schritt schneller aus, als er die Soldaten und Zivilisten unten beim Schweinepferch sah. Wo war dieses Arschloch Lieutenant Wolfe? – Und warum tat er nicht irgend etwas, um diese Sache unter Kontrolle zu bringen?

Elias bahnte sich mit den Ellenbogen einen Weg durch die Soldaten am Rand des Pferchs und entdeckte Barnes, der einem schreienden Kind eine Waffe an den Kopf drückte. Sein Blick schweifte zu der Leiche der Vietnamesin, und er erkannte, daß jemand hier Einhalt gebieten mußte – schnell.

»Stop, Barnes!«

Der Sergeant des Zugs wandte den Kopf und starrte ärgerlich den Führer seiner ersten Gruppe an, doch er setzte das Mädchen ab und erlaubte der schreienden Kleinen, zu ihrem Vater zu laufen.

Elias schob sich weiter vor zu Barnes und stellte sich bewußt zwischen den Sergeant und das Kind. »Was, zur Hölle, ist hier los, Mann?«

»Halt dich da raus. Das ist nicht deine Schau!«

»Und du bist kein Richter, keine Jury und kein Erschießungskommando in einer Person, Barnes!«

»Ich warne dich…«

Elias sah am Flackern in den Augen des Mannes, daß mit Barnes nicht vernünftig zu reden war. Der Mann war in einem Stadium, in dem nur Gewalt die einzig passende Antwort war.

Elias schleuderte Barnes das Gewehr entgegen und schlug dem Sergeant die Faust in das überraschte Gesicht. Barnes taumelte unter der Wucht des Hiebs zurück, fing sich und trat Elias in die Hüfte. Die beiden Unteroffiziere gingen zu Boden und schlugen zornig aufeinander ein. Der Zug teilte sich schnell in zwei grölende Parteien, die jeweils ihren Mann anfeuerten. Die Mehrheit wollte Barnes als Sieger sehen, damit sie sich an den Dorfbewohnern rächen konnten.

Ace, Lieutenant Wolfes Funker, brüllte vor Lachen, als sein Offizier versuchte, die Kämpfenden zu trennen, und sich dabei eine blutige Nase holte. Ace lachte so schallend, daß er fast den Funkruf vom Kompaniechef überhörte.

»Bravo Two, hier ist Six…« Es folgte eine neue Positionsbestimmung des Feindes. Bravo I und Bravo III waren zur Zeit auf dem Marsch dorthin. Bravo II sollte die Waffen genau zählen und das Dorf niederbrennen. Eine Einheit war auf dem Weg dorthin, und Bravo II sollte ihr die Dorfbewohner übergeben.

Inzwischen hatten es Männer von beiden Parteien geschafft, Barnes und Elias zu trennen. Beide zornigen Männer standen, gestützt von ihren Sekundanten, da und starrten einander an. Ace meldete Lieutenant Wolfe die neuen Befehle, und der Offizier nutzte die Gelegenheit, um die Situation wieder unter Kontrolle zu bekommen. Er brauchte Zeit, um sich eine Geschichte für Harris auszudenken, die den Captain überzeugte, daß sie berechtigt gewesen waren, die alte Frau zu töten.

Lieutenant Wolfe gab schnell Befehle. »Lerner, Taylor, Harold und Doc. Sie bringen diese Leute durch das Reisfeld fort. Wir übergeben sie wie befohlen. Der Rest steckt die Hütten in Brand. Wir lassen nichts für den Feind zurück.«

Nguyen Thi Thai war vor vier Tagen vierzehn Jahre alt geworden, als die Amerikaner in das Dorf kamen. Da sie sich jetzt als alt genug betrachtete, um persönliche Entscheidungen zu treffen, ging sie von ihrer Mutter fort, um zu sehen, was die schwitzenden, weißgesichtigen Männer hier wollten. Es wäre gut, wenn die Ausländer verschwinden würden, damit die Leute von Pham Xa Vi ihre Arbeit fortsetzen konnten. Ihr Vater sprach stets von seiner einzigen Reise nach Saigon. Thai wollte genug Geld verdienen, um eines Tages selbst dorthin reisen zu können.

Das Lächeln der vier Amerikaner, denen sie am Rand des Dorfs begegnete, war freundlich auf sonderbare Weise. Einer der Soldaten wirkte sehr jung, vielleicht nicht viel älter als sie. Thai grüßte höflich. Dann schrie sie auf, denn einer der Amerikaner packte sie, zwang sie zu Boden und riß ihr das Kleid vom Leib.

Morehouse schlug das Mädchen, das sich heftig wehrte, preßte es mit dem Gewicht seines Oberkörpers auf den Boden und zwang die Beine der jungen Vietnamesin auseinander. Er mußte sich beeilen. Bunny, Hoyt und Junior warteten schon darauf, an die Reihe zu kommen…

Chris stolperte durch einen Graben im Reisfeld. Er schwankte fort von der Hitze brennender Bambushütten und von den Erinnerungen an Bunny in der Hütte und Barnes am Schweinepferch. Chris fühlte sich krank und hilflos. Er klammerte sich an den Gedanken, daß Elias als einziger gegen eine Flut des Wahnsinns angekämpft hatte. Wenigstens Elias hatte gekämpft, bevor der mörderische Zorn den ganzen Zug erfassen konnte.

Dennoch war es ein bißchen zu spät gewesen. Chris wollte aus dem Dorf fort. Der zweite Zug der Bravo-Kompanie verlor hier die Kontrolle über seine Aktionen. Selbst Elias war zu beschäftigt, um Zivilisten zu retten und mit gutem Beispiel voranzugehen.

Immer neue Gedanken beschäftigten Chris. Sollte es ihm nicht gleichgültig sein, wie hier Feinde starben? Sollte es ihn nicht kalt lassen, wenn Bunny eine alte Frau und deren schwachsinnigen Sohn erschlug? Welchen Unterschied machte es angesichts dessen, was dort draußen im Dschungel passiert war?

War er jetzt ein richtiger Soldat... oder nur ein Tier, das auf eine Gelegenheit wartete – jede Gelegenheit, um jemandem die Kehle aufzureißen? Wie weit sollte das gehen – und wie weit sollte er dabei mitmachen?

In einer benommenen, verwirrten Verfassung hörte Chris kaum die Geräusche von der anderen Seite der leichten Erhebung zu seiner Rechten. Es klang nach einem Kampf. Er stieg die kleine Anhöhe hinauf und hoffte, keine weitere Frage ohne klare Antwort zu finden.

Er entdeckte Bunny, Hoyt und Junior, die dicht zusammenkauerten. Sie beobachteten ein weißes, pickliges Gesäß, das auf und ab federte. Chris sah die schlammbedeckten Sohlen von Kampfstiefeln und eine grüne GI-Unterhose, die bis auf die Stiefel hinuntergerutscht war. Er hörte einen erstickten Aufschrei, und dann sah er die schlanken, schmutzigen Beine, die unter dem Mann strampelten.

Er konnte in benommenem Schweigen bei der Vergewaltigung zuschauen, wie er Bunny bei der Ermordung der beiden Dorfbewohner zugesehen hatte. Oder er konnte etwas tun, etwas Verantwortung für das übernehmen, was hier geschah, wie es Elias getan hatte.

»Laß sie in Frieden! Hört ihr mich, ihr Arschlöcher? Ich sagte, ihr sollt sie in Ruhe lassen!« Chris rannte los, richtete sein Gewehr auf die überraschten Männer und schleuderte Morehouse mit einem Tritt von dem schluchzenden vietnamesischen Mädchen herunter.

Morehouse griff nach seiner Hose, um sie hochzuziehen, schaute auf die Mündung des M-16-Gewehrs, die auf seinen blutigen Unterleib zielte, und fragte sich wütend, warum Taylor nicht noch zehn Sekunden gewartet hatte.

»Was, zur Hölle, ist mit dir los, Taylor? Mann, sie ist doch nur 'ne Nam-Mieze.«

Chris zog das Mädchen auf die Füße und schwang das

Gewehr in die Runde, um alle vier Männer in Schach zu halten. Nguyen Thi Thai klammerte sich verzweifelt an ihn, zog ihren Schlüpfer hoch und versuchte ihr zerrissenes Kleid um die bebenden Schultern zu legen.

Chris Taylor sah die Überraschung und Belustigung auf den Gesichtern der Männer vor ihm. Sie wirkten wie Hunde, die sich fragten, warum der Herr so zornig ist. Sie glauben, *ich* hätte den Verstand verloren, erkannte Chris. Es ist ihnen gar nicht klar, daß sie es sind, die wahnsinnig handeln. Wir können nicht einfach in dieses Dorf gehen und Leute töten und kleine Mädchen vergewaltigen. Kein Krieg... *nichts* rechtfertigt das, dachte Chris. Versteht ihr das denn nicht?

Chris wich vor den hämisch grinsenden Soldaten zurück, hielt sie mit dem Gewehr in Schach und schützte das vietnamesische Mädchen. Nein, sagte er sich, sie verstehen nichts. Und es ist ihnen gleichgültig.

Flammen und Rauch stiegen in die schwülheiße Luft über Pham Xa Vi. In der Hitze der brennenden Hütten glühten die Gesichter und entblößten Arme der Soldaten und liefen rot an, doch die Männer setzten ihr Zerstörungswerk fort und machten das Dorf dem Erdboden gleich. King beobachtete erstaunt, wie Parker, der normalerweise passive Sohn eines Predigers aus Nebraska, johlend eine Willy-Pete-Granate in den Brunnen des Dorfs warf. Rodriguez sang irgendein spanisches Lied, während er eine Handgranate in einen Vorratskasten mit Reis warf und anschließend eine brennende Bambusfackel an das Hüttendach hielt.

Sie machen das sorgfältig, sagte sich King. Sie würden seine Hilfe nicht brauchen, und er mußte von der Hitze fort. Er stahl sich auf einem Seitenpfad davon, um nicht von einem der Unteroffiziere erwischt und an die Arbeit geschickt zu werden, und entdeckte Rhah, der im Schatten eines Baums lag und einen Joint rauchte.

King ließ sich neben Rhah nieder und nahm den Joint. Er rauchte, inhalierte tief und spürte, wie sich seine Nakkenmuskeln entspannten. »Guter Stoff, Rhah. Wo hast du den her, Mann?«

Rhah ließ sich den Joint zurückgeben und wies damit auf das brennende Dorf. »Während sich diese Idioten noch überlegten, wen sie killen sollen, schaute ich mich ein bißchen um, Mann. Ich fand den Stoff in einem kleinen Garten. Diese Nams hätten es beim Anbau von Stoff belassen sollen, anstatt Stoff für die NVA zu verstecken, Mann.«

»Das war ein verdammter Scheiß hier, Mann. Ich dachte, Barnes würde tatsächlich dieses kleine Kind umbringen.«

Rhah grinste und hielt die mit LOVE und HATE tätowierten Fäuste vor Kings Augen. »Diese beiden kämpften hier um die Macht, Mann. Liebe und Haß versuchten, Barnes unter ihre Kontrolle zu bekommen. Was glaubst du, wer hätte gewonnen?«

King nahm wieder den Joint und inhalierte tief. »Wer, zur Hölle, weiß das, Mann? Laß uns den Stoff reinziehen. Er vertreibt den Gestank brennender Hütten.«

»Was du nicht sagst, Mann. Man muß schon high sein, wenn man im Krieg kämpft.«

Die Soldaten des zweiten Zugs der Bravo-Kompanie blickten nicht zurück, als sie Pham Xa Vi verließen. Selbst als die gewaltige Sprengladung detonierte, die Huffmeister angebracht hatte, um die Waffen der NVA zu zerstören, schaute keiner zu der pilzförmigen Wolke, die über dem zerstörten Dorf aufstieg. Sie trieben die Dorfbewohner durch die schlammigen Reisfelder zum Treffen mit der Einheit, die von Captain Harris in Marsch gesetzt worden war, und sie fragten sich, ob sich die NVA zum Kampf stellen würde. Es konnte jetzt nicht mehr lange dauern. Beide Seiten hatten Blut geleckt.

8

Captain Harris zuckte zusammen, als Elias ihm die Geschichte des Todes in dem Dorf schilderte. Gottverdammt, gab es nicht genug NVA-Soldaten hier draußen zu töten? Warum mußten die Soldaten Dorfbewohner umbringen, ob schuldig oder nicht?

Elias beendete seinen Bericht über die Ereignisse in Pham Xa Vi und blieb vor dem Kompaniechef stehen, als erwartete er, daß Harris auf der Stelle einen Kriegsgerichtsprozeß veranlassen würde. Das Dröhnen von nahenden Hubschraubern war eine willkommene Ablenkung für den Captain. Harris rief seinen Sergeant.

»Top, da kommen die erwarteten Vögel. Ich gehe runter zum Landeplatz und überprüfe die Versorgungslieferung. Sie gehen zum zweiten Zug und sagen Lieutenant Wolfe und Staff Sergeant Barnes, daß ich sie im Kommandoposten sehen will. Elias, Sie kommen mit mir.«

Auf dem Weg zu einem riesigen Bombenkrater, den die Bravo-Kompanie als Landeplatz benutzte, sprach Harris mit ruhiger Stimme zu dem Gruppenführer. »Sie sind länger hier als ich, Elias, und Sie kennen die Lage. Es ist 1968 ein anderer Krieg als '64 oder '65. Jeder weiß, daß die NVA bis zum Hals mit drinsteckt und daß der Vietcong sich seither längst in den Busch zurückgezogen hat. Wir sind gezwungen, jetzt mehr wie in einem konventionellen Krieg vorzugehen. Leute, die heutzutage dem Feind helfen, treffen eine Entscheidung, auf welcher Seite sie sind. Sie helfen nicht nur irgendeinem Landsmann und Verwandten, der wütend auf Saigon ist…«

»Das ist kein Freibrief zum Töten von Frauen und Kindern, Captain. So etwas machte die ARVN zu solch einer Bande von Maden. Wo soll das enden, wenn wir eingreifen und das gleiche tun wie sie?«

Harris wollte Elias sagen, daß er sich oft diese Frage gestellt hatte, doch das Dröhnen zweier Hueys, die landeten, machte eine weitere Unterhaltung unmöglich. Der Captain beobachtete, wie schwitzende Soldaten Behälter mit Wasser, Rationen und Munition entluden, und er dachte kurz an die Einsatzbesprechung beim Brigadekommandeur, an der er kurz nach Neujahr teilgenommen hatte. Er war anschließend verwirrt gewesen und hatte zum erstenmal in seiner Karriere nicht gewußt, wie er seine Soldaten führen sollte.

In einer pathetischen Rede hatte der Brigadegeneral sie alle gedrängt, 1968 dem Feind beeindruckende Verluste zuzufügen und sich durch nichts von der Erfüllung der Mission abhalten zu lassen. Andererseits, hatte er gesagt, müsse extrem für das Wohlergehen der einheimischen Bevölkerung gesorgt werden, besonders bei ihrem Tet-Fest, das im kommenden Februar gefeiert werden würde. Zum Schluß hatte er gesagt, daß die Heeresführung sehr besorgt über Berichte sei, daß amerikanische Soldaten im Feld Einheimische schlecht behandelten. Nachgewiesene Übergriffe würden streng bestraft werden.

So ist das also, hatte Captain Harris gedacht, als er zu seiner Einheit zurückgekehrt war. Wir müssen sie mit einer Hand fertigmachen und ihnen mit der anderen Zukker in den Arsch streuen. Und wenn uns das verwirrt, sind wir selbst dran.

Als er mit Elias zurück zum Kommandoposten ging, entdeckte Captain Harris Lieutenant Wolfe und Sergeant Barnes, die am Rand des Landeplatzes auf ihn warteten. Angriff ist die beste Verteidigung, dachte Captain Harris, als er sah, daß Wolfe nervös auf und ab ging, wie jemand mit voller Blase, der keinen Platz zum Pinkeln findet. Barnes wirkte ruhig und gelassen wie immer, doch der Haß in seinen Augen war nicht zu übersehen, als er Elias sah. Harris warf einen Blick über die Schulter zu Elias und bemerkte ähnliche Gefühle in den Augen des Gruppenführers, der immer noch eine geschwollene Lippe und einen blauen Fleck unter einem Auge hatte, was offenbar auf einen Kampf zurückzuführen war. Gott sei Dank hatte jemand den Wahnsinn gestoppt, und es hatte nicht noch mehr Tote bei diesem verdammten Einsatz gegeben.

Harris seufzte und blieb bei Lieutenant Wolfe stehen. Warum mußten sie ihm jetzt diese Meldungen bringen, nachdem er gerade erst neue Befehle erhalten hatte?

»Okay, Lieutenant Wolfe, wie ist Ihre Version von diesem Zwischenfall in dem Dorf?«

»Ich sah nichts Illegales, Sir.«

Elias blickte den Offizier angewidert an. »Und ob ich das gesehen habe!«

Wolfes buschige Augenbrauen zuckten wie zwei ärgerliche Raupen. »Diese Vietnamesin wurde mir von Staff Sergeant Barnes als überzeugte NVA-Anhängerin gemeldet, Sir! Ich habe es nicht mit eigenen Augen gesehen, aber man sagte mir, daß sie ihn angriff, während er einen Gefangenen verhörte, Sir.«

Elias starrte in Wolfes Augen. »In meinem Bericht, Sir, wird stehen, daß Lieutenant Wolfe Augenzeuge bei der Ermordung der Frau war.«

Harris sehnte sich nach einer Tasse Kaffee, einer Zigarre und einem Ende dieser leidigen Angelegenheit. Er wandte sich an Barnes und bemerkte den gelassenen Ausdruck auf dem verunstalteten Gesicht des Mannes. War es die Maske eines Mörders oder die Miene eines Berufsunteroffiziers, der genau wußte, wo er stand?

»Staff Sergeant Barnes, ich wünsche von Ihnen einen ausführlichen schriftlichen Bericht über diesen Zwischenfall, sobald wir aus dem Feld heraus sind.«

Barnes grinste leicht. Er hatte noch einen Aufschub bekommen. »Den erhalten Sie, *Dai Uy.* Und dieser Bericht wird viele Augenzeugen benennen, die bezeugen können, was wirklich...«

Harris hatte jetzt genug. Hier war immer noch ein Krieg zu führen. Gereizt unterbrach er den Sergeant des Zugs.

»Jetzt nicht, Sergeant Barnes. Später... in Ihrem Bericht. Wir werden uns eingehend damit beschäftigen, wenn wir wieder im Basiscamp sind. Ich verspreche Ihnen allen dreien eines: Wenn wir herausfinden, daß es in diesem Dorf illegales Töten gab, dann *wird* es einen Kriegsgerichtsprozeß geben.«

Er blickte von einem zum anderen und fügte hinzu: »Unterdessen brauche ich jeden Mann im Feld. Ihr Leute werdet zusammenhalten. Haben Sie gehört? Dies ist nicht der Zeitpunkt, um sich gegenseitig zu bekämpfen! Barnes... Elias... haben Sie gehört?«

Beide Männer schauten dem Kompaniechef in die Augen und nickten schweigend. Es würde allenfalls ein unsicherer Waffenstillstand sein, erkannte Harris, aber wenigstens konnten sie mit der Mission weitermachen. Er hielt beide Männer für professionell genug, um das zu tun.

»Morgen kehren wir zurück zu diesem Bunkerkomplex. Diesmal nähern wir uns von der Dschungelseite her. Der Feind könnte zurückkommen, um sich zu holen, was wir zurückgelassen haben. Der erste Zug wird die Führung übernehmen, und Sie werden an einer Flanke sein. Ruhen Sie sich ein wenig aus und kommen Sie um 18 Uhr zu einer Einsatzbesprechung in den Kommandoposten.«

Als die Männer des zweiten Zugs fort waren, zog Captain Harris die Botschaft hervor, die er vom Bataillonskommandeur erhalten hatte, und las noch einmal, wie der Geheimdienst die Lage einschätzte. Das 141. NVA-Regiment, einschließlich einer schweren Artillerie-Kompanie, hatte in voller Stärke die Grenze von Kambodscha überquert. Es stieß auf den Saigon-Korridor zu und sollte gestoppt werden. Es blieben nur noch sieben Tage bis zum Tet-Fest und der Waffenruhe.

Vielleicht ist in einer Woche alles klar, dachte Captain Harris, als er Wasser kochte, um sich Kaffee von der C-Ration aufzubrühen. Vielleicht ist es dann gleichgültig, wer wem was angetan hat...

Wolfe versuchte, Zuversicht aus Barnes' Gelassenheit zu gewinnen, als sie zum Zug zurückgingen. Wenn sich ein alter Soldat wie Barnes keine Sorgen wegen eines Kriegsgerichtsprozesses machte, warum sollte er, Wolfe, dann schwitzen?

»Elias kann nichts beweisen, Sergeant Barnes. Er ist ein Unruhestifter, aber er kann nicht beweisen, daß wir irgend etwas Falsches getan haben.«

Barnes seufzte und schüttelte den Kopf. Woher bekommen sie diese Armleuchter? dachte er. Wenn die Brigade oder Division sich näher mit den Ereignissen in dem Dorf beschäftigte, dann konnten sie allesamt vor das Kriegsgericht kommen. Er würde dafür sorgen müssen, daß der Zug sich darüber im klaren war.

»Man kann nicht beweisen, daß etwas falsch war, Lieutenant, weil wir nichts Falsches getan haben. Wenn es falsch ist, einen Feind zu töten, dann spielen wir das falsche Spiel. Elias ist ein Traumtänzer... wie die verdammten Politiker in Washington. Sie wollen diesen Krieg mit einer Hand führen und mit der anderen ihre Eier festhalten. Hier draußen ist keine Zeit für einen Gerichtsprozeß... und kein Bedarf.«

Wolfe klopfte seinem Sergeant auf den Rücken, als Barnes zu seinem Schützengraben ging. Sergeant O'Neill und Bunny warteten dort auf ihn.

»Wie war's, Bob?« fragte O'Neill. »Gibt es eine Ermittlung oder was?«

Barnes nahm eine Zigarette von O'Neill an und stieß nur einen Grunzlaut aus.

Bunny lachte, weil er das für eine negative Antwort hielt. »Scheiße, Mann. Es wird gar nichts passieren. Du machst dir zuviel Sorgen, O'Neill.«

Sergeant O'Neill zündete das falsche Ende der Filterzigarette an und sorgte sich sogar noch mehr.

Am Rand der Kompaniestellung, in der Nähe des geschwärzten Bombenkraters, hatten Junior, Francis und Big Harold eine Fläche gerodet und gruben jetzt ihr Schützenloch. Während Harold eine Mahlzeit von einer C-Ration erhitzte, füllten Francis und Junior Sandsäcke. Es war eine ungewöhnliche Gruppierung. Francis grub normalerweise in einer anderen Gruppe, doch an diesem Abend, an dem die Erinnerungen an Mannys Schicksal und an die Ereignisse in dem Dorf noch stark waren, suchten die Brüder verwandte Seelen.

Francis schaufelte heftig Sand in den Sandsack. »Grabt, Brüder. Ihr müßt begreifen, daß es jetzt ernst wird. Manny war nur der erste. Und diese Scheiße in dem Dorf, Mann! Das war einfach zum Kotzen. Was Bunny und Barnes getan haben... Mann, die Frau hätte meine Mutter sein können.«

Harold belegte einen Kräcker mit einem Stück erwärmtem Hühnerfleisch der C-Ration. »Ich hab' so was noch nicht gesehen, Mann. Die Art, wie sie Manny killten... Mann, nächste Woche könnte es einer von uns sein.«

Junior schnaubte und zündete sich eine Zigarette an. »Mann, Harold, glaubst du, Barnes und Bunny juckt es, was mit dir oder mir passiert? Wenn wir uns gestern mit Barnes angelegt hätten, wären wir von ihm ebenfalls abgeknallt worden. Und dieser Bunny, Mann, das ist ein wahnsinniger Hurensohn. Der Typ jagt mir Angst ein, höllische Angst, Mann.«

Sergeant Warren überprüfte die Schützenlöcher in diesem Teil der Stellung. Er schlenderte während der Unterhaltung heran. Seine Augen wirkten glasig, und die Andeutung eines Lächelns war auf dem dunklen Gesicht.

»Ihr Jungs regt euch zu sehr über diesen Scheiß auf. Die Nams sind viel gerissener als ihr denkt. Barnes weiß, was er tut. Das waren NVA-Leute, jeder einzelne davon. Ihr müßt einfach weitermachen, Brüder. Ihr müßt beten und weitermachen. Barnes und der Herrgott... sie haben sich bis jetzt um euch gekümmert. Sie werden sich auch noch den Rest des Weges um euch kümmern.«

Junior legte seinen Spaten ab und starrte in Warrens glasige Augen. »Hör zu, Mann. Christen gehen nicht durch Dörfer und schießen den Leuten die Köpfe ab. Diese Sauerei geht entschieden zu weit, und ich habe den Eindruck, daß du zu high von dem Scheiß bist, den du dir spritzt, um den Unterschied zwischen Töten im Kampf und Mord zu begreifen.«

Ein Schimmer von Licht erschien in Warrens Augen. »Der Himmel hat mir das Morphium gegeben.«

Francis richtete sich auf und starrte in die Abenddämmerung, die sich über den Dschungel senkte. Bald würden die Geräusche der Nacht lauter werden, und es würde schwierig sein, einen Feind zu hören, der sich durch den Busch anschlich.

»Nichts davon ist richtig, Brüder. Weder der Krieg... noch die Art, wie wir ihn führen«, sagte Francis.

Auf einer leichten Anhöhe oberhalb des Kommandopostens des Zugs beendeten Chris und Rhah die Arbeit an einem Schützengraben für vier Mann. Lerner und King saßen am Rand des Grabens und reinigten Waffen. Rhah hielt inne, um sich Schweiß von der Stirn zu wischen, und dann stellte er sich auf einen Stapel Sandsäcke, als wäre es eine Kanzel. Sein heiseres Grollen ließ Chris in der Arbeit innehalten.

»Ich kenne Barnes jetzt seit sieben oder acht Monaten, und ich sage euch eines: Der Mann ist *gemein*. Seine Seele ist vor Blutrünstigkeit rot wie der Pimmel eines Köters.«

King grinste und setzte weiter sein Maschinengewehr zusammen. »So ist es. Wenn sie es jemals schaffen, ihn zu killen, dann wird er immer noch die Zähne fletschen.«

Chris wurde sich darüber klar, daß er so gut wie nichts über den Sergeant des Zugs wußte. »Woher, zur Hölle, stammt er überhaupt?«

Rhah schnaubte und grinste Taylor an. »Erraten, Mann. Barnes stammt aus der Hölle!«

Lerner korrigierte die Bemerkung. »Er ist aus Tennessee. Irgendwo aus dem Bergland. Der Ort hat vermutlich nicht mal einen Namen.«

Rhah schob sich näher an Chris heran und stieß ihm einen dreckigen Finger gefährlich nahe ans Auge. »Barnes wurde genau dort von einer Kugel erwischt. Er war mit einer Einheit im Tal von Ia Drang... und der Bastard *überleb-*

Soldaten dringen in ein vietnamesisches Dorf ein.

Ein vietnamesischer Bauer wird von Soldaten verhört.

Sergeant Barnes (Tom Berenger, links) droht, ein kleines Mädchen umzubringen, wenn die Dorfbewohner das Versteck der Vietcong nicht verraten.

Als Sergeant Elias (Willem Dafoe, Mitte) ein Massaker verhindern will, kommt es zur offenen Auseinadersetzung zwischen ihm und Sergeant Barnes.

te, Mann. Baaaaaaaaa! Das ist für ihn wie für andere Leute Stoff. Davon wird er high, Mann. Barnes ist *high* vom Krieg!

Er verbrachte ein Jahr im Lazarett. Während sie an seinem Gesicht arbeiteten, lernte er irgendeine japanische Frau kennen und heiratete sie. Ich kann mir nicht vorstellen, wie die Lady neben so einem jeden Morgen wach werden konnte... jedenfalls machte er nach seiner Entlassung weiter in der Army und ließ sich nach Nam schikken. Ich weiß nicht, was mit der Japanerin geschah, aber Barnes ist jetzt vier Jahre hier draußen...«

»Und weißt du, wie oft er verwundet wurde?« Rhah hatte einen sonderbaren, entrückten Ausdruck in den Augen, als wäre er nahe daran, ein magisches Geheimnis zu lösen. »Siebenmal, Taylor! Barnes wurde siebenmal verwundet, Mann!«

Chris blickte von Gesicht zu Gesicht und suchte nach einem verräterischen Lächeln. Gewiß scherzten sie nur. Keiner überlebt sieben Verwundungen... nicht einmal Barnes, dachte Chris. Doch keiner lächelte.

»Und er wollte immer noch zurück ins Feld?«

Lerner kicherte und zündete sich eine Zigarette an.

Rhah fand nichts Lustiges an der Frage. »Der liebe Gott straft auf sonderbare Weise, Mann.«

King klappte den Deckel seines Maschinengewehrs zu und sprach aus, was jetzt alle dachten. »So ist es, Mann. Und er muß uns mit Barnes strafen!«

Chris dachte an das krampfhafte Zucken neben der Narbe an Barnes Stirn. »Jemand sagte, er soll eine Metallplatte im Schädel haben. Stimmt das?«

»Du meinst, er ist irre?« Rhah hustete und spuckte aus. »Barnes ist nicht verrückter als die anderen, die zu lange hier draußen im Busch sind.«

»Nun, er ist nicht normal...« Lerner erhob sich und nahm Rhahs Spaten. »Das steht fest.«

Rhah hob die rechte Hand vor Taylors Gesicht und ballte sie zur Faust. Chris sah die Tätowierung ›HATE‹.

»Das ist er... bis obenhin mit Haß erfüllt. Er streift

durch diesen Dschungel, um kleine, gelbe Teufel zu töten. Denk daran, daß der Teufel ebenfalls Gottes Werk tut.«

Rhah hob die Linke und zeigte die Tätowierung ›LOVE‹ auf den Knöcheln. »Und das hier ist Elias...«

Lerner hob ärgerlich die Augenbrauen, sah Chris an und schüttelte den Kopf. »Vergiß das, Taylor. Der Junge hat zu viele Filme gesehen.«

Rhah fuhr zu ihm herum. »Baaaaaaaaaaa! Rhah hat keine Zeit, um sich Filme anzusehen, Mann. Liebe und Haß kämpfen zu sehr um den Besitz seiner Seele.«

Chris runzelte verwirrt die Stirn. Sowohl Elias als auch Barnes hatten mehr Krieg gesehen als der durchschnittliche Kosak. Wie kam es, daß so viele ähnliche Erfahrungen zu solch unterschiedlichen Ergebnissen geführt hatten?

»Du mußt dir vor Augen halten, wie das mit Elias war und ist, Mann.« King zündete sich eine Zigarette an und dachte kurz nach. »Er kam nach Nam, nachdem er sich von diesem Starlet in Los Angeles hatte scheiden lassen... von dem Weibsstück, das all seinen Zaster für Stoff ausgab und ihm dann eine Anklage wegen Drogenbesitz anhängte. Als der Richter anbot, das Strafmaß unter gewissen Auflagen herabzusetzen, ging Elias nach Nam.«

»Okay – aber warum kehrt er nicht in die Heimat zurück, sondern verlängert seinen Dienst?«

»Manchmal will einer einfach nicht zurück. Sieh mal, wie willst du mit den Zivilisten reden, Mann? Für die Leute in der Heimat bist du der letzte Dreck. Nichts als ein verdammtes Tier bist du für die.«

»Ich war auf Urlaub zu Hause, als mein Dad starb...« Lerner rief sich anscheinend eine besonders üble Zeit in Erinnerung. »Und jeder in der Welt ist nur geil aufs Geldverdienen, weißt du. Jeder denkt nur an sich. Sie wollen nicht mal über Vietnam reden, Mann. Sie wollen gar nichts davon wissen, daß es einen Krieg gibt. Meine Schwester fragte mich sogar, warum ich zurück nach Nam müßte – als hätte ich eine Wahl!«

Rhah regte sich auf seiner Sandsackkanzel auf.

»Baaaaaa! Vergiß es, Mann! Sie haben uns verraten und verkauft. Na und? Was hast du denn erwartet? Das Zivilistenleben ist zum Kotzen. Das sind alles Roboter, Mann. Sie hocken vor ihrem Fernseher und fahren mit ihrem Wagen, und wenn sie Scheiße bauen, passiert nicht so viel wie bei uns. Bei ihnen macht das nichts. Zivilisten bauen Scheiße, und Politiker lügen weiter. Nichts von alldem zählt. Du wirst keine Ehrenparade bekommen, Mann. Kein Schütze Arsch in keinem Krieg ist jemals geachtet worden... bevor er *tot* war. Und dann bedeutet das auch nicht viel. Du kämpfst für dich selbst, Mann. Du kämpfst um dein Leben, und das ist alles. Denk daran! Wir alle kämpfen für unsere Seele, Mann. Liebe und Haß... darum geht das verdammte Preisschießen. Das ist der wahre Krieg. So war es schon immer, und so ist es jetzt... und es wird sich wohl nie ändern.«

King hob die Augenbrauen und grinste Chris an. Ja, dachte Chris, als er über die Worte nachdachte. So ist es vermutlich. Vielleicht sieht Rhah das richtig. Vielleicht ist es eine Art biblische Einfachheit: das Gute gegen das Böse; Kain gegen Abel. Chris schüttelte den Kopf und dachte an frühere Zeiten zurück, an die Schultage, als er sich noch den Luxus tiefer Meditationen hatte erlauben können.

Vielleicht war es wie in Melvilles großem Buch, dachte er und rief sich einen Lehrer in Erinnerung, der vor der Klasse gestanden und über Metaphern gefaselt hatte. Chris hatte zugehört und angenommen, daß die wahre Welt nicht so ist. Jetzt hatte er Zweifel. Vielleicht hatte der Lehrer recht. Da ist das Gute, und da ist das Böse. Und ihre Kräfte können einen wie große Atlantikwogen einhüllen und durcheinanderwirbeln... und man ist anschließend niemals mehr derselbe.

Irgendwie erkannte Chris in diesem Augenblick, daß seine Unschuld – jedenfalls die Aura der Unschuld – für immer verschwunden war. Sie war verschwunden, als Bunny in seiner Gegenwart die beiden Dorfbewohner erschlagen hatte. Und Chris wußte, daß er die Unschuld, was auch immer das genau war, niemals wiederbekommen würde. Es stimmte ihn traurig.

Chris war nicht mit der Wache an der Reihe, aber er fand keinen Schlaf, obwohl er ihn dringend brauchte. Mehrmals wäre er beinahe eingedöst, doch jedesmal hatte er vor seinem geistigen Auge Bilder gesehen, die ihn wieder wachgerüttelt hatten.

In der vergangenen Woche hatte Chris unruhige Nächte verbracht und mit schrecklicher Regelmäßigkeit diese schlimmen Bilder gesehen. Und jedesmal fehlten weitere vertraute Gesichter. Es war, als schmelze der zweite Zug der Bravo-Kompanie vor seinen Augen zusammen.

Chris zog langsam den Regenumhang von sich und achtete darauf, nicht seine Silhouette vor dem Horizont zu zeigen. Als er sich streckte und in der Stellung umsah, entdeckte er Elias auf Wache außerhalb seines Schützengrabens.

Chris ging zu Elias, ließ sich neben ihm nieder und bot ihm an, für ihn Wache zu halten. »Ich kann nicht schlafen, Mann. Warum haust du dich nicht hin?«

»Ich kann auch nicht schlafen...«

Chris folgte dem Blick des Gruppenführers zu den Sternen.

»Schöne Nacht...«

»Ja«, murmelte Elias. »Ich mag diesen Platz bei Nacht. Die Sterne sind so klar, Mann. Es gibt kein Richtig oder Falsch bei ihnen, weißt du? Sie sind einfach da.«

Elias löste widerstrebend den Blick von den Sternen und schaute Chris an. Der Junge sah nachdenklich zum Himmel, doch Elias wußte, daß er mit seinen Gedanken sonstwo war. Er steckt in der Falle, dachte Elias, als er Taylors angespannte Miene und die gefurchte Stirn sah. Er denkt zuviel; er grübelt über die moderne amerikanische Armee und Vietnam.

Die Schlauen wollen alle das Puzzle durch eine brillante Erkenntnis über die Natur des Menschen und die Unmenschlichkeit des Kriegs lösen, dachte Elias. Das ist

Blödsinn. Es ist alles so einfach... alle brauchen nur in einen Spiegel zu blicken, um es zu sehen.

Chris seufzte und lehnte sich gegen eine Baumwurzel. »Barnes ist wirklich sauer auf dich, nicht wahr?«

»Barnes glaubt an das, was er tut.«

»Und du...?«

»Das tat ich auch, als ich '65 herkam. Und jetzt? Ich weiß es nicht. Was augenblicklich passiert, ist nur der Anfang. Wir werden diesen Krieg verlieren...«

Das war unvorstellbar für Chris. Die militärische Macht Amerika... besiegt von einer Horde, die durch den Dschungel streift?

»Glaubst du das wirklich? Meinst du im Ernst, daß wir hier verlieren?«

»Wir haben jetzt so lange anderen Leuten in den Arsch getreten, daß es meiner Meinung nach an der Zeit ist, selbst einen Tritt in den Arsch zu bekommen. Das einzig Anständige, was bei diesem Scheiß herauskommen wird, sind die Überlebenden. Hunderte und Tausende Jungs wie du, Taylor. Sie alle werden in die großen Städte und kleinen Kaffs der Heimat zurückkehren und wissen, was es bedeutet, ein Menschenleben auszulöschen... und verstehen, was es seelisch bewirkt. Ihr Jungs werdet begreifen, daß der Krieg euch drehen kann wie ein Korkenzieher den Korken... wie er es bei Barnes und Bunny bewirkte und sie innerlich absterben ließ. Und wenn du nur einen halb so großen Verstand hast, wie Gott ihn einer Aubergine gab, dann wirst du den Rest deines Lebens gegen diese Art Scheiße ankämpfen.

Es ist dreckig, Taylor. Das Töten ist dreckig. Das Übelste, was ich kenne. Und wenn irgendein Besoffener wie O'Neill es glorifizieren will, dann wirst du ihn von oben bis unten vollkotzen, Mann. Und wenn die Politiker das nächste Mal versuchen, dich und deine Generation in einem Krieg zu verheizen, Taylor, dann wirst du ihnen sagen, daß sie dich am Arsch lecken können, weil du Bescheid weißt. Weil du den Krieg erlebt hast und die Erinnerung tief in dir ist...«

Chris stöhnte auf, als Elias ihm hart gegen die Brust stieß.

»Und dieser Scheiß wird bis zu deinem Todestag bei dir sein. Deshalb werden sich die Überlebenden erinnern: Weil die Toten sie nicht vergessen lassen.«

Chris wußte nicht, was er sagen sollte. Es war das erste Mal seit der Party in der ›Unterwelt‹, daß er von Elias so viele Worte zusammenhängend gehört hatte. Und es war bestimmt das erste Mal, daß er über ein erfolgloses Ende des Kriegs nachgedacht hatte.

Elias lächelte verschämt und schüttelte den Kopf. »Ah, verdammt. Vielleicht habe ich zuviel Gras geraucht. Manchmal hat es diese Wirkung bei mir. Dann denke ich wie ein verrückter Indianer...«

»Glaubst du dieses Zeug... ich meine, daß sie den Tod vorhersehen und so?«

»Ja.« Elias wirkte amüsiert bei dem Gedanken an den Tod, keineswegs betroffen oder besorgt. Chris nahm an, daß es vielleicht etwas mit der Abstammung des Mannes zu tun hatte. Er hatte gehört, daß Indianer glaubten, sie würden in Gestalt eines Tiers auf die Erde zurückkehren.

»Glaubst du an die Wiedergeburt... all dieses Zeugs?«

Elias fuhr zu Chris herum und packte ihn wie mit Stahlpranken an den Schultern. Da war ein unheimliches Glühen in Elias' Augen. Es war tief darin... jenseits der Pupillen, wo niemand sieht, aber jeder fühlen kann. Chris versteifte sich vor Unbehagen. Elias' Hände waren wie Bärenfallen auf seinen Schultern. Der Blick war durchdringend – streng, jedoch durch ein ganz sonderbares Flehen gemildert.

Chris stand wie erstarrt da und schaute Elias ins Gesicht, als er es langsam dicht vor seines schob. Er erinnerte sich an den zwingenden Blick, mit dem Elias Sergeant Barnes in dem Dorf gestoppt hatte.

»Wiedergeburt findet jederzeit statt, Mann. Vielleicht ist jetzt ein bißchen von mir in dir...«

Chris wich zurück, als Elias ihn freigab. Er verstand. Vielleicht hatte ihm dieses bißchen von Elias die Kraft gegeben, bei der Vergewaltigung Einhalt zu gebieten, wie Elias es bei einem Mord getan hatte. Elias grinste schief und schüttelte den Kopf.

»Wer weiß? Manchmal denke ich, ich komme als Wind oder Feuer wieder auf die Erde... oder vielleicht als Hirsch. Ja, ich glaube, vielleicht als Hirsch...«

Chris nickte und berührte Elias leicht an der Schulter. Er wandte sich zum Gehen, doch der Gruppenführer hielt ihn an der Hand fest.

Eine Sternschnuppe war am Nachthimmel zu sehen. Chris folgte dem glühenden Bogen mit dem Blick und sagte: »Es heißt, wenn man so etwas sieht, ist irgendwo jemand gestorben.«

»Geh schlafen, Taylor. Wenn das stimmte, gäbe es keine Sterne mehr über Nam.«

Wie große, grüne Bojen, die mit Regenumhängen bedeckt waren, standen die Soldaten von Bravo II bis zur Hüfte im Wasser eines Dschungelflusses. Regen strömte herab und kräuselte die Oberfläche des grünen Wasser. Lerner, der an der Spitze des Zugs war, hatte das Signal zum Halten gegeben. Er war jetzt irgendwo dort vorn mit Sergeant Warren und Sergeant Elias im Dschungel und überprüfte einen Pfad, über den sie zurück zum Bunkerkomplex der NVA gelangen würden.

Die Männer im Fluß nutzten die Pause, um sich gegenseitig von schwarzen Blutegeln zu befreien, die im Wasser schwammen oder von dem nassen Blätterwerk fielen, um ihr Blut zu saugen. Rhah hatte ein aufgedunsenes Exemplar auf Taylors Lippen entdeckt und benutzte das glühende Ende einer feuchten Zigarette, um den Blutegel zu zwingen, die Lippen freizugeben. Taylor beobachtete, wie Rhah Blut aus dem Egel drückte, und er fragte sich, ob jemand in einem ersten Leben soviel Mist gebaut hatte, um als Blutegel wiedergeboren zu werden.

Big Harold, Francis und King standen neben einem Baum und unterhielten sich leise. Es eilte nicht, in den Dschungel vorzudringen. Der Regen und die Stille, die der Regen in dieses Gebiet zu bringen schien, hatte etwas Unheilvolles.

Harold griff unter Wasser, schob seine Pranke durch einen langen Riß am Schritt seiner Hose und hielt einen prallen Blutegel hoch.

»Seht euch das an. Dieser Bastard hat an meinem Pimmel gesaugt.«

Francis untersuchte den Blutegel mit klinischem Interesse. »Sieht nicht aus, als hätte er viel saugen können, Harold. Du hättest ihn dort lassen sollen, Mann. Ein Blutegel am Riemen ist vielleicht ein Fall fürs Lazarett.«

King hob sein MG an und erinnerte an eine frühere Unterhaltung. »Was, zum Teufel, treibst du überhaupt hier, Harold? Ich dachte, du bekämst den Job in der Wäschekammer im Basiscamp.«

»Ich müßte mich schon weiß anmalen, um einen von diesen Verpisserjobs zu bekommen, Mann. Aber das heißt nichts. Ich habe ein Gesuch für eine Beschneidung eingereicht. Die Army muß dir eine gewähren, wenn du einen Antrag stellst.«

»Was soll das denn, Harold... willst du ein Rabbi werden?«

Francis wischte sich mit einem Tuch Wasser aus dem Gesicht und packte den Blutegel. »Wenn du dich beschneiden läßt, Mann, wird dein Kleiner aussehen wie mein Großer, nachdem der Blutegel daran saugte.«

»Das macht mir nichts, Mann. Lieber einen Kleinen als überhaupt keinen.«

»So ist es. Du kannst nur sichergehen, daß dir der Schwanz nicht abgeschossen wird, indem du dich aus dem Feld verpißt.«

»Ich brauche die Beschneidung nur auf vierzehn oder fünfzehn Tage auszudehnen, Mann. Dann hätte ich nur noch knapp zwei Wochen, und man würde es nicht wagen, mich so kurz vor der Entlassung zurück in den Busch zu schicken.«

»Quatsch, Harold. Was willst du denn überhaupt anfangen, wenn du wieder in der Welt bist?«

»Das ist kein Problem, Jungs. Zuerst esse ich alle Hamburgers und Pommes frites und Steaks, die ich finden kann. Natürlich mit Ketchup und Zwiebeln... aaaaaah! Dann wird gevögelt bis zum Gehtnichtmehr. Anschließend schlafe ich zwei Wochen. Und wenn ich dann aufwache, überlege ich mir, was als nächstes drankommt.«

Vorne an der Spitze zog Sergeant Warren seinen Kompaß zu Rate. Der Lieutenant hatte gesagt, daß der Bunkerkomplex nordöstlich des Flusses lag. Er wies in die Richtung und beobachtete, wie Lerner auf einen kleinen Hügel zuhielt, auf dessen Kuppe sich eine Lichtung befand.

Elias kauerte neben einer Reihe von Schützenlöchern, die nahe bei der Ruine einer alten katholischen Kirche gegraben worden waren. Die Kirche war im Laufe der Zeit verfallen, und die Ruine war überwuchert, doch die Ein-Mann-Schützenlöcher waren erst vor kurzer Zeit gegraben worden. Elias wußte nicht, ob es wert war, die aufgegebene Position zu melden oder nicht. Er entschied sich, nichts zu sagen, als er sah, wie sich die Männer des Zugs erschöpft den leicht ansteigenden Hang hinaufschleppten. Er kehrte zu seiner Gruppe zurück.

Als Lerner aus dem Dschungel auf die Lichtung oben auf dem Hügel gelangte, sah er eine Gruppe hoher Ameisenhügel und fand, daß die schlammigen Hügel Indianer-Tipis ähnelten. Wenn er angehalten und unter einen moosbedeckten Baumstamm geschaut hätte, der scheinbar auf eine Seite der Lichtung gefallen war, hätte er vielleicht noch Sergeant Warren warnen können.

Die Entfernung zu dem Bunker betrug nur noch 25 Meter, doch Lerner sah nicht, wie der NVA-Soldat sein Maschinengewehr anhob und abdrückte. Der erste Feuerstoß fegte Lerner von den Beinen. Der zweite traf Sergeant Warren unterhalb des Nabels.

Etwa 50 Meter entfernt hörte O'Neill das MG-Feuer und warf sich in Deckung hinter einen knorrigen Mangrovenbaum, als sich ein Schütze aus einem anderen Bunker aufrichtete, um eine Gewehrgranate abzufeuern. Das

Schrapnell der detonierenden Granate fetzte durch die Bäume, und Splitter trafen O'Neills Beine. Er krümmte sich kugelförmig zusammen und schrie den Pfad hinunter:

»Doc! Rauf hier. Zwei hat's erwischt! Warren ist getroffen!«

O'Neill sah weitere Mündungsblitze wie Glühwürmchen auf der Lichtung. Eines stimmte: Die NVA hatte ihre Stellung wieder besetzt. Und diesmal hatte der Feind nicht vor, die Flucht zu ergreifen.

Wie jeder vom Zug hatte sich Chris Taylor hingeworfen, als er die Schüsse gehört hatte. Er beobachtete, wie sich Doc Gomez zögernd erhob und loshetzte. In diesem Augenblick donnerte eine weitere Granate über sie hinweg und knallte in die Ruine der alten Kirche. Die Männer des Zugs lagen verstreut zwischen der Lichtung und dem Hof der Kirche im Dreck.

Ein sonderbares, schreckliches und dennoch erregendes Gefühl stieg in Taylor auf, als er durch den Schlamm robbte. Chris glaubte, daß es ein ähnliches Gefühl sein mußte, wenn man mit einer geladenen Waffe in der Hand dasitzt und Selbstmord begehen will. Eine weitere Granate schlug zwischen den Bäumen ein, und das sonderbare Gefühl wurde übermächtig.

Taylor erhob sich aus dem Schlamm, ließ seinen Packen und den Regenumhang fallen und stürmte vorwärts auf die Lichtung zu. Er gelangte zu dem Baum neben O'Neill, der jetzt zurückrobbte. »Was ist los?«

»Ein Hinterhalt, Mann. Sie lauerten uns auf. Granaten und MGs. Lerner und Warren sind getroffen!«

Chris beobachtete, wie O'Neill rückwärts durch den Dreck kroch, und er versuchte, den Mann zu stoppen. Sie würden vorn alle Feuerkraft brauchen, die sie bekommen konnten.

»Wohin willst du, Mann? Der Doc ist auf dem Weg hier rauf...«

O'Neill kroch weiter zurück. Und Doc Gomez schaffte

es nie bis zur Lichtung. Er war auf halbem Weg, als eine Granate in einen Baum vor ihm einschlug und den Stamm in einen Hagel tödlicher Splitter verwandelte.

Tubbs, der zur Strafe zu einer Kompanie ins Feld geschickt worden war, weil er Bier aus dem PX gestohlen hatte, versuchte einen Vorstoß, während Morehouse ihm mit dem MG Feuerschutz gab, das er übernommen hatte, als Tex verwundet worden war. Er schaffte es fast bis zur Lichtung, bevor ein Feuerstoß aus einem Maschinengewehr der NVA ihm beide Oberschenkelknochen brach. Danach war keiner mehr bereit zu irgendeiner Bewegung.

Barnes hatte so etwas oft gesehen. Soldaten im Schock nach den Auswirkungen eines gut geplanten Hinterhalts waren schon froh, wenn sie einfach liegenblieben und sich vom Feuer des Feindes niederhalten lassen konnten. Es war nur natürlich. Es war das sicherste, was man tun konnte. Und es war der sichere Tod.

Barnes richtete sich auf, ließ den Regenumhang fallen und ging auf die Lichtung zu. Er hoffte, daß sein Beispiel einige der Männer dazu bewegen würde, vorzustoßen und den Feind mit eigenem Feuer zu beschäftigen. Als das nicht klappte, schrie und tobte der Sergeant. Tony Hoyt folgte dem Sergeant, weil er durch das Kabel des Funkhörers mit ihm wie durch eine Nabelschnur verbunden war.

Barnes befahl ihm, das Funkgerät zu benutzen, und Hoyt duckte sich hinter einen Baum; der Funker war froh, aus dem mörderischen Feuer herauszukommen. »Hol Bravo II und den CP hier rauf, Tony. Wir brauchen hier Feuerkraft. Sucht euch die Ziele aus. Hier gibt es sehr viele.«

MG-Feuer zerfetzte einen Zweig nahe bei seinem Kopf, und eine Granate röhrte durch die Büsche zu seiner Linken, doch Barnes schien es gar nicht zu bemerken. Er entdeckte Elias und Crawford, die rechts von ihm vorwärtsrobbten, und winkte ihnen. Er mußte schreien, um sich in dem stetigen Feuer von Bravo II verständlich machen zu können, das wieder an Stärke gewonnen hatte.

»An die Flanke, Elias. Versucht die Bastarde von der Seite zu erwischen!«

Zunehmende Feuerkraft von hinten gab Chris eine Chance, hinter seiner Deckung hervor auf die Lichtung zu spähen. Er sah wenigstens vier Bunker jenseits eines Haufens von morschem Holz, der dem verwundeten Sergeant Warren ein wenig Deckung bot. Der Mann hatte sich aufgesetzt und tastete nach dampfenden Därmen, die sich auf seinen blutigen Oberschenkeln ausgebreitet hatten.

Hinter drei kegelförmigen Ameisenhügeln lag Lerner auf dem Rücken und versuchte, sich tiefer in den Schlamm zu wühlen. Kugeln, die ein NVA-Soldat aus einem Schützenloch abfeuerte, schlugen rings um ihn ein, und Chris erkannte plötzlich, daß der feindliche Soldat Lerner nicht töten wollte... noch nicht. Wenn er den Verwundeten dort festnagelte, würde irgendein unverletzter Amerikaner vielleicht dumm genug sein und versuchen, ihn zu retten.

Warren würde nicht überleben, doch Gator Lerner sah nicht so schlimm verwundet aus. Er würde überleben, wenn ihn jemand dort wegholte und zurück zum Doc brachte. Aber wer? Chris schimpfte auf sich, als eine MG-Salve in den Baumstamm neben seinem Kopf knallte. Niemand wird Gator Lerner helfen... und keiner wird mir helfen! Jetzt ist es soweit, schrie eine innere Stimme in Chris, während er sich zur Aktion zwang. Sei ein Soldat oder bleib zu Hause! Scheiße oder steig vom Topf runter! Die Zeit für rationale Betrachtungen und akademische Distanz ist vorüber.

Chris feuerte eine Salve ab und robbte vorwärts. Er verharrte neben Warren, zuckte vor dem Gestank zerfetzter Därme und Blut zurück und sprintete dann zu dem Holzhaufen. Chris warf sich neben den Jungen von den Florida Keys, und nur eine Sekunde später zerfetzte eine Salve AK-Feuer die Spitzen der Ameisenhügel. Chris feuerte ein weiteres Magazin leer und warf einen Blick zu Lerner. Der Mann hatte die Augen geschlossen und stöhnte wegen der Schmerzen in seinen Beinen.

»Lerner! Kannst du mich hören, Mann? Lerner, ich bin's, Taylor!«

Lerner ächzte und öffnete die Augen. »Ich sterbe, Mann. Können wir hier raus?«

Chris rammte ein volles Magazin in sein Gewehr und legte Lerner beruhigend die Hand auf die Schulter. Er hatte nicht die geringste Ahnung, wie sie von hier wegkommen konnten.

»Bleib hart, Lerner. Ich bringe dich weg. Halte nur durch, Mann!« Chris stieß den Gewehrlauf durch eine Lücke zwischen den Ameisenhügeln, zielte und feuerte drei Kugeln in die Schießscharte des Schützenlochs. Der Mann im Schützenloch erwiderte das Feuer mit zwei Schüssen und fummelte dann am Magazin herum, bevor er im Dunkel verschwand.

Entweder Ladehemmung oder der NVA-Soldat wechselte das Magazin. Chris wußte, daß ihm nicht viel Zeit blieb, um beide Möglichkeiten zu seinem Vorteil zu nutzen. Binnen Sekunden würde die Luft wieder bleihaltig sein. Chris schätzte die Entfernung bis zum Schützenloch auf fünfzehn Meter. Er riß eine Handgranate aus einer der Magazintaschen und entfernte den Sicherungssplint mit Hilfe des Ringes. Während er sich auf die Seite wälzte, ließ er den Sicherungsbügel los, atmete zweimal tief durch, richtete sich auf ein Knie auf und warf die Handgranate.

Der Wurf war perfekt. Chris wußte es in diesem Augenblick, in dem er die Granate losließ. Er hatte das Gefühl, einen Pflock tief und hart in das Schützenloch zu schleudern. Es war das erste Mal, daß Chris eine Handgranate im Kampf warf, und er beobachtete fasziniert, wie die Granate im Schützenloch explodierte und Rauch in die feuchte Luft stieg.

Chris zog Lerner durch den Schlamm auf den Rand des Dschungels zu. Hinter dem Holzhaufen verharrte Chris kurz, um zu Atem zu kommen, und dabei stellte er fest, daß Sergeant Warren tot war. Das Feuer war in diesem Gebiet so stark gewesen, daß die beiden großen Füße des Mannes ein Kugelloch aufwiesen.

Das Feuergefecht, das auf den Hinterhalt folgte, wurde allmählich organisiert. Morehouse und King hatten ihre Maschinengewehre nach vorn gebracht. Fu Sheng war Elias zur Flanke gefolgt und hatte es geschafft, den zweiten Mann und Helfer beim Granatwerfer zu töten. Big Harold war nach hinten geschickt worden, um weitere MG-Munition zu holen, und Lieutenant Wolfe bereitete eifrig die Anforderung eines Artillerie-Kommandos vor.

Es war hart, in den Regen und ins Feuer zu gehen. Lieutenant Wolfe konnte den Hügel, auf dem sie waren, nicht mit den braunen Wellenlinien auf seiner Landkarte in Übereinstimmung bringen. Er glaubte, daß es dieses Gebiet hier sein mußte, doch sie sahen alle gleich aus. Wolfe hielt es für besser, schnell etwas zu tun, bevor die Männer sahen, wie er sich noch länger mit der Karte abmühte. Der Lieutenant zuckte zusammen, als nach einer RPG-Detonation heiße Splitter einschlugen, und er griff nach dem Hörer des Funkgeräts von Ace und forderte die Artillerie an.

Die unpersönliche Stimme aus der Einsatzzentrale der Feldartillerie wiederholte die Daten und Koordinaten, die der Lieutenant angegeben hatte.

Hoyt eilte heran und warf sich neben dem Lieutenant hin. Er hatte die Frequenz des Bataillonskommandos abgehört. »Sir, Bravo III ist im Anflug von Sierra Whiskey. Die Jungs sollten in etwa zwanzig Minuten hier sein, wenn nichts dazwischenkommt.«

Wolfes Miene hellte sich auf. Verstärkung war unterwegs. Wenn sich jetzt das Artillerie-Kommando beeilte, würde er bald die Situation im Griff haben. Hölle, vielleicht sprang sogar eine Medaille für ihn bei der Sache heraus!

Er grinste Elias selbstgefällig an, der sich bei einem weiteren Granateneinschlag duckte und in die Mulde warf, die als Kommandoposten des Zugs diente.

Elias schien die Lage nicht so rosig zu sehen. »Lieutenant, die machen uns dort oben fertig. Sie wissen, daß wir bald Verstärkung erhalten und daß sie mit Artilleriebeschuß rechnen müssen. Ich habe an der rechten Seite eine Lücke entdeckt. Lassen Sie mich mit einigen Männern diese Flanke aufrollen. Ich kann mich bis an sie heranarbeiten.«

Wolfe hielt es für sicherer und vernünftiger, auf das Feuerkommando zu warten. Was war, wenn der Feind die Schützenlöcher verließ und vorstieß? Wenn die Verstärkung da war, konnte er das Feuer verlagern und den Feind festnageln.

»Ich weiß nicht, Elias. Wir warten besser auf Barnes... ich... wir haben bereits vier oder fünf Verluste. Wenn ich euch aufteile, werden wir...«

Die Worte gingen in einem Schrei und einem Fluch unter, als Barnes in den Kommandoposten stürmte. »Wo, zur Hölle, ist der dritte Zug? Tony, nimm Kontakt auf und sag ihnen, sie sollen doch ihre Ärsche hier rauf bewegen!«

Zum erstenmal nach dem Kampf in dem vietnamesischen Dorf schien Barnes wieder Notiz von Elias zu nehmen. Er starrte den Gruppenführer schweigend ein paar Sekunden lang an und schnauzte dann:

»Was, zur Hölle, treibst du hier, Elias? Such deine Armleuchter zusammen und führ sie nach vorne. Wir werden dort draußen in Stücke geschossen, während du hier herumgammelst!«

Elias blickte nicht auf. Er skizzierte etwas mit dem Messer in den Boden. »Barnes... hör mir zu. Da sind fünf oder sechs Schützenlöcher bei dieser verfallenen Kirche. Du läßt den dritten Zug genau durch dieses Gebiet kommen, um uns zu verstärken. Wenn die Bastarde einige Scharfschützen in diesen Schützenlöchern postieren, werden sie in der Lage sein, unsere beiden Einheiten unter Beschuß zu nehmen. Sie werden uns und den dritten Zug unter Kreuzfeuer nehmen. Und wir schießen uns gegenseitig zusammen, Mann!«

Barnes schaute sich Elias' Skizze an, doch Lieutenant Wolfe machte sich nicht die Mühe. Es war ihm schleierhaft, warum nicht alle die Ruhe bewahrten und auf die Artillerie warteten.

»Das klingt mir ziemlich weit hergeholt, Elias.«

»Vielleicht... aber ich habe das schon erlebt. Wir waren '66 in Ia Drang. Sie gelangten zwischen zwei Einheiten und schossen uns in Stücke. Gib mir drei Männer mit. Wenn ich mich bezüglich der Schützenlöcher irren sollte, kann ich immer noch diese Flanke aufrollen und den Hinterhalt sprengen.«

Barnes war mit dem Plan einverstanden. Er nickte. »Dann los. Aber sag Crawford, daß er das Funkgerät hier bei uns läßt.«

Elias sprang auf, um den Kommandoposten zu verlassen, doch dann blieb er stehen und starrte Barnes an.

»Du sorgst dafür, daß diese verdammten Soldaten das Störfeuer aufrechterhalten. Ich will nicht dort draußen von der Einheit abgeschnitten werden.«

Barnes' Nackenmuskeln spannten sich, und er packte Elias am Kragen. »Erzähl mir nicht, wie ich meinen Krieg führe, Elias! Du kannst in der Brigade jammern, wenn wir zurück sind. Hier draußen gehörst du mir. Und jetzt kneif den Arsch zusammen und hau ab!«

Elias sah den wilden Zorn in Barnes' Augen und erschauerte. Er wäre lieber hiergeblieben und hätte ein Auge auf Barnes gehalten, doch jemand mußte diese Schützenlöcher besetzen und verhindern, daß der Feind dem zweiten Zug in den Rücken fallen konnte. Das wäre der sichere Tod.

Ace nahm den Hörer seines Funkgeräts vom Ohr. »Sir, die Artillerie ist auf dem Weg...«

Elias nutzte die Gelegenheit, um sich davonzumachen. Barnes starrte auf Elias' Rücken und empfand widerwilligen Respekt. Der Mann hatte die Gefahr richtig erkannt. Barnes hatte selbst erlebt, daß der Feind zwischen zwei amerikanische Einheiten gelangt war. Das mußte man Elias lassen: Im Kampf behielt er die Übersicht. Aber leider ist er zu weich, dachte Barnes, als er davoneilte. Zuviel Herz und nicht genug Haß im Bauch.

Als Ace von Lieutenant Wolfe hinter Barnes hergeschickt wurde, um ihm die Daten für den Artillerieeinsatz zu übermitteln, sagte sich Ace, daß der Offizier zu feige war, um es selbst zu tun. Jetzt erkannte Ace, daß das Problem noch viel schlimmer war. Die erste Granate detonierte *hinter* dem zweiten Zug! Zu kurz. Die Geschosse schlugen nicht beim Feind ein, sondern beim zweiten Zug! Dieses Arschloch von Lieutenant hatte der Artillerie eine falsche Position angegeben!

Ace wollte über Funk die Artillerie warnen und den Angriff stoppen. In diesem Augenblick knallte etwas gegen seinen Rücken und schleuderte ihn in den Dreck. Im ersten Augenblick war Ace dankbar, flach am Boden zu liegen... und dann spürte er das Brennen an seinem rechten Schulterblatt. Schrapnell! Er mußte getroffen worden sein. Ace schrie vor Schmerzen und krümmte sich. Verzweifelt suchte er, den heißen Metallsplitter aus seinem Rücken zu ziehen.

Barnes erkannte sofort, was geschehen war. Wolfe hatte der Artillerie falsche Angaben gemacht! Jede Organisation, die in den letzten Minuten wiedergewonnen war, würde in blinder Panik verlorengehen, wenn niemand das Feuer der Artillerie korrigierte. Barnes warf einen Blick zurück und sah, wie sich Ace am Boden krümmte. Der Sergeant zog sein Bajonett aus der Scheide, robbte zu dem Verwundeten, drückte sein Knie auf Aces Rücken und begann mit dem Bajonett das rauchende Metall aus dem zerfetzten Muskel zu graben. Ein Blick auf das Funkgerät zeigte ihm, daß das Gerät getroffen worden war. Es war zerstört, und damit konnte er die Artillerie nicht stoppen.

Im Krachen des Artilleriefeuers hörte Barnes, daß jemand seinen Namen schrie. Big Harold taumelte mit wild rollenden Augen in Panik von der Lichtung fort. Er hatte seinen Helm und die Waffe verloren. Ein langer Ladestreifen mit MG-Munition schleifte hinter ihm durch den Dreck.

»Sergeant Barnes! Sagen Sie ihnen, sie sollen das Feuer einstellen. Die Arty schießt zu kurz!«

Barnes sah, wie der Mann mitten in der Flucht stehenblieb, als wäre er gegen ein unsichtbares Hindernis geprallt, zu einem Baum zu seiner Rechten starrte und zu einem Schrei ansetzte. Barnes erkannte sofort, was der Grund für Big Harolds Entsetzen war.

Eine gewaltige Explosion schleuderte Big Harold in die Luft. Er landete auf dem Rücken, und Barnes sah einen geschwärzten Stumpf, wo die untere Hälfte des linken Beins gewesen war. Eine Sprengladung mit einem Stolperdraht, der an dem Baum befestigt war. Die Fluchtwege vom Platz des Hinterhalts waren voller Minenfallen und versteckter Sprengladungen.

Widerwillig gestand Barnes sich ein, daß diese Technik wirkungsvoll war. Er schlang einen Feldverband um Aces ausgebrannte Wunde und hetzte zum Kommandoposten. Barnes war es nach einem Mord zumute.

Morehouse hatte alle verfügbare Munition mit seinem MG verschossen. Er schrie nach Fu Sheng, der hinter einem Erdhügel Magazine auflud. In diesem Augenblick sah er Big Harold hinter sich zwischen den Bäumen auftauchen. Der Mann trug weitere fünfhundert Schuß Munition, mit der das MG wieder eingesetzt werden konnte.

Als Big Harold durch den Stolperdraht die Sprengung auslöste, fuhren sowohl Fu Sheng als auch Morehouse herum und waren bereit, Big Harold zu Hilfe zu eilen. Ein Geräusch ließ sie erstarren. Es war ein sonderbares Orgeln, wie sie es gehört hatten, wenn Artilleriegeschosse über sie hinweggerast waren. Doch diesmal war es zu nah.

»Zu kurz! *Zu kurz!*« Es war das letzte, was Fu Sheng sagte, bevor ihn ein Feuerball einhüllte. Morehouse starrte schockiert auf den roten Feuerball, der aufblitzte und den Tod des Mannes aus Hawaii markierte, der von der eigenen Artillerie getroffen worden war. Morehouse fragte sich mit sonderbarer Ruhe, ob es nur Leuchtspurmunition zur Kenntlichmachung der Flugbahn für nachfolgendes genaues Feuer war. Oder würde es weiteren, zu kurzen Artilleriebeschuß geben?

Die Antwort erhielt er binnen Sekunden. Morehouse hörte das Röhren des zweiten 155-mm-Artilleriegeschosses und spähte nach oben durch die Bäume. Wenn er es sehen konnte, gelang es ihm vielleicht, der Explosion zu entgehen.

Er konnte es nicht. Das erkannte er an dem Geräusch. Morehouse krümmte sich kugelförmig zusammen und preßte die Hände auf die Genitalien, als das zu kurz gezielte Artilleriegeschoß neben seinen Knien einschlug und Blutspritzer die nahen Bäume färbte.

Chris Taylor hatte eine Route an der Flanke gewählt, um Lerner nach hinten zu bringen, und dieser unbewußten Entscheidung hatte er zu verdanken, daß er dem Gebiet fernblieb, in das die Artilleriegeschosse einschlugen.

Chris entdeckte Doc Gomez, der Big Harold eine Aderpresse unterhalb des Knies anlegte, und schwenkte scharf zu Gomez ab, um medizinische Hilfe für seinen Kameraden zu bekommen. Er ließ Lerner in den Schlamm neben Gomez sinken, als Elias, Crawford und Rhah hinter einer Buschreihe auftauchten. Sie knieten sich hin, als wollten sie beraten.

Lerner stöhnte und ergriff Chris Taylors Hand. »Laß mich nicht allein, Mann! Es ist schlimm. Ich weiß, daß es schlimm ist!«

Chris warf einen Blick auf Lerners Beine und wußte, daß der Mann recht hatte. Die Kugeln des Feindes hatten Gewebe und Knochen zerfetzt. Wenn Lerner nicht verblutete, bevor er evakuiert wurde, würde man vermutlich beide Beine oberhalb der Knie amputieren müssen.

Chris fühlte sich ohnmächtig und beschämt. Er erwiderte Lerners Händedruck und tupfte dem Mann Schweiß von der Stirn. »Halte durch, Mann. Es ist nicht so schlimm. Wir werden dich bald hier rausbringen. Halte durch, Mann!«

Doc Gomez begann mit der Arbeit bei Lerner und unterbrach kurz seine Bemühungen, um Chris' Hand von Lerners Hand wegzuschieben. »Überlaß ihn mir, Taylor. Geh nur! Elias ruft dort drüben nach dir.«

Elias führte Crawford, Taylor und Rhah im Laufschritt durch den dichten Dschungel. Chris, der keuchend atmete und sich bemühte, Anschluß zu halten, bewunderte die Behendigkeit des Gruppenführers. Der Mann schien instinktiv nach links oder rechts auszuweichen, ohne auf den Boden zu blicken. Er wich geschmeidig Hindernissen aus, während er mit dem Gewehr im Anschlag suchend durch den Dschungel spähte.

Plötzlich duckte sich Elias, und die drei Männer, die ihm folgten, prallten fast aufeinander, als er unvermittelt stehenblieb. Elias hatte einen Streifen Dschungel gefunden, der Deckung und zugleich einen guten Blick auf die Schützenlöcher bot. Chris konnte den zerschossenen und verfallenen Turm der Kirche durch das Blätterwerk sehen. Elias wies auf das Mangrovendickicht jenseits der Schützenlöcher. Er schloß die Augen einen Momant lang und wirkte tief konzentriert.

»Dort drüben sollten sie aus der Deckung kommen. Ich weiß nicht, wie viele sie schicken werden. Ich werde mich zu der anderen Seite vorarbeiten und sehen, ob ich sie von der Flanke packen kann.«

Chris war noch aufgeputscht von Lerners Rettung und wollte weitere Aktion. »Ich gehe mit. Wir können sie in die Zange nehmen.«

Elias schaute Chris in die Augen und verzog die Lippen zu einem spöttischen Lächeln. »Die große Zeit der Dschungelbestie, was?« Er klopfte Taylor leicht auf den Stahlhelm und wies auf einen großen Baum. »Du bleibst hier, wo die zusätzliche Feuerkraft am meisten bewirkt. Ich bin dort draußen besser allein.«

Lieutenant Wolfe strengte sich an, um die verwirrenden Markierungen, Schleifen und Wellenlinien auf seiner taktischen Karte zu ergründen. Die Artillerie schoß eindeutig zu kurz. Das muß an der Feuerleitzentrale liegen, dachte Wolfe, als ein weiteres Geschoß durch die Bäume über seinem Kopf fetzte. So sehr kann ich mich nicht in der Position verschätzt haben.

Er griff nach dem Hörer des Funkgeräts, um die Artilleristen zu informieren, daß sie einen Fehler begangen hatten, als etwas gegen seinen Helm knallte und dieser ihm schmerzhaft auf den Nasenrücken rutschte. Wolfe glaubte, von einem Stück Schrapnell getroffen worden zu sein, doch dann spähte er unter dem Helmrand hervor und entdeckte Barnes, der noch die Faust zum Schlag erhoben hatte. Der Mann mußte den Verstand verloren haben! Er schrie irgend etwas Respektloses.

»Du unfähiges Arschloch! Welche verdammten Koordinaten hast du angegeben? Du hast eine Reihe von Leuten dadurch gekillt. Weißt du das?«

Wolfe war vor Furcht wie betäubt und brachte keinen Ton heraus. Verstand Barnes denn nicht, daß es nicht sein Fehler war? Wußte er nicht, daß es ein Irrtum der Zentrale sein mußte?

Barnes riß Tony Hoyt den Hörer aus der Hand, fuhr mit einem Finger über seine eigene Landkarte und schaute dann haßerfüllt zu dem Zugführer auf, während er die richtigen Koordinaten durchgab.

Dann warf Barnes den Hörer hin und neigte sich vor, um dem erstarrten Offizier ins Gesicht zu spucken.

»Deinetwegen haben wir jetzt nicht die geringste Chance, die Stellungen der Bastarde zu überrennen. Die Artillerie wird die Arbeit für uns erledigen müssen. Tu jetzt etwas Nützliches und schaff die Leute hier raus! Wir vereinigen uns mit dem dritten Zug und verpissen uns, sobald die Artillerie ihnen eine Weile zugesetzt hat.«

Lieutenant Wolfe fand allmählich die Sprache wieder. Etwas war falsch an diesem Plan, doch Barnes schien sich darauf versteift zu haben. Wolfe hörte zu, als der Sergeant des Zugs Befehle gab, um sein Vorhaben in die Tat umzusetzen.

»Tony, Verbindung mit Bravo II und Charlie II aufnehmen. Sag ihnen, sie sollen sich zu dieser Kirche zurückziehen. Wir formieren uns dort neu.«

Während Hoyt sich an die Arbeit machte, fiel Lieutenant Wolfe ein, was ihn an einem taktischen Rückzug störte. »Wir können uns jetzt nicht zurückziehen. Elias ist dort draußen. Wenn wir uns absetzen, hat er keinerlei Unterstützung!«

Barnes starrte ihn mit wildem Blick an. »Höchste Zeit, daß du wie ein verdammter Führer denkst, Lieutenant! Du ziehst die Soldaten zurück. Ich gehe raus und hole Elias...«

Lieutenant Wolfe schaute Barnes nach, der im Dschungel verschwand und eine gefährliche Einzelaktion unternahm. Vielleicht wird dieser gemeine Bastard dort draußen umgelegt, dachte der Lieutenant. Mit den heutigen Verlusten hat der Zug nur noch die halbe Stärke. Vielleicht setzen sie einen neuen Zugführer ein, bevor der Zug aufgefüllt wird – wenn der Sergeant des Zugs gefallen ist.

Elias duckte sich zwischen die Wurzeln eines Mangrovenbaums, schloß die Augen und nahm die Geräusche des Dschungels in sich auf. Während er sich konzentrierte, ließen das Krachen und Röhren des Feuergefechts auf der Lichtung nach. Er hörte das leise Klappern von Ausrüstung an einem Körper und nahm wahr, wie ein Zweig über ein Bein schabte.

Mindestens zwei... vielleicht drei kommen da auf mich zu, dachte Elias.

Der erste NVA-Soldat tauchte etwas früher als seine beiden Gefährten aus der Deckung auf. Er trug einen Bart und war erfahren im Dschungel. Der NVA-Soldat hatte viele Amerikaner in den beiden Jahren gesehen, in denen er im Süden kämpfte, und er wußte, daß sie für diese Art Krieg nicht taugten. Sie wußten nicht, wie man sich lautlos durch den Dschungel bewegt oder die natürliche Tarnung des Terrains zu seinem Vorteil nutzt.

Solche Gedanken machten ihn ein wenig unvorsichtig, und er übersah völlig Elias' reglose Gestalt, die um die Mangrovenwurzel geschlungen war wie eine große Schlange. Kurz nachdem der NVA-Soldat seinen Kameraden einen Wink gegeben hatte, weiter durch die Lichtung zu gehen, starb er an zwei M-16-Kugeln, die ihn in Herz und Lunge trafen.

Elias sah die blitzschnelle Bewegung, als der zweite NVA-Soldat in Deckung springen wollte, und er streckte ihn mit zwei weiteren Kugeln nieder. Der dritte Soldat warf sich herum, um in Deckung zurückzuflüchten, und Elias traf ihn mit zwei Kugeln zwischen den Schulterblättern.

Elias sprang von der Baumwurzel auf und sprintete in den Dschungel.

Der heftige Regen des Morgens war in Sprühregen übergegangen, und die warme Erde des Dschungels war von neuem mit wallendem Nebel verdeckt. Rhah, Crawford und Taylor spähten durch die Nebelschleier und warteten.

Artillerie-, Gewehr- und MG-Feuer von der Lichtung hinter ihnen ließen stark nach. Vielleicht irrte sich Elias. Möglicherweise hatte sich der Feind entschlossen, vor der Feuerkraft der Amerikaner zu flüchten. Chris dachte an die sechs Schüsse, die gefallen waren, nachdem Elias im Busch verschwunden war. Alle sechs Schüsse stammten von einem M-16-Gewehr. Kein feindliches AK-Feuer. Vielleicht hatte Elias die NVA-Soldaten abgefangen und getötet, bevor es ihnen gelungen war, zu den Schützenlöchern zu gelangen.

Vielleicht war das Elias, der dort kam... nein! Taylor entdeckte den Umriß eines Stahlhelms sowjetischen Typs unterhalb der Buschgruppe, die sich bewegte. Er konnte deutlich ein ängstliches, mandelförmiges Augenpaar erkennen, das nach rechts und links spähte. Als der röhrenförmige Umriß eines RPG-Granatwerfers auftauchte, riß Chris sein Gewehr an die Schulter und drückte ab.

Das Feuer wurde sofort erwidert, und Chris pfiffen Kugeln um die Ohren, doch er hielt das Gewehr an der Schulter und konzentrierte sich, visierte ein Ziel an und schoß. Er war überzeugt, wenigstens zwei Feinde getroffen zu haben, und Rhah und Crawford, die zu seiner Rechten feuerten, hatten vermutlich ebenfalls welche erwischt. Es war aufmunternd und beruhigend, einmal die Situation im Griff zu haben. Chris schrie triumphierend und erleichtert, als der Rest der NVA-Patrouille in den Dschungel zurückflüchtete.

»Ich hab' zwei erwischt, Mann! Sie hauen ab!«

Rhah grinste mit unverhohlener Freude. »Ich hab' drei... vielleicht sogar vier erledigt, Mann! Diese Bastarde kommen heute nicht an die Schützenlöcher heran!«

Taylor und Rhah schauten nach rechts und erwarteten eine ähnliche Erfolgsmeldung von Crawford. Sie hörten nur ein Ächzen und rasselnden Husten.

Sie liefen zu Crawford. Der Stahlhelm war ihm vom Kopf gefallen. Crawford lehnte mit dem Rücken an einem Baumstamm, und sein langes, blondes Haar klebte schweißnaß an der Stirn. Rhah schnitt mit dem Kampfmesser die Riemen der Ausrüstung durch und schlitzte ihm die Jacke des Kampfanzugs auf. Er legte ein gezacktes Loch, aus dem Blut quoll, in Crawfords Brustkasten frei. Chris sah Knorpel und Knochensplitter in dem Blut, das aus der Wunde sickerte.

»Sieht nach einem Lungenschuß aus, Baby.« Rhah biß die Umhüllung eines Feldverbands ab. »Du wirst schon wieder in Ordnung kommen. Du brauchst nur einen Verband.«

Crawford wirkte mehr überrascht als verwundet. »O Mann... nach allem, was wir durchgemacht haben. Ich hätte nie gedacht, daß es mich erwischt, weißt du?«

Chris schüttelte Wasser aus seiner Feldflasche über Crawfords Gesicht. »Bleib jetzt ruhig, Mann. Es hört sich an, als wäre der Kampf vorüber. Wir tragen dich hier raus.«

»Genau das werdet ihr tun!« Barnes tauchte auf der Lichtung auf und warf einen kurzen Blick auf den Verwundeten. Chris schaute überrascht auf die zornige Miene des Mannes. War Barnes etwa wütend auf Crawford, weil der verwundet worden war? »Und ihr werdet ihn zur Kirche tragen. Wir ziehen uns zurück.«

Chris Taylor sagte sich, daß der Sergeant von den NVA-Soldaten erfahren sollte, die versucht hatten, zu den Schützenlöchern zu gelangen, und wie sie den Plan vereitelt hatten.

»Sarge, fünf oder sechs haben versucht, hier durch...«

Barnes starrte auf die Lichtung hinaus, doch er sah nicht zu den gefallenen NVA-Soldaten. »Wo ist Elias?«

Rhah wies zum dichten Busch jenseits der Schützenlöcher. »Irgendwo dort im Dschungel. Er stieß zuerst auf sie, und dann feuerten wir und...«

Barnes fuhr herum und starrte die drei Männer an, als wären sie eher dumm als heldenhaft. Dann nickte er zum Ort des Hinterhalts hin. »Habt ihr nicht gehört, daß die Arty das Feuer verlegt hat? Wir ziehen uns zurück, um uns mit dem dritten Zug zusammenzuschließen. Bringt jetzt den Verwundeten auf die Beine und verschwindet von hier. Wolfe bestimmt in der Nähe der Kirche einen Landeplatz für den Abtransport.«

Chris stand auf und wies zum Dschungel. »Aber Elias ist noch dort draußen...«

Barnes trat drohend einen Schritt auf ihn zu. »Das wäre er nicht, wenn er hier geblieben wäre, wo er hingehört, anstatt wie ein idiotischer Heißsporn zu handeln. Ich hole Elias. Ihr beide bringt den Verwundeten zurück. Und zwar sofort! Oder ihr seid wegen Befehlsverweigerung dran!«

Elias konnte durch einen Spalt in dem ausgehöhlten Baumstumpf, hinter dem er geduckt kauerte, die Knie zweier NVA-Soldaten sehen. Sie waren jetzt nur noch etwa fünfzehn Meter entfernt. Elias lächelte und atmete tief ein. Während er langsam und lautlos ausatmete, sagte er sich, daß er sie nur so nahe herangelassen hatte, um sicher zu sein, daß es nicht mehr als zwei waren. Vielleicht hast du sie auch so nahe herankommen lassen, weil du noch ihre Mienen sehen willst, dachte er, als er die Muskeln spannte, um sich hinter dem Baumstumpf aufzurichten.

Wie auch immer, sagte sich Elias. Auf diese Art sollte gekämpft werden. Krieger gegen Krieger im Busch, wo niemand der Herr ist und man mit dem Instinkt überlebt. Er sprang auf und legte gleichzeitig in einer fließenden Bewegung sein Gewehr an.

Der erste NVA-Soldat verharrte wie versteinert, doch der zweite Mann wollte seinen SKS-Karabiner hochreißen, um zu feuern. Elias zielte und verhinderte das sofort. Der erste Mann wollte die Flucht ergreifen, doch da feuerte Elias von neuem, und der NVA-Soldat stürzte mit einer M-16-Kugel im Kopf auf seinen Kameraden.

Elias' Puls raste. Er stieß einen Triumphschrei aus und glitt davon, um das Hochgefühl zu behalten, das ihn wie eine Droge high machte.

Barnes hörte die Schüsse und den Triumphschrei. Er verharrte und lauschte. M-16-Feuer. Elias' Stimme. Elias tötete dort Feinde, vielleicht 75 Meter entfernt. Barnes wandte sich in die Richtung und rannte los.

Chris Taylor legte Crawford behutsam zwischen der wachsenden Zahl der Verwundeten ab, die von Doc Gomez und einem Sanitäter des dritten Zugs behandelt wurden. O'Neill verteilte die verbleibenden Mitglieder des zweiten Zugs in einem dichten Kreis um die Ruine der Kirche. Der flache Kirchhof würde als Landeplatz für die Helikopter dienen. Rhah forderte Chris mit einem Wink auf, eine Lücke in dem Kreis zu schließen.

Der Feind würde bald von höherem Terrain hierher strömen. Sie würden die Hubschrauber hören und herbeieilen, um zu versuchen, einen abzuschießen. Ein Helikopter ist ein viel lohnenderes Ziel als ein einzelner Soldat... selbst wenn es ein Soldat wie Elias ist.

Auf dem Landeplatz durfte keine Zeit vergeudet werden. Sie mußten in aller Eile aus dem Gebiet verschwinden. Barnes wußte, daß die Helikopter kamen. Er würde rechtzeitig zurückkehren, ob er Elias fand oder nicht. Würden sie ohne Elias fortfliegen?

Chris wollte es nicht darauf ankommen lassen. Er rannte in den Dschungel, um seinen Gruppenführer zu suchen und zum Landeplatz zu bringen.

Barnes kauerte bei einem Baum, dessen Stamm mit Moos bewachsen war, und lauschte auf einen weiteren Hinweis auf Elias. Dieser verdammte Bastard und seine Einzelaktion! dachte Barnes. Der Mann versaut mir meine Kampfmaschinerie. Ich muß die Dinge diesem idiotischen Lieutenant überlassen, um dieses Arschloch zu suchen... und wenn wir im Basiscamp sind, muß ich seinetwegen Zeit mit einem Bericht vergeuden. Verdammt! Komm schon, Elias. Wir müssen einen Krieg führen, und du hilfst nicht dabei!

Plötzlich hörte Barnes das Rascheln von Blättern. Jemand näherte sich hinter einer Buschreihe. Möglicherweise NVA, dachte Barnes. Sie hätten eine gute Position für Flankenfeuer auf die Soldaten, die sich vom Hinterhalt zurückziehen.

Er ging lautlos in Schußposition, nahm sein M-16-Gewehr an die Schulter und zielte auf die Stelle, an der er das Rascheln wahrgenommen hatte. Dort würde der Feind auftauchen.

Barnes sah über Kimme und Korn hinweg Elias, der vorsichtig zwischen den Büschen hervortrat und lächelte, weil er ihn sofort erkannt hatte. Barnes stieß den Rest des angehaltenen Atems aus und ließ langsam das Gewehr sinken. Jetzt hatte er Elias gefunden, und sie konnten endlich mit diesem Mist aufhören und mit dem Krieg weitermachen... oder...

Ein Schmerz zuckte hinter Barnes' Augen auf. Eine warme Woge schien durch seinen Nacken und die Schultern zu fluten. Ein hohles Dröhnen war in seinen Ohren. Wie von selbst schien sich das Gewehr wieder zu heben, und er zielte und drückte ab.

In der Sekunde, die Barnes brauchte, um ihn anzuvisieren, erkannte Elias, daß der Mann ihn töten wollte. Warum? durchfuhr es Elias. Er hat endgültig die Kontrolle über sich verloren! Er kann den Gedanken nicht ertragen, aus dem Kampf geschickt zu werden. Barnes hat einen Punkt erreicht, an dem er alles vernichtet, das ihn beim Töten stört.

Elias konnte in diesem Augenblick, in dem er rückwärts zwischen die Büsche sprang, den Blick nicht von Barnes nehmen. Er war nicht schnell genug, um den Kugeln zu entkommen. Das wußte er, als er das Mündungsfeuer sah und den ersten schmerzhaften Einschlag in der Brust spürte.

Chris hetzte an Soldaten vorbei, die auf dem Weg zum Landeplatz waren. Die meisten schleppten Verwundete auf behelfsmäßigen Bahren, die sie aus Ästen und Regenumhängen zusammengebastelt hatten. Chris entdeckte einen Mann, den er vom dritten Zug kannte, und fragte ihn nach Elias.

»Ich habe weder Elias noch sonst jemand gesehen, Mann. Wenn er noch dort draußen ist, steckt er in der Scheiße. Wenn die Hubschrauber gesichtet werden, wimmelt es in dieser Richtung von Feinden. Wir *alle* müssen höllisch schnell von hier verschwinden, sobald die Maschinen landen, sofern sie nicht vorher abgeschossen werden. Mein Lieutenant sagte, die Artillerie kümmert sich um den Feind.«

Chris hetzte weiter. Es blieb nur noch wenig Zeit. Er hörte schon das Dröhnen der Helikopter, die irgendwo jenseits der Kirchenruine nahten.

Chris gelangte aus dem Dschungel plötzlich auf eine kleine Lichtung und entdeckte Barnes. Der Sergeant des Zugs fuhr zu ihm herum, und sie starrten sich einen Augenblick lang über Kimme und Korn ihrer Gewehre hinweg an. Barnes ließ als erster das Gewehr sinken. Er wirkte verstört und aufgewühlt. Die Narben seines Gesichts schienen unter einer Schweißschicht zu glühen.

»Wo ist Elias?« fragte Chris und ließ sein Gewehr sinken.

»Elias ist tot...« Barnes' Stimme bebte. Es fehlte die übliche Härte in seinem Tonfall, an die sich Chris gewöhnt hatte.

Barnes warf einen Blick in Richtung Landeplatz.

Tot? Elias war tot? Wo war die Leiche? Hatte Barnes nicht einmal soviel Anstand, sie zu bergen? Oder wollte er einfach von hier verschwinden, um sich zu retten, und Elias im Stich lassen?

Barnes wandte leicht den Kopf und schaute Chris aus dem Augenwinkel an. »Ich dachte, ich hätte dir befohlen, zurückzukehren und dich dem Zug anzuschließen, Taylor.« Barnes' Stimme nahm wieder etwas von der üblichen Härte an.

»Was soll das heißen – Elias ist tot? Haben Sie ihn gesehen?«

»Ja. Ich sah ihn... oder das, was von ihm übrig ist. Er liegt dort etwa hundert Meter entfernt. Etwa da, wo jetzt der Feind ist. Es kann nichts getan werden, Taylor. Kehr um, Taylor.«

Kugeln fetzten durch den Dschungel hinter ihnen. Barnes warf sich herum und rannte in Richtung Kirche. Er verschwand schnell im dichten Dschungel, und Chris war allein.

Ich sollte Elias holen, dachte er. Ich sollte zu ihm und ihn dort herausholen... seine Leiche... irgend etwas. Eine Kugel pfiff dicht an Chris Taylors Kopf vorbei, und Chris warf sich hin. Sie sind jetzt bei Elias, sagte sich Chris, und sie werden mich erledigen, wenn ich nicht von hier verschwinde. Elias ist aus dem Krieg heraus, vielleicht sogar *besser* heraus. Vielleicht ist er jetzt irgendwo anders...

Chris Taylor sprang auf und hetzte zum Landeplatz.

Der dritte Zug der Bravo-Kompanie und das, was vom zweiten Zug übriggeblieben war, kämpften ein Rückzugsgefecht und hielten die NVA lange genug hin, bis die Helikopter landen, eine Ladung Verwundeter aufnehmen und in den bewölkten Himmel davonfliegen konnten.

Chris feuerte und lief zurück. Er hatte keine erkennbaren Ziele, doch er machte seinem Zorn über Elias' Tod Luft und jagte Kugel um Kugel in den Dschungel. Auf dem Weg zum Landeplatz schoß er auf jeden Busch, weil vielleicht ein Feind dahinterstecken konnte.

Als er die Lichtung erreichte und zu einer Gruppe stieß, die abtransportiert werden sollte, gewann er eine Vorstellung vom Ausmaß des Blutbads. Tubbs und Crawford wurden ohne viel Aufhebens in einen Huey-Helikopter geworfen. Bevor die Maschine aufsteigen konnte, sah Chris, daß zwei Männer Big Harold zum Helikopter trugen. King warf sein Maschinengewehr hinter der Bahre her und kletterte, gefolgt von Doc Gomez, in den Hubschrauber. Wenn der Doc fortflog, dann mußten alle Opfer abtransportiert sein. Jetzt konnten die restlichen Mitglieder von Bravo II evakuiert werden.

Chris bemerkte das heftige Winken des Bordschützen an der linken Tür des Helikopters. Er gab das Signal an Rhah weiter, und beide Männer sprinteten auf die Maschine zu. King streckte Chris einen starken Arm entgegen und zog ihn in die Maschine neben Big Harold. Der große Mann lag auf den Ellenbogen aufgestützt da und war groggy vom Morphium.

Eine RPG-Granate donnerte in die Ruine der Kirche, und Steinsplitter knallten gegen den Helikopter. Chris hörte das Prasseln gegen die Maschine, kurz bevor es von einem Feuerstoß übertönt wurde, den einer der Schützen an der Tür abgab. Der Bordschütze auf der anderen Seite winkte Lieutenant Wolfe und Barnes, die geduckt auf den Hubschrauber zurannten.

Noch bevor Wolfe ganz an Bord war, hob der Helikopter vom Boden ab, schwankte unter der schweren Ladung und stieg auf. Der Pilot ging steil in den Kurvenflug. Die Maschine gewann an Höhe, und Chris hatte einen schwindelerregenden Blick auf die Kirchenruine. Leere Patronenhülsen funkelten im Sonnenschein, der durch die Wolkendecke gedrungen war.

Sie schafften es! Sie waren unversehrt und auf dem Weg aus diesem verdammten Fleischwolf! King stieß einen Triumphschrei aus und brüllte gegen das Dröhnen des Helikopters an.

»Big Harold! Morgen um diese Zeit wirst du in Japan sein!«

Harold strengte sich an, um einen letzten Blick auf den Landeplatz zu erhaschen. »Diesmal habe ich Glück, Mann. Ich würde jederzeit ein Bein dafür geben, hier herauszukommen!« Er stemmte sich auf der Bahre hoch und schrie zu den NVA-Soldaten irgendwo dort unten im Busch: »Ihr könnt mich am Arsch lecken, ihr Bastarde!!!«

Doc Gomez drückte Big Harold zurück auf die Bahre, und Chris schob sich weiter fort zum Fenster, um Platz zu machen. In diesem Augenblick sah er es. Lieutenant Wolfe und Barnes bemerkten den ungläubigen Ausdruck seines Gesichts und neigten sich herüber, um hinabzuspähen wie Chris.

Elias taumelte aus dem Dschungel. Er war nicht tot! Trotz der Höhe konnte Chris sehen, daß Elias jedoch bald tot sein würde, wenn sie nicht umkehrten und ihn sofort mitnahmen. Gestalten in dunkelgrünen Uniformen strömten durch den Dschungel und verfolgten den verwundeten Amerikaner. Blut tränkte die Brust und den Rücken von Elias' Uniform. Er hatte keine Waffe und war anscheinend auch nicht in der Verfassung, um eine zu benutzen. Taylor zuckte zusammen und machte die Besatzung des Hubschraubers schreiend auf Elias aufmerksam. In diesem Augenblick wankte Elias unter den Einschlägen von AK-Kugeln und fiel auf die Knie.

Barnes und Wolfe tauschten betroffen Blicke, als Elias langsam, in einem stummen Flehen die Arme zu dem davonfliegenden Helikopter hob. Chris fuhr zu dem Piloten herum und schrie, um den Lärm zu übertönen. Beide Bordschützen feuerten jetzt hinunter. Wolfe schrie den Kopiloten an und zerrte an seinem Arm. Der Pilot wandte sich auf seinem Sitz um und schaute zu den entsetzten Infanteristen im Bauch seiner Maschine. Der Ausdruck seiner Augen war unter dem dunklen Schirm seines Helms nicht zu erkennen. Mit einer behandschuhten Hand hielt er das Mikrophon an die Lippen und sprach hinein.

Chris erhaschte einen letzten Blick auf Elias. Er lag jetzt langausgestreckt auf dem Boden und war von NVA-Soldaten umgeben, die nun auf die nahenden Kampfhubschrauber feuerten, die der Pilot zum Landeplatz beordert hatte. Chris beobachtete, wie Elias in einer Fontäne aus Dreck und Flammen verschwand, als die Geschosse der Kampfhubschrauber in den Kirchhof einschlugen.

Chris wünschte, daß ihm jemand das erklärte. Wie konnte das geschehen? Wie konnte Barnes Elias dort draußen zurücklassen, ohne zu versuchen, ihn zu evakuieren? Chris schaute zu den Soldaten, die mit ihm in der Maschine waren, und suchte nach einer Antwort. Er sah nur Schock und weitere fragende Blicke.

Und dann fiel sein Blick auf Barnes. Der Mann zeigte überhaupt keine Gefühlsregung. Er lud sein Gewehr und starrte zufrieden ins Leere... wie ein Facharbeiter, der eine gute Tagesarbeit begutachtet. Chris wußte die Antwort auf seine Fragen.

Barnes konnte erzählen, was er wollte, nachdem die Kampfhubschrauber die NVA aus dem Gebiet vertrieben hatten und zurückflogen, um Elias' Leiche zu bergen. Diesmal würde es keine Ermittlungen geben. Keiner würde drei kleinere Einschußwunden an der Leiche finden, die von AK-Kugeln durchsiebt war. Wie ein vorsichtiger Maschinist hatte Barnes ein schlecht funktionierendes

Teil seiner Kriegsmaschine entfernt, um sie gut funktionsfähig zu erhalten.

Chris starrte den Sergeant, der die Männer des zweiten Zugs während des Hinterhalts gerettet hatte, mit kaltem Haß an. Es wurde Chris klar, daß die Regeln soeben Lügen gestraft worden waren. Wenn er sich Barnes als Vorbild nahm, dann konnte er Sinn, Verstand und Form in diesem Krieg vergessen. Alles, was blieb, war das Wesentliche, und das Wesentliche im Krieg ist das Töten; kaltes, wirkungsvolles Eliminieren des Feindes.

Chris wußte nicht, ob er jemals so kalt wie Barnes sein konnte... doch von jetzt an würde er in diesem Krieg mit Gewißheit so wirkungsvoll sein.

9

»Gentlemen, ich habe das 141. NVA-Regiment und all seine Faxen satt...« Der Brigadekommandeur hatte eine nervtötende Art, Pausen einzulegen und mit einem zusammenklappbaren Zeigestock zu spielen, bevor er zur Sache kam. Captain Harris wartete mit den anderen Kompanie- und Bataillonschefs auf die schlechten Neuigkeiten. Er fragte sich, wie ein Mann, der den Dschungel nur aus der relativen Sicherheit eines Helikopters gesehen hatte, ein Gefecht, das über fünfzig Opfer gefordert hatte – einschließlich zehn Männer vom zweiten Zug der Bravo-Kompanie – als ›Faxen‹ bezeichnen konnte.

»Ich habe mich zu einem Plan entschlossen, der den feindlichen Aktivitäten in diesem Sektor ein Ende setzen sollte...« Der General wies mit dem Stock vage auf ein Grenzgebiet westlich ihrer Position. »Und was noch wichtiger ist: Wir müssen das 141. Regiment davon abhalten, vor der Waffenruhe zum Tet-Fest, das übermorgen beginnt, in den Saigon-Korridor vorzurücken.«

Was soll die Eile? fragte sich Harris. Der Krieg würde nach dem Tet-Fest immer noch da sein. Seine Leute brauchten eine Ruhepause, Nachschub und Ersatz für die Verluste. Doch für den General war die Zeit knapp.

»Wenn wir die NVA vorrücken lassen, dann hat sie gut zwei Wochen Zeit, um sich zwischen uns und den Verteidigungskräften der nationalen Hauptstadt einzunisten, um anschließend die Peripherie von Saigon anzugreifen.«

Harris starrte auf die Lagekarte, die an der Wand des Zelts hing, in dem die Einsatzbesprechung stattfand. Gott bewahre, daß jemand, der in der Etappe diente, von denen in der ›Kampfzone‹ ein herabsetzendes Wort hören sollte – geschweige denn einen zornigen Angriff.

Der Brigadekommandeur wartete, während ein Adjutant eine Landkarte in größerem Maßstab aufhängte, die das Tal zeigte, das etwa zwei Kilometer von der kambodschanischen Grenze entfernt war. »Sie alle wissen inzwischen, daß die Alpha-Kompanie letzte Nacht in diesem Gebiet hart angegriffen wurde. Die Bravo-Kompanie erlitt ebenfalls Verluste und mußte ausgeflogen werden, bevor sie in der Lage war, auf den Bunkerkomplex der NVA vorzustoßen, der die Zugänge zu dem Tal schützt. Nach dieser Evakuierung verbrachte die Charlie-Kompanie die Nacht mit der Erkundung dieses hohen Terrains längs ihrer Randstellung.

»Was wir offensichtlich brauchen, um die Entscheidung in diesem Gebiet zu erzwingen, ist ein Stellungsgefecht, bei dem wir alle unsere Unterstützungswaffen einsetzen können. Deshalb werden wir einen Köder auslegen und die Charlie-Kompanie ins Spiel bringen, um zu diesem Köder vorzustoßen.« Der General lächelte, als hätte er sie in ein köstliches Geheimnis eingeweiht, und wies mit dem Zeigestock auf die Karte.

»Wir werden etwas tun, das der NVA taktisch dumm vorkommen wird. Wir werden eine Randstellung aus zwei Kompanien in diesem Tal aufbauen. Bravo und Charlie werden die Stellung bemannen, und Alpha und andere Truppenteile werden in mobiler Reserve bleiben. Wenn der Feind den Köder schluckt und aus diesen Hügeln hinabstürmt, setzen wir die Artillerie, ARA, TacAir und alles sonst, was wir zur Verfügung haben, ein und nageln den Feind fest. Wenn das gelungen ist, führen wir die beiden Bataillone von Osten und Westen heran und schließen die Überlebenden ein.«

Harris blickte nervös zum Chef der Charlie-Kompanie. Der Mund des Mannes klaffte auf, und alles Blut schien aus seinem Gesicht in die Ohren gewichen zu sein. Er weiß Bescheid, dachte Harris. Er versteht. Das Schlimme an einem Köder ist, daß er im allgemeinen geschluckt wird, bevor der große Fisch an Land gezogen werden kann.

Der General erklärte, daß die Operation beim Morgengrauen des nächsten Tags beginnen würde, und erkundigte sich, ob jemand Fragen hatte. Harris hatte zahlreiche Fragen, doch sie betrafen Einzelheiten, die am besten von Stabsoffizieren der Brigade beantwortet werden konnten.

»Keine Fragen? Gut. Die Operation im Tal wird unter dem Kommando meines S-3, Major Stone, stehen. Gentlemen, bevor wir hier Schluß machen und Sie eine bitter nötige Ruhepause bekommen, lassen Sie mich das Ziel meines Plans völlig klarmachen. Dies ist eine offensive taktische Täuschung des Feindes mit nur einem Operationsziel: Das 141. Regiment der NVA aus der Schlachtordnung des Feindes auszulöschen. Ist das klar?«

Es ist klar, dachte Harris, als er das Zelt verließ und zu seinem eigenen Kommandoposten ging, so klar wie die Tatsache, daß die Bravo-Kompanie aus der Schlachtordnung der Amerikaner gestrichen werden kann, wenn wir dort draußen scheitern. Er warf einen Blick auf seine GI-Armbanduhr und schätzte, daß es etwa achtzehn Stunden bis zur Morgendämmerung waren. Seine Einheiten waren stark unterbesetzt, und er hatte keine Chance, bis morgen Ersatz zu bekommen, um die Stärke aufzufüllen.

Ermittlungen wegen der Schüsse in dem Dorf und dem fehlgeleiteten Artilleriefeuer würden warten müssen.

Duschen, warmes Essen und Post aus der Heimat halfen, die Moral der Männer von Bravo II zu heben. Doc Gomez hatte erfahren, daß Big Harold, Crawford und Lerner überlebt hatten. Die Männer waren auf dem Weg in Lazarette außerhalb Vietnams und würden nicht zurückkehren. Man hatte in aller Stille alle Spuren von Morehouse, Fu Sheng, Tubbs, Flash, Warren, Sanderson und Sal aus den Quartieren des zweiten Zugs entfernt. Nur Erinnerungen und leere Kojen blieben als Zeichen für die Abreise oder den Tod eines Drittels der Einheit.

Als die Waffen gereinigt, die Ausrüstung ersetzt oder ergänzt und alles bereit für den Abflug in das Tal war, hatte sich die Dunkelheit über das Basiscamp gesenkt. Das

Licht von Laternen und Glühbirnen hielt die Dämonen von einigen fort, doch Chris brauchte eine andere Art Trost. Er kochte innerlich und wollte sich auf den Haß konzentrieren, der einem Mann galt, um den Kummer wegen des Verlustes eines anderen Mannes zu kompensieren.

Chris rauchte einen Joint und schaute in die Gesichter, die vom flackernden Kerzenschein in der Unterwelt erhellt wurden. King, Francis, Doc und sogar Rhah wirkten bedrückt und schockiert über das, was sie in der letzten Woche durchgemacht hatten. Schließlich brach Chris das Schweigen zum erstenmal, seit sie sich beim Sonnenuntergang versammelt hatten.

»Er hat ihn ermordet, Mann. Ich *weiß*, daß er das getan hat. Ich sah diesen Ausdruck in seinen Augen, als er zurückkam…«

Rhah sog heftig an seiner Montagnard-Pfeife und inhalierte Rauch. »Sei nicht blöde, Taylor. Woher willst du wissen, daß es nicht die NVA war, die Elias erwischte? Du hast keinen Beweis, Mann.«

Chris griff in die Hosentasche, zog eine Handgranate hervor und hielt sie hoch, damit alle sie sehen konnten. »Der Beweis war in seinen Augen zu sehen. Du warst dabei, Rhah. Ich sah dir an, was du dachtest. Ich schlage vor, wir erledigen den Bastard heute nacht!«

King starrte auf die Handgranate. Er vermißte Elias, und er dachte an Big Harold und einen Mann, der versuchte, mit nur einem Bein ein Stück Farmland in der Mississippi-Ebene zu bestellen. »Ich mache mit. Manchmal muß es Auge um Auge sein.«

Doc Gomez hatte im Kommandoposten der Bravo-Kompanie medizinische Berichte erledigt und die Papiere gesehen, mit denen der Kompaniechef eine Untersuchung der Ereignisse in dem vietnamesischen Dorf befohlen hatte.

»Barnes wird nicht davonkommen, Mann. Ich sage, laß die Militärjustiz sich mit Barnes beschäftigen.«

»Zur Hölle mit der Militärjustiz!« Chris legte die Handgranate ab und starrte lange darauf. »Wie wollen sie irgend etwas beweisen, wenn alle Zeugen korrupt sind?«

Rhah nahm die Handgranate und hielt sie Taylor vors Gesicht. »Baaa, du warst zu lange in der Sonne, Junge! Wenn du versuchst, es Barnes damit zu besorgen, schiebt er dir das Ding in den Arsch.«

»Okay, Mann. Was schlägst du vor?«

»Ich schlage vor, daß ihr alle sehr auf euch aufpaßt, weil Barnes es euch morgen im Busch hart geben wird!«

Im Aufglühen eines Joints war kurz die Furcht in Francis' dunklem Gesicht zu sehen. Nachdem Lieutenant Wolfe sie über die geplante Operation informiert hatte, hatte Francis jeden bekannten Trick versucht, um sich vor dem Dienst im Feld drücken zu können. Nichts hatte geklappt. »Wie kommst du darauf, Mann? Barnes wird jeden Mann brauchen, den er dort draußen hat.«

Rhah hob die Faust mit der Tätowierung HATE. »Wir reden nicht von ›brauchen‹, Mann. Wir reden von der menschlichen Natur.«

»Dann willst du die Sache einfach vergessen, Mann?« King dachte an all die harten Zeiten, in denen Elias sie durch den Dschungel geführt hatte, damit sie überleben und sich in der Unterwelt entspannen konnten. »Du willst Elias und all die guten Zeiten, die wir hier hatten, einfach vergessen?«

Rhah hatte einige Zeit gebraucht, um zu einem Entschluß zu gelangen, und jetzt hielt er es für an der Zeit, ihn anzukündigen. »Du mußt das so sehen, Mann. Elias hat sich dort draußen sein eigenes Grab geschaufelt.«

Chris sprang auf und stieß wütend einen Finger gegen den Mann auf dem improvisierten Thron der Unterwelt. »Das ist Blödsinn, Rhah, und das weißt du, Mann! Wie du es auch drehst, Barnes ist ein verdammter Mörder!«

Rhah stopfte gelassen seine lange Pfeife und wies mit dem Stiel durch den Bunker. »Ihr Leute versucht, Kopfschmerzen zu kurieren, indem ihr den Kopf abschneidet. Elias hat euch nicht gebeten, seine Schlachten zu schlagen. Und wenn es einen Himmel und einen Gott gibt –

was ich hoffe –, dann weiß ich, daß Elias dort oben sitzt und Shit raucht und einen draufmacht, weil er seinen Schmerz und Kummer hier unten zurückgelassen hat, Mann!«

Chris hörte zu, doch er konnte nicht den wilden Zorn abschütteln, der in ihm tobte. »Hör mit diesem Scheiß auf!«

Rhah zündete seine Pfeife an und rauchte einen Augenblick lang schweigend. »Taylor, ich erinnere mich an deinen ersten Auftritt hier, als du sagtest, wie sehr du diesen Bastard Barnes bewunderst. Du sagtest, du hältst ihn für einen höllisch guten Soldaten.«

»Da habe ich mich verdammt geirrt, Mann!«

»*Geirrt?* Taylor, du hattest niemals mehr *recht*. Nun begreift mal folgendes, ihr Armleuchter. Barnes wurde siebenmal verwundet, nicht wahr? Und er lebt immer noch! Sagt euch das etwas? Das einzige, was Barnes killen kann – das ist *Barnes*!«

Staff Sergeant Robert E. Lee Barnes stand im Dunkel am Eingang zur Unterwelt und beobachtete und lauschte stumm. Er versuchte, den Alkoholdunst auszuhauchen, nachdem er viel getrunken hatte, um sein Bewußtsein zu betäuben. Diesmal hatte der Whisky seine Sorgen und Ängste nicht auslöschen können.

Ich war nie zuvor durcheinander, dachte er. Warum bin ich das jetzt?

Die Frage war komplizierter, das wurde Barnes klar. Es ist härter für einen Soldaten zu kämpfen, wie er es sollte, aus tapferer Reaktion heraus. Er würde mehr denken müssen, wenn er noch länger im Dschungel überleben wollte. Doch angenommen, er würde so weitermachen wie bisher und tun, was er immer getan hatte. Die Situation einschätzen und sich auf sein taktisches Gespür konzentrieren, das ihm stets gesagt hatte, was er im Kampf tun mußte. Die Flammen anfachen, die zu einem mörderischen Feuer in ihm aufloderten. Tun, was getan werden mußte.

Verstanden diese Marihuana rauchenden Idioten denn nicht, wie es funktionierte? So *mußte* es funktionieren. Wenn das Gefühl kommt, dann muß man nicht dagegen ankämpfen, sondern es nutzen, sagte er sich. Das Gefühl gibt dir Macht über den Feind... über jeden.

Es war dieses Gefühl, das ihm gesagt hatte, Elias zu eliminieren. Barnes verstand das Gefühl nicht – den schmerzhaften Druck hinter den Augäpfeln –, doch er wußte, daß es die Quelle seiner Macht im Kampf war. Wenn das Gefühl da war, wußte er, was er zu tun hatte, wie er wirkungsvoll töten und sich keine Sorgen um die eigene Sicherheit machen konnte. Er hatte das Gefühl an diesem Morgen gehabt, als Elias eine Bedrohung für die Sicherheit des zweiten Zugs gewesen war.

Warum verstanden diese Arschlöcher das nicht? Und warum war ihm dieses Gefühl zum erstenmal, soweit er sich erinnern konnte, unwillkommen?

Ein Klümpchen Dreck fiel auf den Boden der Unterwelt, und die Blicke der Männer zuckten zum Eingang. Sie hatten vergessen, einen Wachtposten aufzustellen, und so hatte sich Barnes unbemerkt in die Unterwelt einschleichen können. Die blauen Augen über den narbigen Wangen glitzerten in alkoholischem Feuer. In der entsetzten Stille konnten die Versammelten deutlich das Gluckern von Flüssigkeit hören, als Barnes die Whiskyflasche leertrank und zur Seite warf. Er genoß anscheinend das Unbehagen, das sein Eindringen hervorgerufen hatte. Keiner wußte, wie lange er dort am Eingang gestanden hatte.

»Ihr redet übers Killen?« Barnes' Gesicht verzog sich zu einem boshaften Grinsen. Der Sergeant schien durch den Rauchschleier der Unterwelt zu schweben. Er nahm Rhah die lange Pfeife aus den Händen. »Ihr seid alle Experten? Ihr wißt über das Killen Bescheid?«

Der Sergeant sog tief an der Pfeife und inhalierte den Rauch auf erfahrene Art. Rhah beobachtete es fast ehrfürchtig. Barnes wußte also über die Unterwelt Bescheid... und er kannte sich offensichtlich im Kiffen aus.

»Ihr Heimlichtuer raucht diesen Stoff, um euch vor der Wirklichkeit verstecken zu können. Ich brauche diesen Scheiß nicht. *Ich bin die Wirklichkeit!*«

Barnes ging im Kreis durch die Unterwelt, rauchte und bedachte jeden, an dem er vorbeikam, mit seinem verzerrten Grinsen. »So sollte es sein... und so ist es. Elias war ein Scheißer. Ein verdammter Kreuzfahrer. Nun, ich habe nichts gegen einen Mann, der tut, was ihm befohlen wird. Aber wenn er das nicht tut... geht die Maschine kaputt. Und wenn die Maschine nicht mehr funktioniert, gehen *wir* kaputt! Das werde ich nicht hinnehmen. Nicht von irgendeinem von euch... von keinem...«

Barnes zerbrach den harten Bambusstiel der Pfeife über seinem Oberschenkel, als wäre der Pfeifenstiel nur ein Streichholz. »Ihr alle liebt Elias? Ihr alle wollt mir in den Arsch treten? Nun, ich bin hier, ganz allein. Niemand wird etwas davon erfahren. Ihr seid zu fünft, und ich bin allein.«

Barnes ließ die Hände an den Seiten herabhängen und starrte auf etwas in dem Rauchschleier, das nur er sehen konnte. Seine Stimme war leise und klang fast flehend.

»Tötet mich...«

Die Männer waren längst nicht mehr high. Die meisten waren sichtlich verlegen. Zum erstenmal, seit sie ihn kannten, wirkte Barnes mitleiderregend, als er um die Beendigung irgendeiner Qual flehte, die sie nicht verstehen konnten. King spielte kurz mit dem Gedanken, dem Unteroffizier das Genick zu brechen. Bei seiner Größe und Kraft konnte er das vielleicht schaffen. Doch der Augenblick ging vorüber. Barnes mochte bei anderen Leuten Herr über Leben und Tod spielen, doch King konnte das nicht.

Als keiner sich rührte, brach Barnes den Bann mit einem verächtlichen Schnauben. »Kein einziger von euch hat Mumm! Ich scheiße auf euch alle!«

Die verächtlichen Worte waren zuviel für Chris. Er sprang mit einem Schrei von seinem Platz nahe der Wand auf und rammte Barnes den Schädel in den Bauch. Dem

Unteroffizier blieb die Luft weg, und er stürzte zu Boden. Chris hockte sich mit gespreizten Beinen auf ihn und bearbeitete das verzerrte Gesicht des Mannes mit beiden Fäusten.

Barnes ruckte mit dem Kopf hin und her, und die meisten der Hiebe gingen ins Leere. Seine Augen leuchteten vor Aufregung. Er war wieder im Kampf... im Nahkampf, wo er den Kitzel am größten fand.

Chris hörte kaum, daß die Kameraden ihn anfeuerten. Barnes zu töten. Er konzentrierte sich darauf, die Faust auf die gezackte Narbe an der Stirn des Mannes zu schlagen. Vielleicht konnte er die Faust durch das teuflische Hirn schmettern und all ihr Elend beenden. Er sah, wie Barnes vor Schmerz zusammenzuckte, als der Hieb schließlich die ausgewählte Stelle traf. Und im nächsten Augenblick lag er flach auf seinem Rücken und starrte zu dem Mann empor, den er in diesem Moment mehr als irgend etwas anderes auf der Welt haßte.

Barnes hatte Taylor ein Knie in den Unterleib gestoßen und den leichteren Mann von sich und auf den Rücken geschleudert. Jetzt saß Barnes mit gespreizten Beinen auf Taylor, der um Atem rang, und starrte ihm in die Augen. Instinktiv stieß Barnes' rechte Hand zum Gurt hinab, und im nächsten Augenblick hielt er sein Kampfmesser in der Hand. Die funkelnde Klinge tauchte zwischen den beiden Mittelfingern auf, und die Spitze berührte fast Taylors Nase. Barnes zog das Messer zurück und holte aus, um es Chris in eine Augenhöhle zu stoßen.

Er hörte etwas, bevor sich seine Muskeln spannten, und er hielt blinzelnd in der Bewegung inne. Rhah schrie ihm ins Ohr.

»Nicht, Barnes! Ruhig, Mann! Denk darüber nach. Du bekommst zehn Jahre, wenn du ihn tötest, Mann! Zehn Jahre in Long Binh, Barnes... tu's nicht! Tu's nicht, Mann!«

Barnes bekam sich unter Kontrolle. Chris vergaß das Messer und beobachtete gebannt, wie sich Barnes' Gesichtsmuskeln entspannten und der Zorn in völlige Ruhe überging. Chris Taylor glaubte, völlig unbehelligt davonzukommen, als er das Lächeln sah, das um Barnes' unversehrten Mundwinkel spielte.

Der Sergeant des Zugs ließ sich die Gelegenheit jedoch nicht völlig entgehen. Er stieß das Messer mit einer kontrollierten Bewegung hinab und hinterließ einen sichelförmigen Schnitt unter Taylors linkem Auge. Der Schnitt war so schnell und glatt, daß es Sekunden dauerte, bis die Kapillargefäße Blut abgaben. Barnes erhob sich und beobachtete Chris, der die Schnittwunde berührte und gebannt auf das Blut starrte, das seine Finger bedeckte.

»Tod?« Barnes lachte auf und schrie dann in die Dunkelheit. »Ihr alle wißt nichts über den Tod!«

Dann ging der Sergeant des Zugs und ließ sie in benommenem Schweigen zurück.

Chris Taylor hatte viel über den Dschungelkampf gelernt, seit er vor nicht allzulanger Zeit fast in der Hitze vor Erschöpfung gestorben war, als er zuviel Gepäck getragen hatte. Er hatte gelernt, daß ein Tuch wie das Halstuch, das er sich um die Stirn gebunden hatte, im Busch von unschätzbarem Wert war. Er hatte den Rucksack gegen einen kleineren Packen getauscht und gelernt, seine Last auf das Wichtigste wie Munition, Proviant und Wasser zu beschränken. Alles andere hatte er im Basiscamp zurückgelassen. Chris hatte gelernt, die Teile seiner Ausrüstung so zu befestigen, daß sie im Dschungel nicht klapperten, und er hatte sogar seinen Kampfanzug abgeändert, damit er besser paßte und nirgendwo hängenblieb, wenn er sich schnell durch den Dschungel bewegte.

All diese Dinge hast du von Elias gelernt, dachte Chris, als er sich im Huey-Helikopter umsah. Aber Elias war nicht mehr da, und keiner in der Maschine schien ihn zu vermissen. Im Schein der Morgendämmerung, der in den Hubschrauber fiel, zählte Chris die Überlebenden und fragte sich, ob sie ein weiteres Morgengrauen erleben würden.

Aber was macht das schon? dachte er. Nichts zählt

mehr, wenn man sich die Mühe macht, nach dem Sinn zu fragen. Er hatte den Mut zum Kampf verloren wie ein alter, zahnloser Löwe. Barnes hatte ihm einen Schnitt im Gesicht zugefügt, aber die eigentliche Verletzung war irgendwo tief in Chris Taylors Seele. Irgendeine Verbindung zwischen seinem Schneid und seinem Verstand war durchtrennt worden. Jetzt war sein Verstand betäubt. Da war nur das schwelende Feuer in ihm... und Chris wußte nicht, ob er es jemals wieder zur Glut anfachen konnte, ganz gleich in welcher Situation.

Ich sollte etwas tun, um auf der Stelle hier herauszukommen, sagte er sich. Wenn ich nichts tue, bin ich ein toter Mann. Selbst wenn ich diese Operation überlebe, bin ich tot. Ich wollte in Vietnam all die Antworten auf meine Fragen haben, und jetzt verstehe ich nicht mal die Fragen. Es ist zu spät. Ich bin in etwas hineingeraten, das ich nicht mehr unter Kontrolle behalten kann.

Selbst wenn ich die Kontrolle wiedergewinnen kann, dachte Chris, was soll ich dann in diesem verdammten Schlamassel tun? Was *kann* ich tun? Was ist richtig, und was ist falsch? Jesus, ich dachte, ich wüßte es und dieses Wissen mache mich zu einem erwachsenen, vernünftigen Menschen. Aber...

Wer verdient Bestrafung und wer Belohnung? Sollte Barnes eine Medaille bekommen, weil er mehr Feinde getötet hat als sonst jemand auf der Welt – selbst wenn er Elias ermorden mußte, um das zu erreichen? Ist das richtig im Zusammenhang mit diesem Krieg? Oder ist das Wahnsinn? Sollte die NVA mit Feuer und Tod bestraft werden, weil sie einfach versucht wie wir alle, diese verdammte Hölle zu überleben? Wenn nicht, dann sollte er keine weiteren Feinde mehr töten, und das würde ihnen erlauben, *ihn* zu töten. Das durfte nicht sein. Chris würde es nicht zulassen. Wenn es Gerechtigkeit gibt, dachte er, dann werde *ich* entscheiden, welche Form sie haben soll.

Barnes schaute sich genau die Landkarte von dem Tal an, das irgendwo unterhalb und voraus lag. Die Charlie-Kompanie war bereits eingeflogen worden und grub sich in diesem Gebiet ein. Rodriguez hielt einen Rosenkranz und bewegte die Lippen in stummem Gebet. Bunny kaute an einem Stück Kaugummi der C-Ration herum und streichelte müßig über die Schrotflinte, die auf seinen mageren Oberschenkeln lag. King rückte seine Ausrüstung zurecht. Francis trommelte einen Rhythmus auf seine Knie und schien in den Text irgendeines Soullieds versunken zu sein.

Bunny stieß Chris an und wies nach unten. Die Ruinen von Phan Xa Vi schwelten noch immer, doch Chris sah, daß einige Dorfbewohner zurückgekehrt waren und in der Asche herumstocherten. Bunny stieß ihn wieder an, stellte die Schrotflinte zwischen die Beine und rieb am Lauf auf und ab, als würde er masturbieren. Taylor blickte angewidert fort und sah vier weitere Hueys, die in lockerer Formation oberhalb von ihnen flogen. Die Maschinen gewannen an Höhe, um über die mit dichtem Dschungel bewachsenen Höhen hinwegzufliegen, bevor es ins Tal hinabging.

Chris war aus dem Hubschrauber und ging vom Landeplatz weg, bevor irgendeiner der anderen Passagiere ausgestiegen war. Er hatte den Befehl erhalten, sich mit King und dem MG irgendwo bei einer Schlüsselposition am Rand des zweiten Zugs einzugraben. Die MG-Stellung mußte gut ausgebaut werden. Er und der große schwarze MG-Schütze hatten bis zum Einbruch der Dunkelheit noch viel zu tun.

Während die Soldaten des zweiten Zugs dastanden und sich auf der kleinen Lichtung umsahen, die aus dem Dschungel des Talgrunds geschlagen worden war, sprach Barnes mit den Sergeants der Charlie-Kompanie, und es wurde ihm ein Sektor des Kreises zugewiesen, den er verteidigen sollte. Die Schwester-Kompanie besetzte das Gebiet jenseits eines kleinen Flusses, der durch die Mitte der Stellung verlief. Die Bravo-Kompanie würde die andere Seite des Flusses besetzen.

Captain Harris' Kommandoposten war bereits auf dieser Seite des Flusses im Bau. Vier 81-mm-Mörser waren im Gebiet der Charlie-Kompanie in Stellung gebracht worden. Der Kommandoposten des S-3 der Brigade, der das Kommando über die gesamte Operation hatte, wurde von einer Reihe Antennen markiert, die aus einem Bunker im Sektor der Bravo-Kompanie ragten.

Barnes führte die Soldaten eine schlammige Anhöhe hinauf zu einer Position gegenüber des Dschungels und teilte sie zu Paaren ein, die ihre Schützenlöcher graben sollten. O'Neill und Huffmeister hielten den linken Rand des Sektors, den der zweite Zug einnahm. Daneben banden Francis und Parker ihr Schanzwerkzeug los und gingen an die Arbeit. Chris und King waren am weitesten vorn an einer Ecke, wo die Linie der Verteidigungspositionen abbog, um den Hang hinunterzuführen. Rhah grub sich mit Adams ein, Rodriguez mit Ebenhoch und Bunny mit Junior. Am hinteren Ende der Linie gruben Doc und Hoyt, der nach Aces Ausfall zum Funker des Zugführers aufgestiegen war, einen Vier-Mann-Schützengraben für sich, Lieutenant Wolfe und Barnes. Es waren jämmerlich wenig Soldaten, um den Sektor zu halten, der dem zweiten Zug zugeteilt worden war.

Unterhalb von ihnen, in der Nähe des Kommandobunkers des S-3, betrachtete Major Stone mit Captain Harris und dem Chef der Charlie-Kompanie eine Landkarte. Unter einem Baum in der Nähe bewachten zwei Ranger drei NVA-Soldaten, die in verdrossenem Schweigen dahockten und deren Hände hinter dem Rücken gefesselt waren.

Tony Hoyt und Doc Gomez hielten im Füllen von Sandsäcken inne und blickten zu den Gefangenen. Tony hatte die Geschichte ihrer Gefangennahme über sein Funkgerät gehört, bevor die Bravo-Kompanie hier eingetroffen war.

»Sie wurden irgendwo dort oben in den Hügeln geschnappt«, sagte Tony und wies zu den Hügeln, die das Tal wie ein unregelmäßiges Hufeisen einschlossen. »Man fand Landkarten, Feldstecher und alles mögliche bei ihnen. Ich hörte, daß sie praktisch jedes Schützenloch, jede Geschützposition, die Entfernungen zu den Schützenlöchern, die Position der Claymore-Minen und all das auf Karten verzeichnet haben.«

Doc Gomez schaufelte weiter. »Was, zur Hölle, tun wir dann hier? Warum ziehen wir nicht ab? Ich hab' hier ein verdammt mieses Gefühl, Tony. Wir haben keinen Ersatz für die Verluste bekommen, Mann. Siehst du, wie viele Jungs noch übrig sind, um diesen Sektor zu halten?«

Hoyt zuckte die Achseln. Er wollte nicht daran denken. »Weißt du, Doc, unsere Führer sind bescheuert. Ich hörte, daß wir hier in Kambodscha sind, Mann.«

Einige Männer, die in der Nähe gegraben hatten, hielten inne und schauten zu den grünen Hügeln. Ihre Gesichter zeigten plötzlich Furcht. Stimmte es, daß sie in Kambodscha waren? Woher sollten sie das wissen? Sie setzten die Arbeit fort. Was änderte es letzten Endes?

Lieutenant Wolfe fühlte sich verpflichtet, die Vorbereitungen zu kontrollieren und den Anschein zu erwecken, daß er das Kommando hatte. Er schickte Tony Hoyt den Hügel hinauf, um Rhah zu holen, und versuchte sich den Schaltplan vorzustellen, der in groben Zügen die Organisation des zweiten Zugs darstellen sollte. Da waren mehr freie Flächen als Schalter mit Namen. Es war gleichgültig, wie sehr er versuchte, die Dinge zu verschieben. Seit dem Hinterhalt und dem falschen Einsatz der Artillerie hatte Barnes nicht mehr mit ihm gesprochen. Barnes hörte schweigend zu, während Befehle von höherer Stelle durchgegeben wurden, doch jeder Versuch, den Wolfe unternahm, um die Dinge unter Kontrolle zu bekommen, stieß bei den Soldaten auf stumpfe Gleichgültigkeit oder brachte Wolfe einen vernichtenden Blick vom Sergeant des Zugs ein.

Rhah näherte sich dem Kommandoposten mit einem langen Bambusstock, an dem rostiger Stacheldraht befestigt war. Der Lieutenant starrte in die Ferne.

»Sie wollen mich sprechen, Sir?«

Wolfe blickte auf und schaute den Mann an. Rhah sah wie ein verdreckter Pirat aus, der nach langer Fahrt durch schwere See an Land kommt. Warum die Army darauf bestand, aus offensichtlichen Psychopathen Unteroffiziere zu machen, war dem Lieutenant schleierhaft.

»Sie sind mit dem heutigen Tag befördert, Jackson. Sie bekommen Elias' Gruppe.«

Rhah warf einen Blick zu Doc und Tony, und ein spöttisches Grinsen spielte um seine Lippen. »Gruppe, Sir? Wußte gar nicht, daß man in diesem Zug noch von Gruppen sprechen kann, Lieutenant.«

Wolfe seufzte und wies zum Rand des Sektors, den der Zug halten sollte. »Diese beiden Schützenlöcher dort drüben sind Ihre...«

Rhah blickte in die Richtung und unterbrach den Lieutenant. »Verzeihung, aber die Löcher sind so weit auseinander, daß ein Regiment zwischen ihnen hindurchmarschieren könnte, ohne bemerkt zu werden. Ich habe nur noch fünf warme Leichen...«

Wolfe fiel seinem neuen Gruppenführer gereizt ins Wort. »Ich will nichts von Ihren Problemen hören. Sie bekommen bald Ersatz. Augenblicklich müssen Sie zurechtkommen wie jeder sonst.«

»Hey, Lieutenant, ich habe nicht um den Job gebeten...«

»Ich will nichts davon hören, Rhah.« Wolfe nahm seine Waffe, gab Tony einen Wink, ihm zu folgen, und ging in Richtung Kommandoposten der Kompanie.

»Sie wollen nichts davon hören?«

»So ist es, Rhah. Ich will nichts davon hören. Und wissen Sie, warum, Rhah? Weil es mir ehrlich gesagt scheißegal ist. Okay?«

Rhah warf einen ungläubigen Blick zu Doc Gomez, der sich auf seinen Spaten gestützt hatte und den ganzen Wortwechsel mitbekommen hatte. Schließlich zuckte Doc Gomez mit den Schultern und lächelte Rhah an.

Als das Schützenloch tief genug und solide mit festgepackten Sandsäcken umgeben war, ließ King Chris allein, um zwei Mahlzeiten aus C-Rationen zu erhitzen und etwa

Die Soldaten stecken das Dorf in Brand.

Die Einheit gerät in einen Hinterhalt der Vietcong.

Sergeant Elias (Willem Dafoe) geht auf eigene Faust los, um die Vietcong zu stoppen.

Die Soldaten werden mit dem Hubschrauber zum Einsatzort gebracht.

25 Meter tiefer am Hügelhang die Claymore-Minen anzubringen. Er rollte gerade den Verbindungsdraht aus und arbeitete sich wieder den Hang hinauf, als er sah, daß sich die verstärkte Gruppe vom ersten Zug einen Weg bahnte, um zur Stellung zu gelangen. King warnte den Gruppenführer vor den beiden Minen neben dem Pfad, fand eine passende Stelle für eine Position während des nächtlichen Hinterhalts und gesellte sich zu Chris, der neben dem Schützenloch saß. Während er die Drähte an die Zündgeräte anschloß, dachte er an die furchtsamen Blicke der Männer, die er außerhalb der Stellung gesehen hatte.

»Gut, daß diese Jungs sich in den Hinterhalt legen müssen und nicht wir, Mann. Irgendwo dort draußen lauert die Bestie, Taylor, und sie ist heute nacht hungrig. Die Sache stinkt mir. Ich habe noch zehn Tage und einmal Aufwachen, und ich bin immer noch hier draußen in dieser Scheiße...«

King wußte nicht, ob Chris ihm zugehört hatte oder nicht. Die Brenntablette unter ihrer Mahlzeit war ausgegangen, doch Chris traf keine Anstalten, sie wieder anzuzünden. Er starrte nur in den Dschungel hinter dem Trupp her, der sich in den Hinterhalt legen sollte.

»Was ist los, Taylor? Wie kommt es, daß du keine Briefe mehr schreibst, Mann? Du hast doch sonst dauernd nach Hause geschrieben. Hast du keinen mehr in der Welt? Keine Eltern oder ein Mädchen oder so?«

Chris winkte ab und zog mit der anderen Hand eine Plastiktüte voller Joints aus der Tasche. King riß ihm die Plastiktüte aus der Hand.

»Du rauchst zuviel von diesem Scheiß, Mann. Und das ist nicht der richtige Zeitpunkt. Wenn du zuviel davon reinziehst, macht dich der Stoff fertig.«

Chris ignorierte Kings Worte und wandte seine Aufmerksamkeit auf die gefüllten Magazine und einen Haufen Handgranaten, die in dem Schützenloch untergebracht werden mußten, bevor es dunkel war. King zuckte die Achseln und begann in leisem Falsett ›Tracks of My Tears‹ zu singen.

Chris unterbrach ihn. »King Pin, hast du jemals einen Fehler begangen und konntest ihn einfach nicht mehr korrigieren, um aus dem Schlamassel herauszukommen?«

King zündete die Brenntablette an, um die C-Ration zu erwärmen, schaute auf und grinste. »Es gibt immer einen Ausweg, Mann. Wie sagte Elias? Man muß nur hart bleiben und sein Pulver trocken halten.«

»Das ist es, was mich stört, King. Es geht nicht nur um mich, Mann. Es geht um die Art und Weise, wie das alles läuft. Leute wie Elias gehen drauf, und Leute wie Barnes machen weiter, stellen ihre eigenen Regeln auf und tun, was sie wollen. Und was tun *wir?* Wir sitzen nur in der Mitte herum und rechnen uns aus, wie viele Tage wir noch haben.«

»Na und? Das ist doch auch das Wichtigste – hier herauszukommen...«

Bevor Chris weiter argumentieren konnte, hörten sie O'Neill, der den Hügel heraufkam und mit schriller Stimme nach King rief.

»Was, zur Hölle, will der Super-Lebenslängliche denn jetzt, Mann? Hier ist doch keine Scheiße zu verbrennen.«

Zum erstenmal in seinem Leben überbrachte O'Neill eine gute Nachricht, doch das hätte man ihm nie am mürrischen Ausdruck seines sommersprossigen, sonnenverbrannten Gesichts angesehen.

»Pack dein Zeug zusammen, King. Deine Abkommandierung ist soeben durchgekommen.«

King verschüttete Schinken und dampfende Bohnen von der Ration auf seinen Schoß, doch er schien es nicht zu bemerken. Er sprang auf, starrte dem Unteroffizier ins Gesicht und suchte nach irgendeinem Anzeichen dafür, daß es nur ein Scherz war.

»Du willst mich nicht verarschen, oder? Ich bin wirklich abkommandiert?«

»Du kannst auch hierbleiben, wenn du nicht in zehn Minuten die letzte Maschine erwischst, King«, sagte O'Neill. »Und nimm mit deinem Zeug nicht zuviel Platz ein... ich komme mit, wenn ich mich dünnemachen kann. Francis übernimmt deine Stellung hier. Beeil dich, wenn du es schaffen willst.«

King stand wie versteinert da und konnte es immer noch nicht fassen. Chris lächelte ihn an und übernahm die Initiative. Er sammelte Kings Sachen zusammen und legte ihm beruhigend die Hand auf den Arm.

»Es ist wahr, King Pin! Du kommst hier raus. Du wirst von Francis abgelöst. Nimm deine Sachen, und ich gehe mit dir runter zum Landeplatz.«

O'Neill vergewisserte sich bei seinem Schützenloch, daß seine Ausrüstung gepackt war, und dann ging er den Hügel hinunter, um Barnes zu suchen. Der Sergeant des Zugs war bei Bunnys und Juniors Position. Der Schwarze hatte die Füße auf einen Sandsack gelegt, damit Doc Gomez leichter Salbe auf die blassen, mit Blasen bedeckten Fußsohlen auftragen konnte.

O'Neill traf mitten in der Unterhaltung ein, gerade als sich Barnes hinkniete, sich auf sein Gewehr stützte und sich Juniors Füße genauer ansah. Barnes spuckte aus und wandte sich an den Sanitäter. »Was hat er für ein Problem?«

»Entzündete Füße, Sarge. Er sagt, er kann nicht gehen.«

Barnes spitzte die Lippen und nickte. Junior gefiel nicht der kalte, berechnende Ausdruck von Barnes' Gesicht.

»Wo ist sein Gruppenführer? Wo ist O'Neill?«

Doc Gomez nickte über Barnes' Schulter, und der Sergeant wandte sich um und sah O'Neill an. »Dieser Nigger hier sagt, er kann nicht gehen, Red. Was machen wir da?«

In der Ferne konnte O'Neill das anschwellende Dröhnen eines nahenden Helikopters hören.

»Junior, erhebe dich von deinem faulen Arsch und zieh die Stiefel an. Ich weiß, was du Scheißer gemacht hast. Ich hab' gesehen, daß du dir Insektenschutzsalbe auf die Füße geschmiert hast, damit sie weich werden. Steh auf, oder ich bringe dich vor das Kriegsgericht!«

Junior warf seine Stiefel in das Schützenloch zu Bunny und hoffte, daß sie das Grinsen aus dem Gesicht des weißen Jungen schlagen würden.

»Dann bring mich doch vors Kriegsgericht, Mann! Das ist mir scheißegal! Schick mich nach Long Binh! Ich gehe nicht mehr! Der weiße Mann hat das letzte aus mir rausgepreßt! Ich hab' die Schnauze voll!«

Barnes grinste O'Neill an und fragte sich flüchtig, warum der Mann in der Kühle der Abenddämmerung schwitzte. »Red, geh zurück zum Kommandoposten und hol mir diesen Tausendfüßler.«

Das Dröhnen des Helikopters hallte jetzt von den Hügelhängen wider. O'Neill war aufgeregt und besorgt. »Welchen Tausendfüßler?«

»Du erinnerst dich doch, Red. Diesen großen orangefarbenen und schwarzen Bastard, den ich in der Munitionskiste fand. Ich glaube, wir stecken ihn in die Hose dieses Arschlochs, und dann sehen wir, ob er gehen will.«

Juniors Augen weiteten sich. Er blickte nervös von einem Unteroffizier zum anderen. Meinte Barnes das ernst? Er hatte Männer gesehen, die von diesen großen Viechern gebissen worden waren. Die Bißstellen waren stark geschwollen gewesen, und der Biß hatte so viele Schmerzen verursacht, daß die Männer wochenlang gelitten hatten.

»Nein! Nicht! Nicht nötig, mir solch ein verdammtes Viech auf den Arsch zu hetzen, Mann! Ich gehe. Ich brauche diesen Scheiß nicht. Ich warne euch alle... ich brauche diesen Scheiß nicht!«

Bunny warf Juniors Stiefel aus dem Schützenloch heraus. »Hier, Nigger. Ich frage mich, warum ich ausgerechnet dich in meinem Loch haben muß.«

Barnes wandte sich ab, weil das Problem erledigt war. O'Neill hielt ihn am Ellenbogen fest.

»Äh, Bob... kann ich dich für 'ne Minute sprechen?« Der letzte Versorgungshelikopter des Abends kreiste über der Stellung und setzte zur Landung an.

»Sieh mal, Bob. Ich erhielt Heimaturlaub und mußte

mit Elias tauschen, als wir im Basiscamp waren. Jetzt wäre ich dran. Ich fliege nach Hawaii und sehe Patsy. Die Maschine geht in drei Tagen, und ich dachte mir...«

In Barnes' kalten Augen war kein Verständnis. O'Neill fuhr stammelnd fort: »Ich dachte mir... ich habe dich nie um einen Gefallen gebeten, Bob... aber ich hoffte, du würdest mich mit King in der letzten Maschine wegschikken. Was sagst du dazu? Kann ich weg?«

Barnes wandte schmerzhaften Druck an, um O'Neills Hand von seinem Ellenbogen zu lösen. »Ich befürchte, ich kann nichts für dich tun, Red. Wir brauchen jeden Mann im Feld. Tut mir leid...«

O'Neill erschauerte. Seine Chancen zu überleben wurden mit jeder Sekunde geringer.

»Hey, Bob... sei doch nicht so. Ich bin doch dein Kumpel, Red. Ich bitte dich nur um drei Tage!«

»Und ich sage dir, geh zurück zu deiner Position.« Barnes ging auf den Kommandoposten zu. Er duckte sich, als der landende Hubschrauber Dreck aufwirbelte.

O'Neill schrie gegen das Dröhnen des Helikopters an. »Ich hab' ein schlimmes Gefühl, Bob. Ich sage dir, ich hab' ein verdammt schlimmes Gefühl! Ich werde es hier draußen nicht schaffen. Verstehst du, was ich meine, Mann?«

Barnes wandte leicht den Kopf und schaute O'Neill an. »Jeder stirbt irgendwann, Red. Geh zu deinem Schützenloch.«

Kings verschlissene Dschungelstiefel trommelten auf den Boden des Landeplatzes. Er wartete auf ein Signal, daß er sich dem Helikopter nähern durfte. Das Signal würde vom Chef der Crew gegeben werden, wenn der letzte Wasserkanister ausgeladen sein würde. Der große schwarze MG-Schütze hatte nur noch ein paar Sekunden im Feld.

»Ich freue mich wirklich für dich, Mann.« Chris packte seinen Kameraden an den breiten Schultern und sah in sein Gesicht auf. »Du fliegst jetzt für uns alle heim. Hörst du? Ich habe deine Adresse, und du weißt ja, wo du mich erreichen kannst. Wir sehen uns wieder, klar? Du wirst mir fehlen, Mann!«

»Ich schicke dir eine Postkarte, sobald ich eine auftreiben kann. Und... und ich schicke dir auch ein paar Kassetten, Mann... für die Unterwelt. Es gibt bestimmt 'ne neue von Jimi Hendrix. Halt die Ohren und alles sonst steif, Junge. Denk nicht zuviel, Mann. Und sei nicht blöde. Hier draußen gibt es keinen Feigling. Also denk nur ans Überleben und reiß die Tage runter, Mann...«

King und Chris vollführten das Ritual, das stets der Posten vor der Unterwelt mit einem Neuankömmling vollzog, und dann winkte der Chef der Crew King und einige andere zum Hubschrauber. Chris wandte sich vom Helikopter ab, ohne noch einmal zu winken. King würde denken, daß er nur dem Dreck entgehen wollte, der von den kreisenden Rotorblättern aufgewirbelt wurde, doch Chris kannte den wahren Grund. Er wollte nicht, daß King Vietnam mit der Erinnerung an das traurige, neidische Gesicht eines Kameraden verließ.

Am Fluß, kurz vor dem Sektor seiner Kompanie, verharrte Chris und spähte in die Dämmerung, die sich über den Dschungel senkte. Etwas irritierte ihn; irgendeine innere Stimme sagte ihm, daß er etwas tun sollte, doch er wußte nicht, was. Was kann ich tun... außer es zu nehmen, wie es kommt? fragte er sich. Er entschloß sich, eine letzte Zigarette zu rauchen, bevor es dunkel wurde und nicht mehr geraucht werden konnte, weil sie für den Feind unsichtbar bleiben sollten.

Chris hatte seine Zigaretten im Schützenloch bei der Ausrüstung zurückgelassen, als er mit King zum Landeplatz gegangen war, aber irgendeiner der Soldaten am Fluß hatte bestimmt eine Zigarette. Chris hielt in der Dämmerung Ausschau und entdeckte einen Soldaten, der auf einem Stapel Sandsäcke saß. Da war etwas Vertrautes an dem Mann.

»Hast du eine Zigarette für mich, Mann?« Chris starrte in das abgehärmte Gesicht, und es war ihm peinlich, einen Mann in einer solch mitleiderregenden Verfassung um etwas zu bitten. Wer auch immer der Mann war, er hätte King begleiten sollen. Seine Haut hatte die teigige Blässe eines Malariakranken. Wunde, entzündete Stellen waren um seinen Mund, und die Lippen waren aufgesprungen. Schweiß und Dreck verschmolzen mit den Bartstoppeln, die Wangen und Kinn bedeckten.

Der Mann sah wie eine Leiche aus. Es war fast, als hätte sich ein Ghul einen verschlissenen Kampfanzug über das Skelett gezogen und einen dreckigen Buschhut auf den Schädel gestülpt. Der Mann griff mit zwei Fingern in eine Brusttasche und zog eine Viererpackung Zigaretten der C-Ration hervor. Es war nur noch eine Zigarette in der Schachtel. Chris hätte fast abgelehnt, die letzte Zigarette des Mannes anzunehmen, doch er hatte Angst davor.

Da war etwas Unheilvolles, Drohendes in den Augen des Mannes. Abgesehen von den Pupillen wirkten sie leblos. Chris hatte diese Art starren Blicks schon bei Gefallenen gesehen, die das Pech gehabt hatten, mit offenen Augen zu sterben.

Chris nahm die Zigarette an, als der Mann aufstand, um den Fluß zu durchqueren, aber er war nicht in der Lage, nach Streichhölzern zu kramen. Er war wie gebannt von diesen Augen, und er hatte das Gefühl, eine eisige Schlange krieche über seine Wirbelsäule. Als ob er Chris' Unbehagen spürte, hob der Mann den Blick zu dem undurchdringlichen Dschungel, der mit der zunehmenden Dunkelheit näher an die Stellung heranzurücken schien. Der Mann seufzte tief und ging davon.

»Bis dann…«

Selbst die Stimme hatte einen sonderbaren, schaurigen Klang, als spreche der Mann aus einem kleinen geschlossenen Raum… oder aus einem Grab.

Chris mußte parallel zur Linie der Stellung des zweiten Zugs gehen, um zu dem Schützenloch zu gelangen, das von ihm und Francis besetzt werden würde. Er blieb bei Rhahs und Parkers Position stehen, um sich ein Zündholz zu leihen, als das Donnern von Granaten und das Hämmern von Gewehren und MGs im dunklen Dschungel die Stille zerriß. Alle drei Männer sprangen instinktiv in das Schützenloch.

Rhah hob den Kopf und spähte vorsichtig in den Dschungel. »Paßt auf, Jungs. Das war der Hinterhalt des ersten Zugs. Denen ist schon jemand auf den Schwanz getreten. Du gehst besser in dein Loch, Taylor.«

Als Chris an der Linie der Schützenlöcher vorbeiging, passierte er Bunny und Junior. Die beiden saßen im Schützenloch und starrten einander an. Junior schaute den Teenager angespannt und zornig an, doch Bunny gab gelassen einen Einblick in seine Seele... als säße er neben einem intimen Freund.

»Weißt du, Junior, einiges von dem, was wir getan haben... ich habe nicht das Gefühl, daß wir etwas Falsches getan haben... aber manchmal, weißt du, habe ich dieses schlimme Gefühl. Das paßt nicht zu dem, was uns der Militärkaplan über den lieben Gott eintrichtern wollte. Es ist einfach ein verdammt *schlechtes Gefühl*, verstehst du? Ich weiß nicht, warum, Mann. Ich sagte dem Kaplan, daß ich in Wirklichkeit gern hier bin, daß es mir gefällt. Hier kann man tun, was man will. Niemand kann dir blöde kommen. Man hat nur die Sorge zu sterben... und wenn das passiert, hat man's hinter sich, und man spürt nichts mehr. Was soll's also? Verstehst du, was ich meine, Mann?«

Bunny brach in ein schauriges Gekicher aus, als Junior nervös über den Rand des Schützenlochs spähte und auf das Gewehrfeuer lauschte, das aus dem Dschungel hallte. Der Hinterhalt war gesprengt worden, und er, Junior, steckte mit einem Wahnsinnigen in einem Schützenloch!

»Verdammt, Mann! Muß ich ausgerechnet mit dir Arschloch zusammen sein?«

Bunny kicherte und überprüfte seine Schrotflinte. »Mach dir mal keine Sorgen, Junior. Du bist in einem Loch mit einem Kriegshelden wie Audie Murphy, Mann.«

Captain Harris ging unruhig auf und ab und wartete ungeduldig auf eine Antwort, nachdem er per Funk einen Lagebericht angefordert hatte. Es war zu früh. Der Hinterhalt hätte noch keine Feindberührung haben sollen, es sei denn, die letzte gemeldete Position des 141. Regiments der NVA war falsch. Wenn der Feind bereits im Tal war, dann würden die Dinge sehr bald äußerst hart werden. Die Alpha-Kompanie und die beiden Bataillone waren noch nicht in Position. Sie würden es nicht vor 23 Uhr sein. Gott sei Dank hatte der Major im voraus einen Plan für den Artillerieeinsatz ausgearbeitet.

Von neuem griff Captain Harris zum Hörer des Funkgeräts.

»Bravo One Alpha, Bravo One Alpha...«

Harris lauschte angespannt, als eine verstörte, atemlose Stimme erklang.

»Wir sind festgenagelt, Sir. Sie sind in den Bäumen... verdammt, sie sind in den Bäumen!«

Harris versuchte die schrecklichen Bilder zu verbannen, die er vor seinem geistigen Auge sah. Er atmete tief durch und bemühte sich, seiner Stimme einen gelassenen und beruhigenden Klang zu geben.

»Okay, One Alpha... ganz ruhig, Junge. Ich schicke euch Verstärkung. Zuerst brauche ich eure Position und...«

Der verstörte Soldat redete hastig weiter, bevor der Captain zu Ende sprechen konnte.

»Der Sergeant ist tot, Sir. Der Funker sieht auch aus, als hätte er's hinter sich. Ich weiß nicht, wo die Landkarte ist, Sir! Sie haben uns umzingelt, Captain! Sie kommen! Hunderte! Ich höre, wie sie Nam sprechen! Jesus Christus, Sir!«

Harris studierte seine Karte und legte den Finger auf die Stelle, wo der Hinterhalt sein sollte. Hatte es der Gruppenführer bis dorthin geschafft? Hatte er in der Dunkelheit die richtige Position erreicht? Es gab keine Möglichkeit, das zu erfahren. Und es blieb nichts anderes übrig, als die Artillerie zu rufen und zu hoffen, daß der

Mann am anderen Funkgerät Angaben machen konnte, damit die Artillerie auf den Feind schießen konnte.

»Die Arty kommt, Sohn. Sie schießt Leuchtspur. Beobachten Sie und sagen Sie mir, wie das Feuer verlagert werden soll. Melden Sie mir einfach, zu weit, zu kurz, links oder rechts. Wir holen euch dort raus. Halten Sie durch und geben Sie durch, wo die Geschosse einschlagen. Over.«

Harris forderte die Artillerie für seinen Trupp an, der vom Feind eingeschlossen war. Das Gewehr- und MG-Feuer hatte nachgelassen und verstummte bis auf eine gelegentliche AK-Salve, die durch den Dschungel hallte. Schließlich hörte Harris fernes Artilleriefeuer. Als das Leuchtspurgeschoß etwa einen halben Kilometer außerhalb der Stellung im Dschungel einschlug, griff Harris wieder zum Hörer des Funkgeräts.

»Bravo One Alpha. Wie lag dieser Schuß, Sohn? Können Sie das Feuer korrigieren?«

Keine Antwort. Nur ein Rauschen war zu hören. Angespannt wartete Captain Harris darauf, daß sich jemand meldete.

Nachdem sein Corporal den letzten der Amerikaner getötet hatte, nahm Captain Pham Van Phuong den Hörer, den der Tote umklammert hielt. Zum erstenmal in seinem Leben wünschte sich Phuong inbrünstig, Englisch sprechen zu können. Es wäre lohnend, weitere Soldaten aus ihrer Stellung zu locken. Doch Captain Phuong sprach nicht Englisch, und so rief er in seiner Sprache in den Hörer. Vielleicht würde irgendeine Marionette aus Saigon, die bei den Ausländern diente, seine Worte übersetzen.

»Verlaßt dieses Tal, Amerikaner! Ihr werdet heute nacht alle sterben! Ich bin Dai Uy Phuong von der vierten Kompanie des 141. Regiments der Armee des Volkes. Ihr werdet den nächsten Tag nicht erleben!«

Captain Phuong hätte fast eine Kugel aus seiner Tokarev in das Funkgerät gejagt, doch dann entschied er sich anders. Er befahl dem Corporal, das Funkgerät mitzunehmen, damit er den Funkverkehr der Amerikaner abhören konnte. Phuong würde nicht verstehen, was gesprochen wurde, aber er hatte das sichere Gefühl, daß er am Klang der Stimmen feststellen konnte, wann ihre Moral vor dem Zusammenbruch war.

Soldaten von Captain Phuongs Kompanie und von fünf anderen Kompanien bereiteten sich auf einen Großangriff auf die Amerikaner vor. Was immer die Amerikaner veranlaßt haben mochte, in solch dürftiger Stärke dieses Tal zu besetzen, es würde ihr Verderben sein. Die Offiziere hatten einen Angriff geplant, der Teile des 141. Regiments durch die feindlichen Einheiten treiben würde wie Blitzstrahlen und der sie dann in Position für die große Offensive nach dem Tet-Fest halten würde. Wenn sie Glück hatten, würden Männer vom 141. Regiment unter den ersten Truppen sein, die in Saigon einzogen, nachdem die Stadt gefallen war. Welch ein glorreicher Augenblick würde das sein!

Aber zuerst mußten sie mit dem Feind in diesem Tal fertig werden, der Artillerie und Kampfflugzeugen oder Hubschraubern ausweichen, die bestimmt in diesem Gebiet eingesetzt werden würden. Der Plan sah vor, daß die Stoßtrupps im Schutz von Mörser-Sperrfeuer vordrangen und in die Stellung des Feindes gelangten, bevor die feindliche Artillerie eingreifen konnte. Wenn die Stoßtrupps erst einmal innerhalb der feindlichen Stellungen waren, nutzten dem Feind die schweren Waffen und Flugzeuge nichts mehr. Sie konnten nicht eingesetzt werden, weil der Feind befürchten mußte, die eigenen Soldaten zu treffen.

Während Phuong beobachtete, wie seine Männer Kabel verlegten und Leuchtpfeile postierten, um den Stoßtrupps den Weg zu markieren, wußte er, daß sich in diesem Augenblick Pioniere in die Stellungen der Amerikaner einschlichen. Diese Helden würden die Sprengladungen, die an ihren Körpern befestigt waren, detonieren lassen, während sie in strategisch wichtige Positionen rennen würden, um die feindlichen Kräfte zu blenden und zu verwirren. Die Schockwirkung würde verheerend sein.

Hinter ihrer Position konnten Chris und Francis das Röhren der 81-mm-Mörser hören, die Leuchtspurmunition über die Stellung hinwegschossen. Das Licht hatte zuerst etwas Beruhigendes, doch bald wünschten sich Chris und Francis wieder Dunkelheit. Es war ein einfaches Gesetz des Überlebens: Was man nicht sieht, das kann einen vermutlich ebenfalls nicht wahrnehmen.

Die Artillerie feuerte immer noch in den Dschungel in dem nutzlosen Versuch, den Rückzug des Hinterhalt-Trupps zu decken. Alle Schüsse, die Chris von Zeit zu Zeit hörte, waren AK-Feuer, und jedesmal klangen sie näher.

In der letzten halben Stunde hatte Francis zweimal außerhalb des Schützenlochs uriniert. Er kehrte jetzt von seinem dritten Ausflug zurück und vergewisserte sich, daß eine Patrone in der Kammer seines M-16-Gewehrs war.

»Oh, verdammt, Taylor, ich wünsche, ich wäre daheim in Memphis. Wir sitzen hier in der Scheiße!«

Chris konzentrierte sich auf das zunehmende Crescendo des Feuers und erkannte, daß Francis recht hatte. Diese Nacht würde schrecklich werden. Irgendwie schien das völlig zufriedenstellend zu sein. Am Ende lief alles auf so etwas hinaus, auf irgendeine Nacht, in der beide Seiten alles auf eine Karte setzten und wußten, daß nur eine Seite überleben würde. Vielleicht war das die einzige wahre Frage im Krieg, die es wert war, daß man darüber nachdachte. Vielleicht die einzige Antwort, an der man nicht zu zweifeln brauchte... nur gut zu kämpfen und zu überleben.

Aber konnte er gut kämpfen, oder war alles zuviel geworden, so daß ein vernünftiger Mensch nicht mehr damit fertig werden konnte? War er vernünftig? Weitere Fragen. Chris entschloß sich, sie nicht zu stellen.

Er hörte etwas zu seiner Rechten, irgendwo vor dem

Schützenloch, das von Rodriguez und Ebenhoch besetzt war. Chris und Francis zuckten zusammen, als etwas in diesem Gebiet explodierte. Sie spähten hin und duckten sich, als eine Leuchtbombe in den Himmel schoß. Als Rodriguez' Maschinengewehr loshämmerte, hob Chris den Kopf. Er konnte kaum etwas im Schein der Leuchtbombe und den Mündungsblitzen des MGs erkennen.

Plötzlich sah Chris ein drittes gleißendes Licht und hörte das Röhren und Pfeifen einer nahenden Granate. Das Donnern einer Explosion folgte, und aus Rodriguez' Schützenloch flog Dreck bis zu Chris herüber. Das MG verstummte, und Chris hätte geschworen, daß er irgendeinen NVA-Unteroffizier Befehle auf Vietnamesisch geben hörte. Man konnte es immer am autoritären Tonfall erkennen. Die Nationalität spielte keine Rolle.

»Jesus. RPGs! Sie haben Rodriguez erwischt, Mann!« Francis lauschte angespannt und versuchte die Stimme zu identifizieren, die zu ihrer Rechten nach einem Sanitäter schrie.

»Das klingt, als hätte Ebenhoch Glück gehabt. Wir sollten von hier verschwinden, Mann!«

Überall in der Stellung krachten jetzt Handfeuerwaffen. Rhah mußte dreimal rufen, bevor er Chris Taylors Schützenloch fand und sich identifizierte, um nicht beschossen zu werden. Chris war froh, jemanden zu sehen, der wenigstens nominell das Kommando hatte. Seit Einbruch der Dunkelheit hatten sie keine Befehle erhalten und keinen Kontakt mit jemand anderem gehabt.

Rhah kam schnell wieder zu Atem. Er nickte zum rauchenden Schützenloch zu ihrer Rechten hin. »Sie beschießen die ganze Stellung. Hört zu. Erstens: Sie sind durch die Position der Charlie-Kompanie durchgebrochen. Das bedeutet, daß ihr jeden wegpustet, der hinter euch auftaucht und sich nicht identifiziert. Zweitens: Wir müssen mit einem Luftangriff rechnen. Sie werden die Stellung bepfeffern, also rührt euch nicht aus euren Löchern und wandert nicht draußen herum...«

Von neuem erhellten Leuchtspurgeschosse den Himmel. Der Dschungel wirkte limonengrün im Schein des Signallichts. Rhah, Chris und Francis duckten sich in das Schützenloch, um sich nicht als Schatten vor dem Lichtschein abzuheben. Sie hörten heftiges AK-Feuer zur Linken.

»Sie sondieren«, sagte Rhah. »Sie werden die ganze Nacht an dieser Linie auf und ab rennen und versuchen, durchzukommen. Ich muß nach Rodriguez und Ebenhoch sehen. Ihr beide bleibt cool. Ich werde wiederkommen.«

Rhah fand die Stellung gespenstischer als alles, was er je gesehen hatte. Das unheimliche dumpfe Aufprallen von Leuchtbomben im Dschungel ging ihm auf die Nerven. Seine Augen schmerzten vom tanzenden Licht. Schatten ragten auf und verschwanden wie Kobolde in einem Gespensterfilm.

Rhah wandte sich nach links und wollte zum Kommandoposten, um Verstärkung zu erbitten, als ihn einer der Schatten zu Boden streckte. Rhah rappelte sich auf und versuchte, den anderen Mann zu erkennen, der ebenfalls aufsprang, nachdem sie zufällig gegeneinandergeprallt waren. Beide Männer atmeten heftig, und ihre Gesichter waren für einen Augenblick dicht voreinander. Rhah nahm einen säuerlichen Fischgeruch wahr und führte dies auf die Furcht des Mannes zurück. Er mußte dem Kerl einen höllischen Schreck eingejagt haben! Erst als beide Männer ihren Weg fortgesetzt hatten, um ihre Aufgaben innerhalb der Stellung zu erledigen, wurde Rhah klar, daß er gegen einen leibhaftigen Feind geprallt war. Im Kommandoposten erhielt er keine Verstärkung, und Rhah entschied sich, nichts von dem Zwischenfall mit dem Feind zu erzählen, der in der Stellung war.

Chris wandte seine Aufmerksamkeit wieder dem Hügelhang vor dem Schützenloch zu. Er glaubte, dort etwas im Busch gehört zu haben. In diesem Moment identifizierte Francis das Geräusch ebenfalls. Er legte sein Gewehr an, während Chris nach dem Zündgerät für die Claymore-Minen tastete. Chris spähte angestrengt in die Dunkelheit und glaubte, eine Gestalt in einem Kampfanzug zu erkennen. Chris legte Francis eine Hand auf den Arm und raunte ihm zu, nicht zu schießen.

»Wer ist das?« Es gab keine Antwort auf Chris Taylors leisen Ruf. Er entsicherte das Zündgerät und wollte auf den Griff drücken, als er sah, daß die Gestalt taumelte und auf die Stellung zuwankte. Ein Feind hätte gewiß mehr Kontrolle über sich bei einem Angriff. Als die Dunkelheit wieder von einer Leuchtbombe erhellt wurde, sah Chris das blutige Gesicht eines Amerikaners. Der Mann war offensichtlich entsetzt, weil er vom Licht erfaßt wurde. Er hatte keinen Helm und keine Waffe.

»Nicht schießen! Nicht schießen!«

Der blutige Soldat taumelte den Hang hinauf. Chris schrie ihn an und duckte sich aus dem Weg, als der Mann in das Schützenloch krachte und auf Francis fiel. Der Mann bat stöhnend um Wasser, und Chris griff nach einer Feldflasche, während sich Francis unter dem keuchenden Soldaten aufrappelte.

»Sie sind überall. Hunderte dieser Bastarde kommen hierher! Sie haben uns ausgelöscht! Wir hatten nicht die geringste Chance!«

Der Mann trank gierig den Inhalt von Chris' Feldflasche und erholte sich ein wenig. Er blutete aus Schrapnellwunden, hatte jedoch keine Zeit, sich behandeln zu lassen.

»Wo ist der Kommandoposten? Ich muß melden, was dort draußen los ist! Ihr Jungs haut besser aus diesem verdammten Loch ab. Sie waren dicht hinter mir, und niemand stoppt sie!«

Der entsetzte Soldat riß fast die sorgsam aufgebauten Sandsäcke herunter, als er aus dem Schützenloch herauskletterte, um tiefer in die Stellung zu laufen. Francis begann hastig die Ausrüstung zusammenzusammeln. Er hielt inne, als er bemerkte, daß Chris Taylor sein Gewehr angelegt hatte und über Kimme und Korn hinweg den Hügelhang absuchte.

»Komm schon, Mann«, drängte Francis. »Hast du nicht gehört, was der Junge gesagt hat? Sie kommen genau hier durch. Wir müssen uns verpissen!«

Nein, dachte Chris. Dies ist nicht der Zeitpunkt zum Davonlaufen. Dies ist der Zeitpunkt zum Kämpfen; sich dem zu stellen, was immer die Nacht und der Krieg und der Feind bringen wird. Er würde in diesem Loch leben oder sterben... oder leben *und* sterben... an diesem Platz, an dem er war, um etwas zu beweisen. Jetzt stand die Prüfung bevor, und er konnte sich nicht davor drücken. Das schwelende Feuer in ihm erlosch mit einem letzten Aufflackern. Chris fühlte eine eisige Kälte in sich, die sich bis in die Fingerspitzen ausbreitete.

Er nahm eine Handgranate. »Geh nur, Mann. Ich bleibe.«

Francis starrte zur Mitte der Stellung. Er sah Mündungsblitze in der Dunkelheit. Er wußte nicht, wer dort auf wen schoß. Und er würde ganz allein sein, wenn er Taylor verlassen würde.

»Scheeeeiiiiße!« Francis ließ seine Ausrüstung ins Schützenloch fallen, nahm sein Gewehr und blieb Schulter an Schulter mit Chris Taylor im Schützenloch.

Bunny lieferte sich seit einer Viertelstunde einen Granatenkampf mit der NVA. Er warf seine letzte Handgranate mit einem wahnsinnigen Schrei, und dann nahm er seine Schrotflinte, um die Dinge ein wenig persönlicher zu gestalten. Es gab viele Ziele dort draußen, die durch die Schatten gleich vor seinem Schützenbunker huschten.

Junior saß auf dem Boden des Schützenbunkers, hatte sich zusammengekauert und zitterte vor Furcht. Aus weit aufgerissenen Augen starrte er auf die drei ChiCom-Granaten, die in den Schützenbunker gefallen waren. Drei direkte Treffer, und alle drei Blindgänger? Es konnte nicht wahr sein. Eine der Granaten mußte jeden Augenblick explodieren! Und dieser verrückte weiße Junge hatte es nicht einmal bemerkt! Er unterhielt sich mit den Nams!

Bunny duckte sich, als nach einem Granateneinschlag

Schrapnell durch die Luft flog, und erwiderte den Gruß, indem er mit der Schrotflinte feuerte. »Kommt schon, ihr Hurensöhne! Kommt!«

Junior schaute auf und starrte in Bunnys Gesicht. Feuerschein von brennendem Holz geisterte über Bunnys Züge. Junior griff nach seinem Gewehr und dachte an die Wasserspeier, die er an alten Gebäuden gesehen hatte. Sie sahen stets aus, als wären sie bereit, sich auf einen zu stürzen und die Seele des Opfers zu verschlingen. Dieser weiße Teufel würde ihn töten lassen und dann seine Seele verschlingen!

Junior schob sich zur Seite des Schützenbunkers. »Schluß, Mann. Ich sterbe nicht im Krieg der Weißen. Ich verschwinde aus dieser Scheiße!«

Er hastete zur Fluchtluke, versuchte, nicht auf die NVA-Granaten zu treten und ignorierte Bunnys wahnsinnige Schreie.

»Junior! Komm zurück, du feiger Bastard!«

Ein Strom Leichtspurgeschosse in Golfballgröße fegten Junior zu Boden, als er aus der Stellung kroch, und er verlor seinen Stahlhelm. Nur ein Tuch bedeckte seinen Kopf, als sich Junior aufrappelte und schmerzhaft gegen einen Teakbaum prallte. Er taumelte auf zitternden Beinen und krachte auf den Rücken. Ein Schatten ragte plötzlich über ihm auf, und Junior sah glasige Augen und das Funkeln von Mondlicht auf etwas, das wie ein Eiszapfen aussah.

Dann bohrte sich das Bajonett des NVA-Soldaten in Juniors Bauch.

Bunny wirbelte herum und feuerte auf den NVA-Soldaten, der Junior mit dem Bajonett getötet hatte. Bunny schrie triumphierend auf, als der Mann zurückgeschleudert wurde. Er hörte, daß jemand mit dumpfem Aufprall hinter ihm in die Stellung sprang und glaubte, daß endlich Verstärkung gekommen war. Bunny wandte sich um und wollte den neuen Partner willkommen heißen. Er starrte in die kalten, schwarzen Augen eines NVA-Soldaten.

Bunny versuchte es, doch es blieb keine Zeit mehr, die

Schrotflinte herumzuschwingen und dem AK-Feuer des Feindes zu entgehen. Zwei Kugeln trafen Bunny, und er brach zusammen und stürzte auf den Boden. Er starrte zu dem NVA-Soldaten empor und spürte noch den Fuß des Mannes auf seiner Brust. Dann schob ihm der feindliche Soldat die Mündung der Waffe zwischen die Zähne und drückte ab.

Chris hatte nur noch vier volle Magazine und keine Handgranaten mehr. Er wollte gerade Francis fragen, wie es bei ihm stand, als er das Geräusch hörte. Da war es wieder! Feinde, die leise miteinander redeten. Sie mußten nahe sein. Chris wünschte sich verzweifelt Waffen mit größerer Reichweite, doch sie hatten beide Claymores in nervöser Überreaktion vor einer halben Stunde gezündet, als irgendwo aus dem Dschungel eine quäkende Stimme und patriotische Musik aus einem Lautsprecher erklungen waren. Etwa zu diesem Zeitpunkt hatte das Feuer aus den Schützenlöchern zur Rechten und Linken aufgehört.

Chris wußte nicht, ob er und Francis irgendwelche Feinde mit den Claymore-Minen getötet hatten, doch der Lautsprecher war seither außer Betrieb. Und dann hatten die seltsamen Geräusche begonnen. Es waren zirpende Laute und Pfiffe, die Chris und Francis für Signale der NVA hielten.

Chris lauschte angespannt und hörte deutlich, wie etwas im Dreck vor ihrem Schützenloch aufprallte. Er hatte kaum Zeit, um sich unter den Rand des Schützenlochs zu ducken und Francis mit hinunterzuziehen, bevor ihm die Explosion der Granate den Stahlhelm vom Kopf riß und ihn gegen die andere Wand des Schützenlochs schleuderte. Chris sah, daß Francis ihn anschrie, doch es dauerte einen Augenblick, bis das Klingeln in seinen Ohren nachließ und er hören konnte, was der Mann sagte.

»Sie kommen, Mann! Ich höre sie dort draußen reden!«

Chris rappelte sich auf und spähte in die Dunkelheit hinaus. Als das Dröhnen in seinem Kopf nachließ, konnte er eine Unterhaltung auf Vietnamesisch und das verräterische Schaben von Metall gegen Metall hören. Irgendwo dort draußen hatte ein feindlicher Schütze einen Raketenwerfer bestückt.

»Aus dem Loch... schnell!« Chris war auf halbem Weg aus dem Schützenloch, als er erkannte, daß Francis ihm nicht folgte. Der Mann zitterte und umklammerte sein Gewehr.

»Verdammt, Francis! Raus hier! Sie blasen das Loch in die Luft!«

Francis reagierte schließlich, als Chris ihn ärgerlich hochzerrte. Er folgte Chris in die Dunkelheit. Sie gelangten zu einem Teakbaum und duckten sich dahinter. Von der neuen Position aus konnten sie deutlich NVA-Soldaten sehen, die sich von links und rechts der Position näherten, die sie soeben verlassen hatten. Sie hörten ein Pfeifen, dem ein lautes Krachen folgte, als der RPG-Schütze genau durch die Feueröffnung ihres Schützenlochs schoß.

Huffmeister sah wie tot aus, doch O'Neill spürte schwachen Herzschlag unter dem Blut, mit dem die Brust des Mannes bedeckt war. O'Neill hörte starken Kampflärm zu seiner Linken bei Bunnys und Juniors Position. O'Neill beschmierte sich mit Blut aus Huffmeisters Wunden an Gesicht und Hals, während er vorsichtig über den Rand seines Schützenlochs spähte. Er lauschte dem heftigen Gewehrfeuer und schmierte noch mehr Blut auf seine Uniform.

Er sollte dort hinübergehen und denjenigen helfen, die noch am Leben waren. Oder Hilfe für Huffmeister holen. Oder sonst etwas tun. Bevor er sich mit einer dritten Handvoll Blut beschmieren konnte, entdeckte er zwei Feinde, die sich von der Flanke her seinem Schützenloch näherten. Sie kamen vorsichtig auf O'Neills Position zu und blickten nervös in Richtung Kampf zu ihrer Rechten. Sie wirkten ebensowenig interessiert daran, in diesen Kampf verwickelt zu werden, wie O'Neill.

Als die NVA-Soldaten nur noch etwa zwanzig Meter

entfernt waren, duckte sich O'Neill lautlos ins Schützenloch hinunter und zwängte sich unter Huffmeisters Körper. O'Neill hielt den Atem an und hoffte, daß der Verwundete, der ihn verdeckte, nicht stöhnte oder schrie und damit die NVA-Soldaten zwang, einen Feuerstoß in das Schützenloch zu jagen.

Er hörte ein Gewehrschloß klicken und betete zum erstenmal seit jenem Kriegsgerichtsprozeß in Deutschland. Eine Stimme raunte etwas auf Vietnamesisch. Ja, flehte O'Neill stumm und vor Entsetzen wie betäubt, sag deinem Kameraden, daß die beiden Amerikaner in diesem Loch tot sind. Daß es nicht nötig ist, Munition an sie zu verschwenden.

Die NVA-Soldaten waren sich offenbar einig. Sie gingen weiter, und O'Neill schluchzte vor Erleichterung auf, als er keine Schritte mehr hörte. Er kroch unter Huffmeister hervor, nahm einen Feldverband aus seiner Ausrüstung und begann die Wunden des Mannes zu verbinden.

Niemand soll Red O'Neill jemals als undankbar bezeichnen, dachte er, als er auf Huffmeisters leichenblasses Gesicht starrte. Du hast mir das Leben gerettet, und jetzt rette ich deines. Red O'Neill begleicht seine Schulden.

Master Sergeant Melman hatte gewiß nicht hier draußen sein und auf Staatskosten Geld verplempern wollen, doch nach 22 Jahren bei der Army hatte er es für an der Zeit gehalten, sich für das Infanterie-Kampfabzeichen zu qualifizieren. Wenn er das Kampfabzeichen bekam, würde der Major vielleicht über den Bierbauch hinwegsehen, den er mit sich herumschleppte, seit er Corporal geworden war.

Im Basiscamp hatte das alles gut ausgesehen. Gute Sicherheit und Schutz im Bunker des Kommandopostens. All die Artillerie und Luftverteidigung. Er hatte ein paar Tage hier draußen verbringen, sich die Karte stempeln lassen und höllisch schnell mit der Ausrüstung ins Basiscamp zurückkehren wollen. Doch jetzt steckte er in der Klemme.

Jemand hatte gesagt, daß der Feind durch die Linien durchgebrochen war und daß sich die Charlie-Kompanie zurückzog. Das wollte der Major nicht. Er wollte, daß Master Sergeant Melman die Sicherheit des Kommandobunkers verließ und alle Soldaten von Charlie abfing, die versuchten, ihre Positionen zu verlassen.

Melmans Augen waren nie sehr gut gewesen. Er spähte angestrengt durch die Dunkelheit und sah zwei Gestalten, die auf die Mitte der Stellung zuliefen und offenbar zum Kommandobunker wollten. Sie trugen anscheinend Stahlhelme. Die Nams trugen keine Stahlhelme, oder? Melman glaubte, daß sie alle kegelförmige Strohhüte trugen. Das würde bedeuten, daß die beiden laufenden Gestalten vermutlich Scheißkerle von Charlie waren, die vor dem Feind davonliefen. Bei Gott, denen würde er es zeigen!

»Hey, Jungs! Zu welcher Kompanie gehört ihr?«

Seine Frage wurde nie beantwortet. In Erwiderung des autoritären Tonfalls feuerte ein NVA-Pionier vier Kugeln in Master Sergeant Melmans Brust und setzte den Weg zum Kommandobunker fort, aus dem all die Antennen in die Nachtluft ragten.

Major Stone versuchte einen Sinn in den verwirrt gestammelten Berichten zu erkennen, die über die Funkgeräte in den Kommandoposten strömten. Captain Harris schien sich auf dieser Seite der Stellung zu behaupten.

»Geben Sie mir Bravo...« Bevor der Funker die Verbindung herstellen konnte, rief ein anderer Funker gegen den Lärm an, um eine eingehende Nachricht zu melden.

»Sir, die Charlie-Kompanie meldet Nahkampf in der Stellung. Drei Schützenlöcher sind nicht mehr besetzt, und Charlie ruft um Hilfe!«

Der Major wandte sich an seinen jungen Adjutanten. »Okay... gehen Sie rüber und lassen Sie einige Leute von den Mörsern abziehen, um Charlie zu verstärken.«

Der First Lieutenant nahm seine Waffe und wandte sich zu der Plane, die den Zugang zum Kommandobunker verdeckte. Er verharrte gerade noch lange genug, um die letzte Bemerkung des Majors zu hören.

»Wo, zur Hölle, ist die Luftunterstützung? Sie müßte doch längst...«

Etwas Dunkelgrünes fetzte die Plane zur Seite und flog in den Kommandobunker mitten unter die erschreckten Amerikaner. Der First Lieutenant versuchte es zu stoppen und landete Hals über Kopf auf einem Kartentisch. Der Major wollte gerade etwas Knappes und Scharfes formulieren, um seinem First Lieutenant klarzumachen, wie wichtig des Nachts die Verdunkelung ist, als er entdeckte, daß nicht der Lieutenant disziplinlos die Plane weit aufgerissen hatte, sondern ein NVA-Pionier.

Major Stone hatte gerade noch genug Zeit, um in die fanatisch glitzernden Augen des Feindes zu starren, bevor der Mann an einer Leine in Brusthöhe zog und die vier Pfund hochexplosiven Sprengstoff zündete, der in Beuteln auf seinen Rücken gegurtet war.

In seinem Kommandoposten, der nur knapp hundert Meter vom zerstörten Kommandobunker entfernt war, spähte Captain Harris unter seinem Stahlhelm hervor und spürte, wie sich eine schwere Last auf seine schmerzenden Schultern legte. Sein erster Funker stieß den Hörer des Funkgeräts in seine Richtung und bestätigte Harris' Verdacht über die Art dieser Last.

»Sir, das Brigadekommando ist ausgefallen. Sie haben jetzt das Kommando!«

Harris blickte mit müden Augen über die Stellung. Dunkle Gestalten schienen im flackernden Schein von Leuchtbomben wie Dämonen aus den dunklen Tiefen der Hölle hochzuspringen. Der Kreis schloß sich schnell. Harris wußte, was er zu tun hatte.

»Verbinden Sie mich mit TacAir«, sagte er zu seinem ersten Funker. »Und dann gehen Sie und die anderen Funker hier raus und verstärken die Stellung.«

Bevor die Trümmer der RPG-Rakete auf den Dschungel herabgefallen waren, sah Chris sechs NVA-Soldaten, die neben dem rauchenden Krater auftauchten und in das zerstörte Schützenloch feuerten.

Das starke Dröhnen in seinen Ohren ging in ein unheilvolles Summen über. Er versuchte zu denken, doch er war so wütend, daß er die Gedanken nicht zu einem Aktionsplan sammeln konnte. Doch es war kein *heißer* Zorn. Chris preßte die Zähne aufeinander und spürte, wie eine eisige Kälte in ihm aufstieg. Wahre Gerechtigkeit, sagte er sich, erfordert die Todesstrafe für diese Bastarde, die sonst niemals lernen würden, den Versuch zu unterlassen, so etwas Chris Taylor anzutun.

Chris schlug die Hand fort, mit der ihn Francis zurückhalten wollte, und sprang auf. Er gab mehrere Feuerstöße auf die überraschten NVA-Soldaten ab. Chris Taylor hetzte vorwärts, um das Schützenloch zurückzuerobern, und er schoß zwei weitere Feinde nieder, die versuchten, dem Wahnsinnigen zu entkommen, der eigentlich hätte tot sein sollen. Einer der beiden NVA-Soldaten starb sofort, der andere fiel rücklings in das Loch. Der Mann krümmte sich noch, als Chris in das Schützenloch sprang und den Feind mit zwei Schüssen tötete.

Francis beobachtete gebannt, während Chris wie ein verrückter Roboter feindliche Soldaten tötete, und er fühlte sich schwindlig und wie in Ekstase. Er sprang auf, feuerte auf zwei rennende Gestalten auf dem Hügelhang und hetzte in die Sicherheit des Schützenlochs. Er würde es in dieser Nacht nicht allein schaffen. Und es war gut, mit Taylor zusammen zu sein. Taylor gewann die Kontrolle in dem Kampf, und zum erstenmal hatte Francis das Gefühl, daß sie vielleicht doch überleben konnten.

Chris Taylor hatte nicht vor, in dem Loch zu bleiben und die Feinde an sich herankommen zu lassen. Er sprang aus dem Schützenloch und feuerte auf jeden Schatten, während er im Dschungel verschwand und sich mit einem Schrei von Francis verabschiedete.

Doc Gomez ließ sich in den Kommandoposten des Zugs fallen und zerrte Parker, der schlimm verletzt war, an den Ausrüstungsgurten hinter sich her. Parker war dem Tod nahe, und Tony Hoyt sah entsetzt mindestens zehn Kugellöcher in Parkers Oberkörper. Gomez atmete keuchend, und Tony wußte nicht, ob vor Zorn oder Erschöpfung. Doc Gomez stöhnte plötzlich auf und rollte Parkers Leiche von seinem blutbesudelten Schoß.

»Ich kann ihm nicht helfen! Ich kann keinem mehr helfen! Die Bastarde sind überall! Man kann sich nicht mal mehr aus einem Loch wagen, ohne in Stücke geschossen zu werden!«

Lieutenant Wolfe verarbeitete nervös diese Worte. Er hatte befürchtet, daß die Schützenlöcher der Reihe nach fielen. Es konnte nichts mehr getan werden. Sie mußten sich von der Stellung zurückziehen und irgendwo Schutz finden. Er griff nach dem Hörer von Tonys Funkgerät.

»Bravo Six, Bravo Two Actual…«

Captain Harris schien nicht glücklich zu sein, etwas vom Führer des zweiten Zugs zu hören. »Ja, Bravo Two… reden Sie schon, oder gehen Sie aus dem verdammten Netz!«

»Wir… wir sind überrannt worden, Sir. Wir ziehen uns zurück. Over!«

Captain Harris atmete tief durch, um seine Stimme etwas unter Kontrolle zu bekommen, und heftete seinen Blick auf die beiden von Kugeln durchlöcherten Funker, die nur zehn Schritte bis vor den Kommandoposten geschafft hatten.

»Bravo Two, Six! Gottverdammt, Lieutenant, wohin, zur Hölle, wollen Sie sich zurückziehen? Der Feind ist überall in der Stellung. Lieutenant Wolfe, Sie bleiben, wo Sie sind, und *kämpfen!* Over!«

Lieutenant Wolfe starrte durch den rauchgefüllten Bunker. Mit zitternder Hand reichte er Tony Hoyt den Hörer. Kein Entkommen. Sie mußten es darauf ankommen lassen… es sei denn…

»Wo ist Barnes?« Der Wahnsinnige konnte den Zug

übernehmen. Er konnte die ganze verdammte Army haben, wenn er auftauchte und sie lebend aus dieser Hölle herausbrachte.

Doc Gomez schüttelte den Kopf, atmete tief durch und nahm sein Gewehr. »Ich glaube, er ist tot, Sir. Ich glaube, sie sind alle tot.«

Hoyt bekräftigte Gomez' Worte. »Kein Kontakt, Lieutenant. Ich kann weder Barnes noch sonst jemand von den Gruppen erreichen.«

Wolfe brach unter den zornigen Blicken des Sanitäters und Funkers in Schweiß aus. Was wollten sie von ihm? Er konnte den Feind nicht wegzaubern. Barnes war bisher stets zur Stelle gewesen und hatte gewußt, was zu tun war. Was sollte er, Wolfe, jetzt machen? Was *konnte* er tun?

Hoyt schob sich an ihm vorbei und ging zum Ausgang. »Sie sind ein völliges Arschloch, Lieutenant!«

Doc Gomez und Tony Hoyt rannten ins Feuer hinaus, um wenigstens noch eine kleine Chance zu haben. Lieutenant Wolfe wartete einen Augenblick lang, und dann erkannte er, daß er völlig allein war. Er nahm sein Gewehr und folgte ihnen hinaus in die mörderische Nacht.

Tony Hoyt tötete einen NVA-Soldaten, der auf dem Dach des Bunkers angriff, und dann hatte sein M-16-Gewehr Ladehemmung. Während er sich mit dem Gewehr abmühte, feuerte ihm ein unbemerkter zweiter feindlicher Soldat zwei Kugeln durch die Brust. Hoyt wurde vom Einschlag der Kugeln herumgerissen und rollte den grasbewachsenen Hang hinab. Er krümmte sich vor Schmerzen und hielt den Atem an, als zwei weitere NVA-Soldaten über ihn hinwegsprangen, um in die Stellung zu gelangen.

Doc Gomez befürchtete, eigene Soldaten zu töten. Es war so schwer, die Schatten zu unterscheiden. Wenn eine Leuchtbombe die Stellung erhellte, sah er einen Feind, und wenn das Licht erlosch, hätte er geschworen, daß es ein Amerikaner war. Er feuerte zwischen zwei Schatten und hoffte, damit zu erschrecken, wer auch immer ihm auf dem Rückzug entgegenkam. Eine Granatexplosion riß ihn von den Füßen, und er stieß sich den Kopf an einen Pfosten, den ein feindlicher Pionier zur Markierung in den Boden gerammt hatte. Er wurde mit dem zufriedenen Gefühl ohnmächtig, daß er nicht bei Bewußtsein sein würde, wenn man ihn tötete.

Lieutenant Wolfe kroch auf allen vieren aus dem Bunker und auf den Fluß zu. Er hatte sich bereits mehrmals tot stellen müssen, während angreifende NVA-Soldaten über ihn hinweggesprungen waren. Es sah aus, als könnte er es schaffen, und der Lieutenant glaubte, sich eine kurze Ruhepause hinter einer zusammengebrochenen Mörserstellung erlauben zu können.

Er hörte das Rauschen von Wasser und erhob sich, um zum Fluß zu sprinten, als ein NVA-Soldat hinter ihm damit fertig war, den Mörser zu bestücken. Wolfe und der NVA-Soldat starrten einander sekundenlang an. Der Lieutenant sah die Furcht in den Augen des Mannes und dachte, daß sie beide vielleicht einfach die Flucht ergreifen konnten.

Der NVA-Soldat, der sich an die brennende Lunte der Granate erinnerte, die er zündfertig gemacht hatte, hetzte als erster davon. Wolfe stieß einen Triumphschrei aus und warf sich herum, um davonzurennen. Er prallte gegen die Mündung eines SKS-Karabiners in den Händen eines NVA-Gruppenführers, und ein 7.62-mm-Stahlmantelgeschoß traf Wolfe ins Herz.

Barnes war an mehreren Stellen von Schrapnell verwundet. Er versuchte, irgendwo längs der leichten Erhebung zwischen O'Neills Schützenloch und der überrannten Position daneben in Deckung zu kriechen. Er stellte mit kalter Ruhe fest, daß Bunny und Junior tot sein mußten. Die NVA strömte durch eine Lücke, die verteidigt werden sollte.

Vertrau deinem Gefühl, sagte er sich. Tu, was getan werden muß. Bald wird alles vorüber sein. Das Wichtigste ist, daß du sie bezahlen läßt; daß du sie bluten und sterben siehst. Barnes spürte, wie der Druck in ihm wuchs. Es war schlimmer denn je. Ein Stahlband schien sich hinter seinen Augen zu erhitzen und zu drehen. Sein Kopf schmerzte schrecklich, und er hatte das Gefühl, daß jeden Augenblick sein Schädel zerspringen würde.

Und dann schien das Stahlband zu zerreißen.

Trotz der Dunkelheit bewegten sich seine Hände wie mechanisch, als er die leichte Anti-Tank-Waffe feuerbereit machte. Er würde die Lücke in der Stellung mit hochexplosivem Sprengstoff stopfen, und dann dorthin gehen und den Bastarden das Herz herausreißen. Diesmal würden sie nicht entkommen.

Genau zum richtigen Zeitpunkt erhellte eine Leuchtbombe die Stellung, als Barnes die Waffe anlegte. In der Ferne konnte er über dem stetigen Krachen das Heulen von Düsenbombern hören, die in einem engen, hohen Kreis über das Tal flogen. Er würde sich beeilen müssen, um alle Feinde dort zu töten.

Barnes visierte einen NVA-Soldaten in Bunnys Schützenloch an. Als er den Stahlhelm des Mannes im Fadenkreuz hatte, drückte Barnes ab.

Das Geschoß der LAW donnerte in das Schützenloch, atomisierte den Soldaten, der Bunny getötet hatte, und verwundete einige seiner NVA-Kameraden mit heißen Metallfragmenten. Barnes brüllte triumphierend, nahm sein Gewehr und hetzte den Hang hinab, um die Rechnung zu begleichen, die seit 1965 offen war, als sein Gesicht verunstaltet worden war.

Captain Harris war soeben von einer schnellen, schrecklichen Erkundung in den Kommandoposten zurückgekehrt. Sein einziger verbliebener Funker glaubte, ermutigende Neuigkeiten zu haben.

»Captain! Das dritte Bataillon kam gerade ins Netz. Sie sind etwa zwei Kilometer westlich von uns!«

Harris blickte auf seine Armbanduhr. Die Soldaten würden die Stellung niemals rechtzeitig erreichen.

»Davon haben wir nichts. Sie können uns niemals schnell genug erreichen. In der ganzen Stellung wimmelt es von Feinden. Ein paar unserer Leute halten sich noch, aber ich will verdammt sein, wenn ich weiß, wo.«

Während sein Funker ein Magazin leerfeuerte und einen NVA-Stoßtrupp zurückschlug, der den Kommandoposten der Bravo-Kompanie stürmen wollte, griff Harris nach dem Hörer, um mit dem Geschwader der F-4-Phantom-Maschinen, die hoch am dunklen Himmel über dem Tal kreisten, Verbindung aufzunehmen. Er fragte sich kurz, ob die Piloten aus dieser Höhe das Blutbad hier unten sehen konnten. Sie kreisten jetzt dort oben seit einer halben Stunde und warteten auf den Einsatzbefehl. Harris hatte sie angefordert und dann den Angriff abgeblasen, als die NVA durch die Linien gestoßen war.

Man fordert nur Kampfflugzeuge zur eigenen Position an, wenn man verzweifelt ist. Harris warf einen letzten Blick auf das Chaos in der Stellung und sagte sich, daß er verzweifelt war.

»*Snakebite Leader, Ripper Bravo Six.* Wir brauchen Sie dringend. Wir haben NVA hier unten in der Stellung. *Over!*«

Die ruhige Stimme des Piloten an der Spitze der Formation hatte einen Akzent des mittleren Westens.

»*Roger. Bravo Six.* Wir sind heiß darauf, ein bißchen Napalm und ein paar Bohnen abzuladen... aber wir sind knapp an Treibstoff. Erwarten Ihre Entscheidung, *Bravo Six.*«

Harris biß sich auf die Unterlippe. Die Maschinen waren dort oben mit Mehrzweckbomben und Napalm. Nachdem sie so lange über der Stellung gekreist waren, war der Treibstoff knapp geworden. Wenn er Hilfe aus der Luft haben wollte, dann mußte es jetzt sein.

»*Snakebite lead, Bravo Six.* Für die Akten: Es ist meine Entscheidung als Ranghöchster auf dem Boden. Werfen Sie alles, was Sie haben, auf *meine Position.* Ich wiederhole, ich will alles, was Sie haben, *in* die Stellung haben! Es ist ein verdammt beschissener Krieg... *Bravo Six out.*«

Nachdem der Pilot die Erlaubnis erhalten hatte, an die Arbeit zu gehen, nahm seine Stimme einen aufgeregten Klang an, als er den Einsatzbefehl bestätigte.

Es würde ein paar Minuten dauern, bis sich die Maschinen für den Angriff formiert hatten. Captain Harris dachte kurz über seine eigene Situation nach. Wäre es besser hierzubleiben und zu hoffen, daß kein Napalm in den Kommandoposten sickerte? Oder sollte er besser das tun, was ihm in so vielen Jahren seines Lebens eingedrillt worden war?

Er klopfte dem Funker auf die Schulter und führte ihn aus dem Kommandoposten und hinaus in die Nacht.

Barnes stieß einem verwundeten NVA-Soldaten das Kampfmesser durch die Kehle und packte einen herumliegenden Spaten, um gerade noch rechtzeitig den Lauf eines AK-Gewehrs zur Seite zu schlagen, den der Kamerad des Mannens auf seine Brust richtete. Barnes schlug dem Soldaten die scharfe Kante des Spatens ins Gesicht, sprang zu einem AK-Gewehr, das am Boden lag, und riß es an sich. Er tötete zwei weitere NVA-Soldaten mit den Patronen, die noch im Magazin waren, bis ein dritter Mann, der hörte, daß der Schlagbolzen auf eine leere Kammer schlug, sich aus der Deckung erhob und ein großes Stück aus Barnes' rechtem Oberschenkel schoß.

Der NVA-Soldat beobachtete staunend, wie das ausländische Monster langsam auf die Knie sank und über den Boden nach einer Waffe tastete. Warum konnte sich dieser Wahnsinnige nicht hinlegen und sterben? Er blutete aus mehreren Wunden. Er hatte häßliche Brandflecken auf dem linken Arm und der Schulter. Er mußte schon vorher von mindestens drei Kugeln getroffen worden sein... doch er fletschte die Zähne, daß sich die alten Narben von anderen Wunden verzerrten, und lehnte sich gegen den Tod auf.

Der Mann erinnerte ihn an den alten und ehrwürdigen Wasserbüffel auf der Farm seines Vaters. Zu blöde und bösartig, um zu sterben.

Barnes riß den blutigen Spaten vom Gesicht des Mannes, den er erschlagen hatte, und schleppte sich auf den Soldaten zu, der ihm in den Oberschenkel geschossen hatte. Der Sergeant brüllte protestierend auf, als sich der NVA-Soldat herumwarf und in den Dschungel flüchtete. Barnes schrie wieder und hob den blutigen Spaten, als zwei weitere NVA-Soldaten aus dem Dschungel auftauchten, um ihren Kameraden zu ersetzen, der angesichts eines verwundeten Feinds die Nerven verloren hatte.

Chris hörte die Schreie und erkannte die Stimme. Barnes lebte! Chris wandte sich nach links, lief leichtfüßig durch den Dschungel und erreichte gerade noch rechtzeitig eine leichte Erhebung, um zu sehen, daß der Sergeant des Zugs mit einem Spaten um sich drosch und sich gegen zwei angreifende feindliche Soldaten wehrte. Taylor riß sein Gewehr an die Schulter und schoß einen der NVA-Soldaten nieder. Der zweite Mann wirbelte in die Richtung herum, aus der die Schüsse gekommen waren, und wurde prompt von Barnes Spaten an der Kniescheibe getroffen und von den Beinen gefegt.

Als Chris Taylor den leicht abfallenden Hang hinunterlief und sich einen Weg zwischen den Leichen der NVA-Soldaten bahnte, sah er, daß Barnes sich auf den zu Boden gestürzten NVA-Soldaten warf und wie von Sinnen mit dem Spaten auf ihn einschlug.

Chris blieb schlitternd ein paar Schritte entfernt stehen und sah angewidert, was Barnes da tat.

Etwas an diesem barbarischen, grauenerregenden Anblick ließ zum erstenmal in dieser Nacht in Chris Taylor ein Feuer der Leidenschaft auflodern und weckte in ihm den Wunsch, jetzt und hier Barnes zu töten. Vielleicht würde der Tod des Mannes irgendwie all dieses Töten beenden. Es ergab anscheinend einen Sinn. Wo Barnes war, wurde immer getötet.

Nein, sagte sich Chris, während er den Sergeant des Zugs wüten sah, all dies ist nicht Barnes' Schuld... wie es nicht meine oder die Schuld von sonst jemandem ist. All dies ist jenseits von Richtig und Falsch und der Schuldfrage...

Er hörte das anschwellende Röhren der Flugzeuge, die nahten, um ihre tödliche Fracht abzuwerfen.

»Barnes!«

Der Sergeant fuhr zu Chris herum, doch er nahm ihn in seinem Zorn nicht wahr. Barnes konnte nicht mehr sehen und nicht mehr sprechen, weder etwas erkennen noch denken. Er konnte nur noch töten. Barnes würde alles und jeden in seiner Reichweite umbringen. Er hatte sich nicht mehr unter Kontrolle und handelte nur noch aus primitivem Instinkt heraus. In Chris Taylors zurückschreckender Gestalt sah er nur ein weiteres Ziel für seinen Mordrausch. Er holte mit dem Spaten aus, und Chris sah die Feuer der Hölle in den Augen des wahnsinnigen Mannes auflodern. In diesem Augenblick wurde Chris Taylor klar, daß der Haß in Barnes niemals unter Kontrolle gebracht werden konnte.

Während er wie versteinert dastand und sah, wie der Spaten den Scheitelpunkt erreichte und sich auf seinen Kopf zusenkte, spürte Chris, wie ihm die Luft von Napalm aus der Lunge gezogen wurde. Er sah noch, wie Rauch und Feuer Barnes verzerrtes Gesicht umgaben wie eine schaurige Aura.

Dann nahm er nichts mehr wahr.

Nach einer letzten, tiefen Überkreisung der Stellung, bevor der abnehmende Treibstoffvorrat die Phantom-Piloten zur Umkehr zwangen, gingen sie in den Kurvenflug und verrenkten sich fast den Hals, um aus ihren Kanzeln zu schauen. Es war gefährlich, den Blick von den Instrumenten zu nehmen, doch keiner der Piloten konnte widerstehen, sich das Schauspiel dort unten auch nur kurz anzuschauen.

Es war, als wäre ein Flippergerät verrückt geworden. Bombenexplosionen erblühten und blinkten wie beleuchtete Kontakte, gegen die eine Flipperkugel prallt. Das Napalm flutete über die Stellung, zuckte nach links und rechts, wo es Nahrung fand, wie die Lichter eines Flippers, die ein Freispiel anzeigen. Doch diese Nacht würde es kein Freispiel geben. Die Piloten waren vertraut genug mit dem Tod, um das zu wissen.

Sie stellten fest, daß sich nichts mehr auf dem Boden bewegte, und das war das Signal für sie, zur Basis zu fliegen. Die Schlacht in diesem Tal war vorüber.

10

Als Chris Taylor die verklebten, schmerzenden Augen öffnete und sie langsam mit geschwollenen, blutigen Fingern rieb, sagte er sich, daß der Teufel nicht zu der Klischeevorstellung paßte. Luzifer sah aus wie ein Hirsch mit bemoostem Geweih. Konnte jemand mit solch sanften, glänzenden Augen die Tiefen der Hölle regieren?

Beim Geräusch der röhrenden Maschinen flüchtete der Hirsch in den Busch. Das Tier bewegte sich mit geschmeidiger Grazie, bemerkte Chris, wie Elias sich durch den Dschungel bewegt hatte, bevor er von Barnes getötet worden war. Chris Taylor kehrte aus den Tiefen der Bewußtlosigkeit zurück und war wieder in Vietnam. Er hätte eigentlich tot sein, irgendwo zwischen den Leichen von NVA-Soldaten liegen und Barnes blutigen Spaten in der Stirn haben müssen. Doch er lebte. Er erhob sich auf zitternden Beinen.

Chris roch den Gestank von Napalm und Kordit. Er ignorierte die Leichen amerikanischer und vietnamesischer Soldaten, die zwischen ihm und seinem Ziel lagen. Chris blutete aus Schrapnellwunden und anderen Verletzungen. Als er ging, spürte er, daß getrocknetes Blut von seinem Körper abplatzte. Er erkannte, daß ihn der Luftangriff davor bewahrt hatte, von dem wahnsinnigen Barnes erschlagen zu werden. Jetzt mußte er nur noch feststellen, ob der Wahnsinnige ebenfalls überlebt hatte. Er mußte sich vergewissern, ob endlich Gerechtigkeit geschehen war. Chris bückte sich unter Schmerzen bei dem Schützenloch, wo Bunny und Junior gefallen waren, nahm ein Gewehr und vergewisserte sich, daß es geladen war. Dann suchte er nach Barnes.

Barnes lag in einer Blutlache und lehnte mit dem zerfetzten Rücken an einem Baumstamm. Sein Körper war geschwollen, und die sichtbaren Wunden an Beinen und Torso waren mit geronnenem Blut und Lymphflüssigkeit bedeckt. Chris blieb vor dem Mann stehen und starrte auf die kalten, blauen Augen. Er hoffte, sie würden nicht blinzeln.

Zum erstenmal, seit Chris Barnes kennengelernt hatte, wirkte der Mann hilflos und verletzlich. Er war nicht tot. Die narbige Hälfte seines Gesichts verzog sich zu einer Grimasse des Schmerzes. Ein leises, klagendes Stöhnen kam tief aus Barnes' Brust und endete in einem Husten. Blut spritzte auf Taylors zerfetzte Hose. Barnes neigte den Kopf leicht zur Seite und schien Chris jetzt wahrzunehmen. Sein Blick zuckte hoch in das Gesicht des jüngeren Mannes. Chris traf keine Anstalten, dem Sergeant des Zugs zu helfen oder seine Qualen zu mildern.

»Mach schon, Taylor, hol mir einen Doc, ja?«

Ein Sanitäter mochte Barnes vielleicht helfen, doch nichts würde je seine Wunden heilen. Barnes hatte Chris ein Beispiel gegeben: Wenn man dieses Spiel gewinnen wollte, wenn man irgendeinen Sinn in allem sehen wollte, dann ignorierte man die Konventionen und stellte seine eigenen Regeln auf.

Chris packte langsam das Gewehr fester und richtete die Mündung auf Barnes' blutige Brust. Ohne den Kopf zu bewegen, starrte Barnes auf die Waffe und wieder in Taylors Augen. Barnes lächelte verzerrt und erkannte, daß er sein verunstaltetes Gesicht nie wieder in einem Spiegel sehen mußte. Als Barnes in Chris Taylors kalte Augen blickte, sagte er sich, daß er nie gedacht hätte, die Erlösung von solch einer unerwarteten Seite zu erhalten.

Er flüsterte sanft und flehend, um Chris Taylor zu überreden. »Tu es… tu es…«

Chris feuerte dreimal in Barnes' Herz.

Schnaubend und dröhnend wie ein zorniger Drache fuhr ein gepanzerter Mannschaftstransportwagen zwischen den Leichen hindurch auf die kleine Anhöhe, hinter der Barnes gestorben war. Chris wandte sich um. Schmerzen schossen durch seinen Körper. Er war wie betäubt und wußte nicht, was er tun sollte, nachdem der Kampf endlich vorüber war.

Chris starrte den Hang hinauf zu grinsenden Drachenzähnen, die vorne auf den Wagen gemalt waren. Ein Menschenschädel war auf dem Deckel des Maschinengewehrs Kaliber .50 befestigt, das von einem schmierigen Schützen bemannt war, dessen nackte Arme mit primitiven Tätowierungen bedeckt waren.

Chris schaute ihn in stummer Faszination an und spürte wieder die Schmerzen seiner Wunden. Ein Schäferhund mit verfilztem Fell sprang hinten aus dem Wagen. Das Tier schnüffelte an einem toten NVA-Soldaten, an Barnes' Leiche und an Chris, bevor der Hundeführer auftauchte.

»Bozo! Bei Fuß!«

Mit einem Winseln trottete Bozo zurück zu seinem Herrn und einem Kameraden, der aus dem gepanzerten Wagen geklettert war. Chris glaubte im ersten Augenblick, daß die Hell's Angels nach Vietnam geschickt worden waren. Beide Soldaten waren unrasiert, dreckig und mit dem Staub bedeckt, den der Wagen aufgewirbelt hatte. Einer der beiden Männer hatte einen goldenen Ohrring und hielt eine Thompson-Maschinenpistole in der Hand. Der andere zog ein großes Messer mit gezähnter Klinge unter einer zerlumpten, kugelsicheren Weste hervor, auf der ein Emblem prangte, das einen blutigen Schädel, zwei gekreuzte Kolben und die Worte ›Death Corps‹ enthielt. Über ihren Köpfen flatterte eine große Naziflagge an der Antenne des Wagens.

Während sein Partner die Leichen der NVA-Soldaten zu entkleiden begann, ging der Hundeführer auf Chris zu. Er musterte Chris mit unverhohlenem Interesse und mit dem prüfenden Blick, mit dem ein Seemann den einzigen Überlebenden nach einem besonders schlimmen Schiffbruch betrachten mag.

»Können Sie von hier weggehen, Mann?«

Chris brachte kein Wort hervor. Noch vor Sekunden

war er wie betäubt gewesen und hatte gefröstelt. Jetzt stieg Hitze in ihm auf. Erst jetzt erfaßte er richtig, daß er überlebt hatte. Chris Taylor konnte das Schlachtfeld ehrenvoll verlassen.

Chris nickte und wandte langsam den Kopf, um in die Richtung zu blicken, in die der Soldat wies.

»Sie haben einen Sanitätsposten beim Landeplatz errichtet…«

Chris schleppte sich den Hang hinauf, während der Fahrer den Wagen weiter an der Linie der Schützenlöcher des zweiten Zugs entlangfuhr.

O'Neill mußte heftig die Arme schwenken, um zu verhindern, daß der Fahrer mit dem gepanzerten Wagen genau über sein Schützenloch fuhr.

Ein Mann der Besatzung sprang von dem Wagen und schaute grinsend auf das Blutbad, von dem O'Neill umgeben war. Er machte sich sofort daran, die Leichen der NVA-Soldaten zu entkleiden. »Das ist aber eine Scheiße hier, Sarge! Sie müssen hundert Nams oder mehr weggeblasen haben.«

O'Neill taumelte auf zitternden Beinen, während er aus dem Loch kroch. Er wies auf Huffmeister, und der Soldat hob den verwundeten Mann aus dem Schützenloch und legte ihn auf den Boden.

»Ist das alles, was übrig ist, Sarge?«

O'Neill würgte an einer Antwort und biß sich auf die Lippen, um ein Schluchzen zu unterdrücken.

»Verdammt, ja! Sie alle haben mich verlassen!«

Der Soldat untersuchte Huffmeister kurz und gelangte zu dem Schluß, daß der Verwundete überleben würde. Kopfschüttelnd schaute der Mann dann zu den Leichen, von denen die Stellung übersät war.

»Mann, das ist ja nicht zu fassen. Sie werden gewiß eine Medaille bekommen!«

O'Neill wankte auf die Mitte der Stellung zu. »Scheiß auf 'ne Medaille. Ich brauche was zu trinken!«

Francis saß zitternd am Rand seines Schützenlochs. Das war einfach zuviel, Mann. Er zählte 16 Leichen von NVA-Soldaten um seine Stellung und machte bei sich selbst Inventur. Er war unverletzt und mußte noch vier weitere Monate im Feld dienen.

Wenn es jemals der richtige Zeitpunkt war, dachte er, wenn es jemals eine Situation gab, in der man es niemals in Frage stellen würde, dann jetzt.

Francis zog langsam das Kampfmesser aus der Lederscheide am Gurt. Es mußte sauber geschehen. Es mußte glaubwürdig sein, wenn er ihnen erzählte, daß es eine Bajonettwunde war, die ihm irgendein wahnsinniger NVA-Soldat zugefügt hatte, der nicht geblieben war, um das Werk zu vollenden.

Francis hielt das Messer mit beiden Händen, schloß die Augen und wappnete sich für den Schmerz. Er wartete noch einen Augenblick... und dann rammte er die Messerklinge in seinen Oberschenkel.

Er sank zusammen und fiel in das Schützenloch. Dann warf er das Messer fort in den Dschungel. Als er hörte, wie ein Wagen den Hügel hinauf nahte, begann Francis zu schreien.

»Sanitäter! Sanitäter! Hier ist ein Verwundeter! Sanitäter!«

Rhah benutzte den Stacheldraht am Ende seines Spazierstocks, um die aufgedunsene Leiche eines NVA-Soldaten von dem Baumstamm wegzuziehen, an die sie mit langen Splittern von Bombenschrapnells gespießt war. Da war etwas am letzten Ausdruck der Augen des Toten. Rhah wußte, daß man ein Süchtiger sein muß, um einen Süchtigen zu erkennen.

Rhah fand schnell, was er suchte: Einen Plastikbeutel mit schneeweißem Pulver.

Rhah leckte über einen schmutzstarrenden Finger und tunkte ihn leicht in das Pulver. Das Heroin, das der Soldat genommen hatte, um die Pein von Wunden oder der Psyche angesichts des Todes abzuwehren, war rein und stark. Rhah betrachtete sich als großzügig belohnt, weil er die Nacht überlebt hatte.

»Baaaaaaaaa!« Er wandte sich mit einem Blick durch die von Bomben zerfetzten Baumwipfel an Gott. »Danke, Mann. Das ist guuuuuuter Stoff!«

Helikopter landeten und starteten wie Heuschrecken. Sie brachten leere Bahren und transportierten die Verwundeten zu jedem nur möglichen Lazarett, das mit der Flut der Verwundeten nach einer militärischen Operation fertig werden mußte, die der Offizier im Pressezentrum in Saigon bereits als ›ein klassisches Beispiel, wie eine feindliche Formation durch Täuschung in eine Falle gelockt und vernichtend geschlagen werden kann‹ bezeichnete.

Angesichts der riesigen Schlachten, die tobten – besonders in den Straßen von Saigon und im Norden in Hue – wirkte der Kampf in dem Tal fast wie eine Bagatelle und fand zunächst wenig Beachtung in der Presse. Ein gewiefter Informationsoffizier löste das Problem, indem er der Presse die Nachricht zuspielte, daß der Kompaniechef, der mutig einen Luftangriff auf seine eigene Position befohlen hatte, für die Tapferkeitsmedaille vorgeschlagen worden war.

Die Nachricht von der Ankunft der Reporter erreichte Captain Harris, während er die ersten Zahlen der Verluste hörte, die ihm ein Funker übermittelte, den er sich von einer anderen Einheit ausgeliehen hatte. »Wir haben 37 Gefallene, 122 Verwundete, und es wird noch gezählt... Charlie hat geschätzt 500 Gefallene, 22 Verwundete, und es wird ebenfalls noch gezählt...«

Der Kompaniechef ging langsam durch die Reihen der Überlebenden seines zweiten Zugs, starrte mit trüben Augen auf die Verwundeten und bemühte sich um etwas Glaubwürdigkeit bei einem aufmunternden Lächeln. Ein zweiter Funker versuchte, seine Aufmerksamkeit zu gewinnen und schaffte es nicht. »Sir. Das Fernsehteam kommt mit dem General. Einige Reporter wollen Sie interviewen.«

Harris blickte nach rechts, wo ein Bulldozer der Pioniere tote Feinde wegräumte und sie in einen Bombenkrater ablud. Vor seinem geistigen Auge sah er vorübergehend Bilder, die er nach dem Zweiten Weltkrieg von Todeslagern der Nazis gesehen hatte. So viele Tote und sowenig gewonnen. Harris wußte, daß die Überlebenden des 141. Regiments der NVA dort draußen im Dschungel waren, ihre Wunden leckten und Ersatz für die Gefallenen anforderten.

Captain Harris wandte den Blick von der langen Reihe blutiger Regenumhänge ab, die über den Toten lagen, und versuchte, die Lebenden anzulächeln. Er hörte das glückliche Geplapper der Leichtverwundeten und fragte sich vage, wie er die Kompanie reorganisieren sollte. Ein Trupp junger, unerfahrener Burschen war als Ersatz mit dem Helikopter eingeflogen worden, doch es gab keine Offiziere als Ersatz für seine gefallenen Zugführer. Harris ging fort, um die Soldaten ihre Ängste und Freuden unter sich austauschen zu lassen.

Francis stemmte sich auf einen Ellenbogen und entdeckte Chris Taylor, der auf einer Bahre lag. »Hey, Taylor! Alles okay, Mann?«

Ein Sanitäter hatte Chris vor einer knappen Viertelstunde Morphium gespritzt, und Chris hatte Mühe, die Frage zu verstehen. Er blickte zum blauen Himmel auf und fragte sich, ob alles okay war. Er würde die Verwundungen überleben – aber würde jemals mit ihm alles wieder in Ordnung sein? War Gerechtigkeit geschehen? Verdiente Barnes es, zu sterben und ihn mit einer Narbe zurückzulassen, die niemals heilen würde? Chris dachte noch eine Weile darüber nach und beobachtete, wie dünne Wolken aus seinem Gesichtsfeld verschwanden wie die Zweifel aus seinen Gedanken. Irgendwo in Chris Taylors Kopf schien das Hämmerchen eines Richters zu klopfen.

»Ja, Francis. Und wie geht's dir?«

»Prächtig, Mann. Einfach prächtig! Habe mich nie besser gefühlt. Wir beide bekommen das Verwundetenabzeichen, Mann. Wir sind raus!«

Der schwarze Soldat mit dem blutigen Verband um den Oberschenkel klopfte Taylor auf die Schulter, als zwei Träger seine Bahre anhoben und ihn zum Helikopter brachten, der soeben gelandet war.

»Wiedersehen im Lazarett, Mann. Wir werden *superhigh*, Mann!«

Taylor grinste und ließ den Kopf auf die Bahre zurücksinken. Er folgte Francis noch eine Weile mit den Blicken, und dann wurde er abgelenkt von einem riesigen Schwarzen, der auf ihn hinabstarrte.

»Du bist an der Reihe, Mann. Bist du bereit?«

Chris nickte und spürte, wie die Bahre angehoben wurde. Nur noch ein bißchen höher, und ich bin aus diesem Tal des Todes heraus, dachte er.

Sergeant O'Neill stand am Rand eines Bombenkraters und beobachtete, wie die Mehrheit des zweiten Zugs mit Helikoptern vom Feld fortgeflogen wurde. Ich sollte in einem dieser Vögel sein, dachte er. Das ist die Army mir schuldig. O'Neill wandte sich langsam von dem peinigenden Anblick ab und bemerkte, daß sich Captain Harris näherte. Der Captain weiß, was ich durchgemacht habe, dachte O'Neill. Vielleicht läßt er mich aus dem Feld fort. Tief in seiner Seele wußte O'Neill, daß er nicht mehr viele solcher Kämpfe überleben würde. Vielleicht einen weiteren Hinterhalt, möglicherweise ein oder zwei kleinere Feuergefechte, aber wenn er hier draußen bleiben mußte, würde er den Dschungel niemals lebend verlassen.

»Wie geht es Ihnen, Sergeant O'Neill?« fragte Captain Harris.

»Alles in Ordnung, Sir... aber ich wollte Sie fragen ...«

Der Kompaniechef nickte in Gedanken und starrte zu der herumalbernden Horde neuer Soldaten, die als Ersatz gekommen waren. Sie fotografierten mit Pocketkameras und begafften die Leichen der toten Feinde.

»Das ist fein, Sergeant O'Neill, denn Sie werden das Kommando über den zweiten Zug bekommen«, sagte Harris.

O'Neill erschauerte. Du bist schon so gut wie tot, dachte er.

Chris Taylor lag in dem vibrierenden Helikopter bei der Tür und beobachtete, wie Vietnam unter ihm zurückblieb. Rhahs einsame Gestalt schien die zerschossene Gegend in der Nähe des Landeplatzes zu beherrschen. Rhah winkte, um allen zu signalisieren, daß mit ihm alles in Ordnung war, daß er überlebt hatte und weiterhin überleben würde.

Chris winkte schwach zurück und versuchte, Rhahs freches Grinsen in Erinnerung zu behalten. Als der Hubschrauber höher stieg, sah Rhah aus, als wäre er auf den Dschungelboden genagelt. Er breitete die Arme aus, hielt einen Stock in einer Hand und das M-16-Gewehr in der anderen und hob das Gesicht gen Himmel. Chris hörte das ferne, schwache Brüllen durch den Lärm des Hubschraubers.

»Baaaaaaaaaaaaaaaaaaaaaaaaaa!«

Ich verstehe, dachte Chris bei Rhahs Botschaft. Du lebst. Du bist Rhah. Keiner auf der Welt ist wie du. Lebwohl, Rhah. Leb weiter, Mann.

Der Helikopter gewann an Höhe, und das Röhren der Turbinen ging in ein stetiges Dröhnen über. Der Krieg – wenigstens der peinigende, erschütternde Teil davon im Busch – war für Chris vorüber, viel schneller als er es hätte sein sollen. Die Army würde das volle Ausmaß seiner Dienstzeit bekommen, aber er konnte sich dafür entscheiden, woanders in der Etappe zu dienen, nachdem er zweimal im Kampf verwundet worden war. Doch der Dschungel und die sinnlose Gewalt, die damit immer in seinen Gedanken verbunden war, würde niemals völlig verschwinden.

Damit würde er stets leben müssen. Immer. Ganz gleich, wie sehr er versuchen würde, die Erinnerungen zu verbannen. Er dachte an Elias und Barnes. Beide waren jetzt tot... und beide würden in Chris Taylor für immer weiterleben. Sie würden immer dasein und die beiden verschiedenen Denkweisen in der Natur des Menschen repräsentieren und um den Besitz seiner Seele kämpfen.

Ein kühler Windschwall blies in die Tür des Helikopters. Chris schloß die Augen und empfand die Brise als eine Reinigung, eine Befreiung. Jetzt hatte er nahe Bekanntschaft mit beiden Seiten der menschlichen Natur gemacht, und Chris nahm an, daß er den Rest seiner Tage damit verbringen würde, entweder Elias oder Barnes nach einer passenden Antwort auf seine Fragen anzurufen. Er war eine Waise des Kriegs; ein Kind, das zwei Väter gehabt hatte, und nun seinem Schicksal überlassen worden war.

Eines Tages würde Chris Taylor selbst Kinder haben oder verpflichtet sein, die Kinder von anderen aufzuklären. Was würde er über all dies sagen? Konnte er Antworten geben, wenn sie die Fragen stellten, die er sich erst vor kurzer Zeit selbst gestellt hatte? Er starrte auf den Dschungel, der wie ein grüner Fluß unter dem Helikopter wirkte, und er dachte an die Dämonen, die dort warteten, um anderen Angst und Schrecken einzujagen.

Letzten Endes, dachte er, kämpften wir nicht gegen den Feind. Menschen haben von Urbeginn an gegen Menschen gekämpft, doch der einzige Feind ist in uns selbst.